Oswaldo Rafael González

Manual del Tirano

1ra. Edición

© 2012, Oswaldo Rafael González
 manualtirano@yahoo.com

ISBN-13 : 978-980-12-5923-7
ISBN-10 : 980125923X

Printed in USA

Diseño de Portada: Oswaldo Rafael González
                            Oswaldo Higuera

Para comentarios, denuncias, ideas o insultos,
visítenos en:
www. manualdeltirano.com
Twitter: @manualdeltirano
Facebook

Hackers, saboteadores y pavosos,
favor solicitar turno por cualquiera de estas vías.
Los requerimientos serán atendidos
por orden de llegada.
Hackea sin trampas porque ahora este manual,
es de todos.

30 millones de criaturas malogradas o catorce años;
lo que ocurra primero.
Ciertas condiciones aplican.

A la memoria de Plomito, que tenía una ilimitada capacidad de producir una risa en la cara de cualquiera; qué bueno que conquistó a mi amá.
A la Cebolla, que nos ha abrigado siempre con su discernimiento, sabiduría, bondad y amor; qué bueno que se dejó convencer por mi apá.
A la Chiripa, por su apoyo espiritual.
A Nina y a Tachi, porque son la razón de mi existencia.
A la Bruja, Pinilla, Puro Pelo, Yeya y al Enano, porque llevo en mi ser un poquito de cada uno; por supuesto, salimos del mismo sartén...
y con el mismo sazón.

A César, Erick, Clemente y Graciano.

Al
Universo

Al arriba y el abajo, el aquí y el allá, la izquierda y la derecha, lo alto y lo bajo, lo gordo y lo flaco, lo frío y lo caliente, lo oscuro y lo claro, lo bello y lo feo, el bien y el mal, el alfa y el omega...el *TODO*, por haber equilibrado las circunstancias, iluminado el camino e inundarme con la energía infinita del amor para materializar mi pensamiento e intención.

A

Alfieri

...a ti, terrícola...

Contenido

Advertencia

El contenido de este manual está enfocado al ámbito del chiste, la ficción y la comedia, por lo que sólo debe ser usado por chismosos, vagos y ociosos, así que no lo tome en serio, ni tampoco en broma, sino todo lo contrario.

Las recetas planteadas pueden causar indigestión, diarrea y mareos; si el lector sufre de alguna afección cardíaca o se le aflojan las piernitas, se recomienda leerlo con observación proctológica y bajo la supervisión de padres, madres o representantes, pero si usted es un bellaco mal parido y no tiene nadie quien lo quiera, léalo solo, porque este manifiesto catalizará su hedonismo destructivo.

El autor no se hace responsable por la mala interpretación, imaginación, sensación y mal gusto de quien lo lee, y por lo tanto, del uso indebido que se haga de él. El tipo no es responsable ni de sí mesmo.

Prohibida su lectura a menores de edad, a menos que midan 2,50 mts.

Los acontecimientos, eventos, situaciones, lugares y personajes son producto de ficción. Cualquier chucha que se parezca a la realidad es mala leche.

Si lo copias, reproduces o distribuyes sin autorización, te caerán las siete plagas de la Piratería Intelectual: salpullido ulceroso del Caribe en las nalgas, segregación híper crónica de moco por los sobacos, lagaña verde en el obligo, soñaras con tu suegra en hilo dental con piercings en los pezones bailando como Shakira, te brotaran llagas masivas trepanoestetosgénicas miao maceradas con ladilla obesa morada del Tíbet (Verruga

Chacunífera); desempleo y mamazón, por los siglos de los siglos...Amén.

Como ninguna editorial quiso asumir el reto de editar esta maravillosa obra de la evolución humana (por mal gusto o por culillo; anyway), tuvo que hacerlo el autor mesmo y sin correcciones -esta virguito.

Los relatos y poesías se realizaron sin técnicas ni lógicas, por tal razón, esta comedia negra negrita tiene estilo, identidad y personalidad propia.

El autor invitó más de una docena de personas para la realización del Prólogo, pero salían despavoridos cuan presencia de Sayona o Freddy Kruger, y usted, ya no puede huir, así que lo que le queda es la cruel resignación de leerlo completo y aplicar sus preceptos, o apartar un cupo en el manicomio o Asamblea Nacional de su preferencia –que son la misma cosa- quedando bajo su responsabilidad los daños emocionales y espirituales que puedan causarle estas letritas.

El autor se encuentra inscrito en el PROTEJODA – Programa de Protección de Jodedores Anónimos– auspiciado por organismos internacionales que coordinan esfuerzos para el cuidado de la integridad física de humoristas, cómicos y comediantes.

A continuación, os presento los organismos promotores del programa -también se encuentran en las Páginas Amarillas-: KGB, MOSSAD, SIS, BND, DGSE, CNI, SISMI, FBI, CIA, ENCIA, DEA, DEO, DIM, DIME y TEDIRÉ.

Precaución: Cualquier cosa que le pase al autor, se las verán con estos pibes.

Cambio y fuera.

Responsabilidad Social y Ambiental

Con la compra de este manual, está contribuyendo con un aporte de un dólar y medio a la fundación SAKÁ MELLOW, organización no gubernamental de alcance global con sede en Alaverga, República der Zulia, Vergópolis, que tiene como misión el entrenamiento, desarrollo y cuidado intensivo del humor negro alternativo, la promoción del eco desmadre y el reciclaje de condones y toallas sanitarias, además de la cooperación en la lucha contra la eyaculación precoz mundial.

El lector debe ser responsable con el medio ambiente; si no os gusta este manual o no le entra bien, úselo de papel toilette -tú sabes, por la flatulencia climática, la calentadera global y similares despelotes.

Escroto Legal

La realización y divulgación de este manual se amparó bajo las siguientes Leyes Internacionales:

Telachupo: Tratado Endógeno Latino Americano para la Chingadera Única Pública y Obligada.

Culamecome: Ley Universal de Líos Armados por Medios de Comunicación del Exterior.

Lottt: Ley Organopónica para Tercos, Tiritos y Travesuras.

Leprodihú: Ley para la Protección de los Derechos e Izquierdos Humanos. Esta ley es en la que se ampara la CIDIH - Comisión Interamericana de Derechos e Izquierdos Humanos para protegerse de las *mamaderas de gallo* de los Consejos de Estado.

Lochejódi: Ley Orgánica para el Humor, el Chiste, la Echadera de Vaina y la Jodedera Internacional, propuesta ante la Asamblea Internacional de las Naciones Desunidas y que se encuentra actualmente en discusión, pero será aprobada muy pronto, ya que no existe parlamentario que no le guste la joda y la folla indiscriminada.

Agradecimientos

Para quienes gustosamente colaboraron con la realización de este libro, os extiendo mis más cordiales gestos de gratitud infinita, como también a todos aquellos curiosos, mirones y jala mecates que se asomaban para ver cómo estaba quedando el asunto.

Un profundo agradecimiento a todos los dictadores, militaristas, totalitaristas, transgresores de los derechos humanos, despilfarradores, corruptos, ladrones, mentirosos, hipócritas e insignes manipuladores que detentan los poderes que rigen los destinos de los pueblos, así como a los promotores de la anarquía, la desidia, la miseria, la modorra, la flojera, la mediocridad, la arrechera, el mal gusto, el miedo, el culillo, la desesperanza, lo malo, lo bajo, lo poquito, lo mal hecho, la usurpación, la ineficiencia, la violencia, el racismo, el odio, la venganza, la incredulidad, la sumisión y la demagogia vulgar, porque me han hecho descubrir la maravillosa y exuberante variedad de especies que habitan en nuestro planeta, y que sin ellos, no hubiese sido posible realizar este manual.

"Si le pica el tlaselo, ¡lásqueselo!"
Mhen Dion Pahlo

Exordium

Debo confesar que no soy una persona psicológicamente normal; después de un autoanálisis rememorado a través de una hipnosis auto infringida, pude deducir que mi dislocación mental proviene no de la niñez, sino de mi trágica existencia unicelular.

Yo era un espermatozoide feliz; revoloteaba con mis paisitas a lo largo y ancho de la bolsita que me cobijaba. Mi existencia se definía en el chapuceo y el relajo atolondrado con mi largo apéndice motriz. El infierno era una posibilidad remota y aleatoria solo comparable con un fatal accidente de tránsito ocasionado por una vasectomía, una expropiación exprés de un condón comunista o un genocidio producto de la estrepitosa caída hacia las profundas aguas de un retrete, pero un día fui obligado a desalojar mis aposentos con la fuerza de un tsunami japonés y la erupción del Vesubio.

La cruel violencia a la que me sometieron mis padres treinta y seis semanas antes de inhalar mi primer bocado de aire, fue el detonador de este desquiciado mejunje que estoy tratando de escupir para que sirva de patrocinio en la búsqueda y congregación de otros descabezados que puedan formar parte de una comunidad existencial, porque eso, no se le hace a nadie.

Con estos hechos, se puede inferir la razón de la sobrepoblación mundial y el calentamiento global –no del clima, sino de la gente-. Con la energía producida en un mes por la rochela genital de los terrícolas, podemos viajar al planeta Marte de ida y vuelta dieciocho veces.

Culpo a mis padres no solo de sacudir mis frágiles rincones emocionales, sino que además, de su reincidencia, al cometer el mismo crimen ¡cinco veces más!... ¡que bárbaros!..Pobres de mis hermanos.

No es una rareza esperar que otras consecuencias hayan abierto espacio en mi socavada sentimentalidad, como la bipolaridad que oprime el switche de turno entre la demencia y la lucidez - siendo esta última muy rara, por cierto-, pero cuando llega, se develan paisajes que hacen dudar acerca del lado del switche que esta encendido, como por ejemplo, cuando hurgo en las paradojas de la historia, encontrando rincones llenos de las más inverosímiles injusticias y atrocidades, pero además, topándome con el fantasma colectivo de la excusa y la victimización, enllagado como una cultura, pudiendo ser más destructor que cualquier otra calamidad.

Cuando la fase de lucidez se me enciende, observo que la complejidad de los fenómenos históricos que se han desarrollado en el planeta, invitan hasta a el más incrédulo a realizar un esfuerzo reflexivo, consensual y profundo, para echar de lado los odios castrantes del recuerdo, que anulan los intentos de cordializar pedidos y propuestas que enrumben al mundo por otros caminos, sin que ello signifique el olvido de la semilla histórica que originó la detestable miseria que acontece, pero que su recuerdo sirva para fortalecer el impulso de nuestras acciones.

También, he advertido que el suavizado de las desigualdades (para ser optimista, erradicarlas) requiere acciones conjuntas y voluntariosas, estrategias bien diseñadas; genios que planifiquen y lideren el valioso y trascendental proyecto de hacer prósperas a las naciones, pero lamentablemente, no se puede decir que nuestra generación verá el fruto de este utópico reto mundial. Las fuerzas que interactúan halando y a la vez comprimiendo la realidad de las naciones, se traducen en una multiplicidad de intereses bien difíciles de equilibrar, y a veces, hasta de identificar, incluso para sus propios conciudadanos, que no logran -justificadamente o no- allanar los mecanismos invisibles pero degollantes en su falta, del magno propósito de crear riqueza y prosperidad social.

Dentro del foco de toda esta lamentable retrospectiva pero esperanzada prospectiva, se desatan debates ideológicos que contrastan enormemente en cuanto a sus efectos sociales y a la construcción de nuevas realidades, que en algunos casos, abortan un sin fin de conflictos de toda índole, dejando al ciudadano común con los sin sabores de la identidad despatriada.

En ese sentido, todavía existen en el mundo pretendidos líderes que se atreven a utilizar, en pleno siglo XXI, ideas fracasadas y desahuciadas de otros siglos, que han demostrado de manera fehaciente su inutilidad para elevar en algunos escalones su evolución como nación, que por más riqueza, poderío militar y enajenación y control de todos sus poderes, sólo podrán engendrar generaciones de almas desgarradas y sedientas del elixir de la libertad, la paz y la prosperidad. La señora Historia nos echó el cuento, y nos lo sigue contando.

Hay quienes piensan que la prosperidad de un país solo es posible en el sistema capitalista; otros, que la felicidad no puede existir sino en un mundo socialista y por lo tanto, del comunismo, en una etapa más avanzada. En medio de estas dos sopas, existen cremas y guarapos de todo tipo: capitalismos con políticas sociales agresivas o Socio Capitalismos, Socialismos

Acapitalizados, Capitalismos de Estados, Monarquías Capitalistas, Guerrillas Comunistas Institucionalizadas, Paramilitares Capitalistas y muchos otros venenos, y si quiere mejorar el sancocho, agréguele un toque de "Religión", del cual saldrán los peligrosos merequetengues extremistas que siempre están relacionados con el terrorismo.

Como ya existen suficientes investigaciones y publicaciones *serias* realizadas por reconocidos escritores referidas al tema de las mezclas de neo tiranías con onanismos político - proctológicos y *manuelas* psicodélicas, me plantee realizar una propuesta basada en una receta de tonalidad humorística de la que pudiesen derivarse las interpretaciones que de otra manera resultaría llorar sobre lo llorado.

La comedia que tripea en este manual abstrae como protagonista a Esteban Chacumbele De las Frías Candangas, también mentado en los predios populares con los acrónimos de *Misifú, El que te conté* y *El Tacamahaca.*

Papá de lo helados, del petróleo, del cielo y de la tierra; de los poderes públicos, de los bienes materiales y de los pensamientos, evacuado en un país maravilloso e imaginario que se invoca como *Vergópolis.* Es un personaje sacado de los *Comics* de los prehistóricos nubarrones izquierdistas que siempre dejan tras de sí el humo negro de las transgresiones y las hemorragias de las violaciones; un héroe o un archienemigo; dependerá del lado de la talanquera que usted se encuentre.

De la acalorada fricción entre la realidad y la alucinación de la ficción, se eyecta este personaje ejemplar y representativo de lo que se debe tener, hacer y ser para transformar un tesoro del planeta Tierra en una espectacular letrina; este libro le enseñará paso a paso la receta que lo conducirá a convertirse en el máximo promotor de miseria, anarquía, corrupción y desesperanza, destruyendo todo lo que toque... ¡sin usar bombas atómicas! a través de historias, cuentos, poemas y entrevistas que complementarán las instrucciones y enriquecerán su referencia destructiva.

Después de quitarle diez kilos de groserías y varios sacos de vulgaridades, dejé un poquito, porque así como el odio sucumbe ante el amor, de lo grosero se desprende lo sublime.

La obra está estructurada en cuatro grandes capítulos y se lo voy a aclarar brevemente: primero, nadie se puede meter en flatulencias si no conoce su procedencia; segundo, debe tener una guía, una receta, un plan; ese fue Cristóbal Colón que se lanzó como un loco al océano corriendo el riesgo de encontrarse con una catarata; por eso, le incluyo las acciones denominadas "Posturas", que se enumeran para la mejor gestión del proceso, detallando además los recursos, que no omiten indudablemente, la preciada *Vaselina*.

En tercer lugar, concebir ideas que involucren tragedias masivas como la que Chacumbele emprendió, requiere de extraordinarios asesores -tipos como yo-; dinero, inteligencia emocional aunque no tanto intelectual, entre otras cosas, pero además, un complemento que acondicione sus malas mañas y las transforme en virtud, voluntad, enfoque y consistencia, por eso es que este capítulo constituye el aceite de unción que gravitará su mente y espíritu como el sutil aleteo de una mariposa en el aire que la sustenta; es lo que llamaremos "Apoyo Neuro Defecativo", donde encontrará herramientas motivacionales y emolientes espirituales que reajustarán sus pensamientos y emociones, manifestándose externamente en el logro de sus más ambiciosas metas. El éxito se desparramará en usted como el cebo entre los dedos.

Finalmente, nos despediremos con algunos preceptos para el análisis de su gestión –para que mida antes y después del jaleo– y unos tips para la exportación, que comprende una pequeña guía de cómo debe dirigir la nube que expulsará la lluvia de mierda que ofrecerá a sus vecinos continentales.

Te lo diré cantando, en poesía desreglada, en serio y en broma. Le pongo en sus manos un libro de humor político o de política con humor; ensalada empedernida de palabras; una mancebía destornillada de cuentos pecaminosos para que se amañe lo más cerca posible al estilo de *El que te conté*.

¡Menéese y disfrútelo!

"...si le vuelve a picá, ¡vuélvase a lascá!..."
Mhen Dion Pahlo
El Filósofo Chino que te dije antes...

"Las dictaduras fomentan la opresión,

las dictaduras fomentan el servilismo,
las dictaduras fomentan la crueldad;
más abominable es el hecho de que fomentan la
idiotez.
Botones que balbucean imperativos, efigies de
líderes,
mueras y vivas prefijados;
muros exornados de nombres;
ceremonias unánimes,
la mera disciplina usurpando el lugar de la
lucidez...
Combatir esas tristes monotonías es uno de los
muchos deberes de un escritor".
Jorge Luis Borges

Capítulo 1

La Orgía Universal y la Dinámica del Despelote Globalizado

1

Teoría de la Singularidad Chacumbelástica

Relatividad y Gravedad

Todo lo desconocido lleva en sí mismo una carga de complejidad relativa de la que brotan interpretaciones que para algunos pudiese ser un torrente de ruido informacional incomprensible que denota, posiblemente, la existencia de realidades paradójicas y relaciones laberínticas del tiempo y espacio.

Lo incomprensible entonces, se asimila como enredo, desorden, confusión o despelote, que no es más que la Orgía Universal originada en los inextricables niveles de Flatulencia Cuántica.

La ciencia moderna sugiere que puede existir más de una versión de la realidad, porque inminentemente fuimos disparados sub atómicamente hacia la realidad vergopoliana, que es antagónica a la que fue nuestra realidad de procedencia; la realidad *Madre:* prosperidad, riqueza y bienestar.

La galaxia a donde fue a parar Vergópolis es la *Mala Vía Láctea*, en la que solo existe la mala suerte, la mala intención y la *mala leche*; un yogurt ominoso de posibilidad intransigente. Es la presencia del *Chacunstronio*, elemento altamente radiactivo, expansivo y destructivo que originó la debacle, y que se propagó por culpa de una desesperación estelar provocando la extinción de millares de mundos en el ámbito cosmológico.

Al principio de los tiempos, la ciencia y la religión no conciliaban los argumentos racionales que se aproximaran a la explicación del origen del universo, y en especial, a la principal tragedia deletérea sideral originada por el maldito elemento.

¿De qué otra manera se puede explicar la existencia de tal obsecuente lacra en nuestro sistema solar? Se preguntaban los científicos.

¿Por qué el Señor nos ha echado semejante vaina? Demandaban los religiosos.

La explicación clave de todo este intrincado misterio se encuentra en Los Agujeros Negros; si; Dios le confirió propiedades infinitamente creadoras a las negras concavidades universales, que eyectan enormes flujos de energía que sólo algunas fétidas posterioridades son capaces de emanar, absorbiendo vorazmente a su vez, todo a su alrededor.

Vivíamos en un universo proveniente del salto cuántico de Agujeros Blancos a Agujeros Verdes y viceversa, del que abruptamente, en un estallido producido por un conflicto energético de magnitudes colosales que duró catorce *Chacrones* (catorce años en la Tierra), dimos un salto brutal; los científicos lo han denominado *El Chacum Bang*, impulsándonos con la efusiva emisión de rayos *Trammpa* hacia el infame *Agujero Rojo;* el más temido de este lado de la talanquera galáctica.

Este evento catastrófico sirvió de evidencia para la comprobación de la teoría de que todos provenimos de un Agujero.

La protagonista de todo este *enchave* cósmico es la Gravedad. Esta invisible fuerza, actúa sobre todas las cosas que poseen Masa, y no es precisamente la de Harina Pan. Es omnipotente y omnipresente; la Gravedad atrae, gobierna y distorsiona todas las cosas y nada se escapa de su atracción, y en los Agujeros Rojos, es tan extrema, que constituye la llamada Dimensión de

Densidad Infinita donde todo está apretado, y el tiempo y el espacio pierden significado.

Cuando nos acercamos a un Agujero Negro irritado con *Chacumstronio*, éste se sonroja, e inevitablemente debemos atravesar lo que se denomina el *Horizonte de Eventos* (que es vertical, por cierto), y es en ese punto donde la gravedad comienza a comportarse de manera extraña; enloquece. La gravedad es tan extrema que comprime la masa de todo lo que atrapa en un solo punto, sin que nada se le escape, ni siquiera la luz, deteniendo el tiempo, haciendo que los eventos parezcan eternos: las cadenas de Radio y TV, la gravedad de la salud, la gravedad de las viviendas, la gravedad de la educación, la gravedad de la delincuencia, etc.... y la humanidad... solo busca escapar de su adherencia.

La *chacumstronomía* siempre ha aceptado que el tiempo es infinito, pero en un Agujero Rojo el tiempo se detiene, y es denominado *La Singularidad Chacumbelástica*. Esta, posee significación porque el elemento *Chacumstronio* no existe en ningún otro universo; ni paralelo, ni adyacente, ni en el de arriba ni en el de abajo. Semejante grosería cósmica vino a darse excepcional y sorprendentemente solo en nuestra galaxia. Únicamente existe *Él*, en la forma precisa como lo evacuó la naturaleza, donde es inadmisible la pluralidad y la diversidad.

Además de la curvatura gravitacional, el edredón espacio tiempo posee otra propiedad llamada *Torsión*, que en la *Singularidad Chacumbelástica* tuerce los esfuerzos de la masa crítica opositora, a través de radiaciones de persecución, hostigación e impunidad.

Considerando la posibilidad de la existencia de universos paralelos, es decir, los *Multiversos*, los habitantes de nuestra galaxia desean eterna y desesperadamente tele transportarse a cualquiera de esas otras realidades, que se encuentran a solo una *MUD -Molécula Universal Diversificada-* de distancia, pero la influencia del *Chacumstronio* es tan devastadoramente grande que corren el peligro de que sean absorbidos y desintegrados por el terrorífico *Agujero Rojo* que cohabita, estallando en un solemne *golpe* energético en el cuadrante EP071012V que pudiese provocar una inestabilidad galáctica sin precedentes.

El aliciente de la humanidad y de todos los alienígenas del universo es que sin importar que las magnitudes universales sean infinitamente grandes y de ilimitadas posibilidades, donde todos los eventos son medidos en millones de años luz, la destrucción provocada por la irritación del *Chacumstronio* colapsará en sí misma, desintegrándose en su energía *retrovolutiva* para nunca jamás volver a aparecer.

Los estudios que sustentan estos últimos argumentos están fundamentados en la confrontación de la *Teoría de la Perturbación Chacumstrónica o Teoría del Campo de Espectro Bipolar* de E. Chacumbele, con la *Teoría Transformacional Multidimensional* de H. Radonski (apoyado en algunos elementos por la *Ecuación Liberal Democrática de R. Betancourt*, de la 4ta. Dimensión), que dado su nivel de complejidad no me atrevo a abordar y que no es tampoco el propósito de este manual.

En la historia sideral, ese fatídico elemento representará menos que el pestañeo de un mono marciano; será el segundo Big Bang del renacimiento universal.

Esperemos que el Agujero que lo origine sea de cualquier otro color...menos negro...y mucho menos... rojo.

*"El universo creó a Chacumbele
porque el Diablo no puede estar en todas partes."*
Oswaldo R. González
Prominente Científico, Escritor e Inventor de Disparates

2
El Origen de la Vida y la Chacumgénesis

El conocimiento de las condiciones iniciales del planeta es de extrema importancia para el estudio del origen de la vida, y especialmente, el origen de Esteban Chacumbele, para lo que se han empleado muchas teorías, entre ellas, las de carácter geoquímico, que se inclinan hacia el estudio de las rocas antiguas, porque a él, todo *le sacaba la piedra*. Estas investigaciones tratan de verificar las huellas de la presencia de la vida en las rocas, como los *Chacumfósiles*, rastros de bacterias extremófilas que causaron desviaciones en la proporción de *polisótopos* (políticos topos) de origen biopartidistas encontradas en rocas rojas del tipo 4F, 27F y 12A.

 Según las evidencias actuales, aunque están sujetas a controversia, las bacterias *Chacumstrónicas* debieron aparecer tras el enfriamiento del planeta que siguió al *Golpe Intenso Tardío del 4F92* hace unos 20 millones de *Chacrones* (20 años en Vergópolis). Aunque todos los caudillos actuales parecen provenir de un único tirano ancestral, los científicos se preguntan si hubo varias apariciones de *Micifuces Fortuitos*, es decir, bacterias tiranillas de las que sólo sobrevivió `Una` (¡gracias al señor que fue solo una! ¿Te imaginas que hayan sido dos?) O si bien esos chacumbelatos primitivos aún sobreviven porque no se han sabido buscar (...ni que lo sepan...), en otros intrincados rincones como en las profundidades de los partidos comunistas continentales o en el manto de la lava guerrillera planetaria.

Otros estudios, muestran ciertas evidencias de bacterias que alteraban el primitivo entorno que habitaban, transformándolos en Paleoecosistemas, porque no cesaban *la expropiación y el paleo* de las moléculas necesarias para la vida.

A continuación, algunas teorías planteadas para explicar la Chacumgénesis:

Teoría de la Chacumspermia

Una hipótesis relacionada con ésta teoría, es que la vida se formó en primer lugar en Marte, el planeta rojo primigenio (tenía que ser rojo; porque sí), y fue transportada a la Tierra cuando material de su corteza fue expulsado del planeta por asteroides e impactos cometarios, para más tarde alcanzar a Vergópolis, osea, que explica la Chacumgénesis de manera muy sencilla: a Chacumbele lo trajo a la Tierra un cometa comunista.

Teoría de la Generación Espontánea

En el siglo XVI, el químico y naturalista Jan Baptista van Helmont, padre de la bioquímica, llegó a afirmar en su obra *Ortus Medicinae,* 1648, que los piojos, garrapatas, pulgas y gusanos surgen de nuestras vísceras y excrementos. En sus palabras, si juntamos con trigo la ropa que usamos bajo nuestro atuendo, cargada de sudor en un recipiente de boca ancha, al cabo de 21 días cambian los efluvios, penetrando a través de los salvados del trigo y transmutando éstos por ratones. Tales se pueden ver de ambos sexos y cruzar con otros que hayan surgido del modo habitual.

Tomando como referencia esta teoría, podemos inferir que Chacumbele se generó espontáneamente de la mierda; se transmutó en rata, se cruzó con otras ratas y nació el *PSUV – Primeros Soquetes del Universo Vergopoliano.*

Teoría de la Auto Reproducción Simple

Otra teoría que también goza de muchos simpatizantes es la que examina los estados transitorios del caos molecular entre una *Sopa Chacumbiótica* de un *HERPRES -Hiperciclo Electoral de Replicación Presidencial-* de veinte años, y el *SILUíS – Suplicar Intensamente al Loco como Último Intento por la Silla*, en las macromoléculas opositoras.

En un *HERPRES*, el sistema de almacenamiento de reservas de moléculas de oro, posiblemente *ARN –Ansiosos por Replicar hasta Nunca-* produce una enzima que cataliza la formación de cuasi especies chulotónicas como la *Cuboteína, Bolivosoma, Equatoaldehído, Nicarapéptidos y Argentinina*, que absorben parte de las reservas de la sopa sintetizando los ácidos *L-Comunistómicos* que permiten la liberación de las feromonas masturbatorias.

Los científicos descubrieron que tales feromonas desatan una agitación endotérmica vibracional que les permite a las bacterias de la *Sopa Chacumbiótica* generar su propio *ADN – Ácido Defecatorio Narcisista-* y auto reproducirse.

Según esto, se infiere entonces que Chacumbele se auto copuló, se auto fecundó y se auto propagó.

Teoría de la Evolución por Selección Innatural

La selección natural se expresa en la siguiente ley general, tomada de la conclusión de *El origen de las especies*, de Charles Darwin:

Existen organismos que se reproducen, y la progenie hereda características de sus progenitores; existen variaciones de características si el medio ambiente no admite a todos los miembros de una población en crecimiento, entonces aquellos miembros de la población con características menos adaptadas (según lo determine su medio ambiente) morirán con mayor probabilidad y aquellos miembros con características mejor adaptadas sobrevivirán más probablemente.

Los chacumstrólogos de Vergópolis han puesto en duda la teoría de Darwin argumentando que posee ciertas debilidades. Si se abstrae como cierta esta teoría, las preguntas serían ¿cómo llegaron a sobrevivir especies menos adaptadas como la de *Misifú*? ¿Cómo progenies carroñeras y sinforosas se impusieron y solaparon a las especies progresistas que hubiesen desarrollado ecosistemas más evolucionados? Todavía la ciencia no ha podido dilucidar las razones por la que se originó semejante tragedia biológica; así que sin respuesta científica, este fenómeno lo agrupamos dentro del eslabón de los *MUY FEOS –Malandros de Ultratumba que Yacen Fustigando y Engatusando con Odio Sustancioso-* donde se estudian las inexplicables fatalidades biológicas del planeta y de la Selección Innatural.

La Chacumgénesis en la Biblia

<Dijo Dios: *"Produzcan las aguas seres vivientes, y aves que vuelen sobre la tierra, en el firmamento de los cielos."* Y creó Dios los grandes monstruos marinos y todo ser viviente que se mueve, que las aguas produjeron según su especie, y toda ave alada según su especie. (...) Luego dijo Dios: *"Produzca la tierra seres vivientes según su especie: bestias, serpientes y animales de la tierra según su especie."* E hizo Dios los animales de la tierra según su especie, ganado según su especie y todo animal que se

arrastra sobre la tierra según su especie. Y vio Dios que era bueno>. Génesis 1:20-21

Sin comentarios.

Consideraciones Finales

Existen opiniones divergentes acerca de las razones por las cuales existe un equilibrio perfecto en la conformación de la estructura universal. Para los científicos es producto de las leyes universales y de las modernas teorías de la Física Cuántica, la Teoría de los Multiversos y la Teoría de las Cuerdas, y para los religiosos, es la voluntad del Señor, pero existen evidencias observacionales que no habían sido tomadas en cuenta hasta estos últimos días, de que existen fenómenos terrestres, de carácter magnético que nos mantienen vivos y por lo tanto ponen en duda las suposiciones aceptadas. Os pongo a su disposición una de ellas para que os comience a plantearse nuevos paradigmas acerca de la existencia de la vida en la Tierra. Podéis comenzar con la siguiente incógnita:

¿Por qué Jennifer López, Shakira, Beyoncé y Kim Kardashian nunca están en el mismo lugar, dando un concierto o recibiendo un premio?

Porque el universo o Dios, equilibró el peso del planeta en el trasero de esas cuatro entidades: Norte, Sur, Este y Oeste. Si estuvieran las cuatro juntas... ¡nos jodimos!

"Cuando la tiranía se derrumba procuremos no darle tiempo para que se levante."
Robespierre

3
Siguiendo los pasos del Mata Country

Científicos del *MAÑONGO - Museo Antropológico de Ñeros Ociosos sin Ningunas Ganas de Ordeñar-* tienen evidencias de que la versión originaria del *Manual del Tirano*^{MR} data de aproximadamente 5.000 años AC, cuando fue escrito en láminas de bambú, por el dictador *Lojo Bluto*, de la dinastía *Loja Lojita* de la antigua China. Fue robado por su hermano *Malicón*, cuando lo destronó del poder, hecho éste que constituye el primer golpe de estado del que se tenga conocimiento.

Con el paso de los años y con el avance de los medios de comunicación, fue trascrito con mecanismos cada vez más modernos.

No existe precisión absoluta en las fechas en que se desarrollaron los acontecimientos, pero las indicadas aquí, configuran una estructura de eventos arqueológicos e históricos bastante aproximada.

El Papiro de Monocotiledón (4.000 a 2.000 A.C):

Después que Malicón Bluto se apoderó del manual de Lojo, éste y sus generaciones posteriores lo usaron por miles de años, dejando a su paso una estirpe de tragedias y miserias prehistóricas de las que brotaron las sucesivas generaciones de hijos de puta en el mundo.

Este papiro lo encontró Juan de la Alcaldía, un codicioso funcionario público, cuando excavaba en busca de un ascenso en el gobierno, en las cuevas de Cilia, Isla de las Flores, situadas al

Este del Gran Hoyo Salado de Iris, en el archipiélago de Papo Viejo del Mar Caribe.

Se dice que Juan estaba muy alegre al haber encontrado ese tesoro, porque aseguraría un futuro próspero para él y su partido; hizo fiestas con amigos, amigas, transexuales, sádicos, drogadictos y todo tipo de aberrados, hasta que el gobierno de los islotes se enteró del contenido del papiro y ordenó su expropiación. Cuando atraparon a Juan, lo interrogaron y torturaron para saber donde lo había escondido, pero este valeroso isleño no escupió palabra. Citando al Hamlet de Shakespeare, le dijo a su verdugo: "(...) Queréis tañerme; tratáis de aparentar que conocéis mis registros; intentáis arrancarme lo más íntimo de mis secretos, pretender sondearme, haciendo que emita desde la nota más grave hasta la más aguda de mi diapasón; y habiendo tanta abundancia de música y tan excelente voz en este pequeño órgano, vos, sin embargo, no podéis hacerme hablar. (...)"; pero la fatalidad tocó la puerta de sus calzoncillos: el rey ordenó le cortaran un testículo, como marca *simbólica* de su desdén.

Después de varios años y del infructuoso intento por saber la localización del manual, el rey dejó en libertad a Juan, y éste, deprimido, gordo y monotesticulado, desapareció de la vista de toda humanidad.

A Juan le costó una bola conservar el papiro, por eso se le conoce como *Juan el Monocotidelóneo*, y al papiro, como tal.

El Vergamino de Hug`Orafal Shiavethan (2.000 – 500 A.C):

El hereje Hug´Orafal Shiavethan, del reino comunista de Monifacilandia, realizó una ardua investigación durante muchos años acerca del paradero de un misterioso papiro que presuntamente adjudicaba victorias seguras a cualquier embestida fascista, hasta que un día, leyó una especie de bitácora encontrada en el sarcófago de la momia de un tal *Chef* del cono sur, que murió en la desventurada aplicación de la receta mágica, en la que había una serie de pistas escondidas entre palabras y números que eran las claves que indicaban la ubicación geoespacial de un reino neocapitalista, muy rico pero mal administrado, en el que probablemente podía encontrarse el gordo solobólico con el documento. De inmediato se puso en contacto con su fiel y oportunista amigo, el general *Vharias Khárdenas*, que junto a su ejército, un 4 de febrero (antes de Cristo, por supuesto), emprendieron su marcha con rumbo al incógnito territorio para propinarle un Golpe de Estado al presunto tuerto genital.

Tomando los principales cuarteles y centros de comando, fueron informados de que el gordo Juan, en su lecho de muerte, le había vendido el papiro a un paisa de nombre *Callos de A Pié Péllez*.

CAPP había estado los últimos veinte años estudiando el papiro, pero no lo podía traducir; se quejaba con sus colegas del partido *AD –Acción Desmesurada-* diciendo: *"…este pinche manual no es fácil ni difícil, sino todo lo contrario…"*

Hug'Orafal con sus tropas localizaron a CAPP y le expropiaron el recetario, pero quedó atónito al descubrir que no estaba en su mismo idioma. Contrató a los más experimentados traductores, pero no pudieron versionar palabra alguna, así que, frustrado, le pasó un *Pin* a su gran amigo Fidellio Castratto, un dictador pasado de moda que vivía en una isla remota, esperando que algún mentecato le pichara unos misericordes *doláricums* (moneda de la época), para relanzar una versión más *fashion* de su modelo de gobierno. Este le recomendó que consiguiera la mayor cantidad de traductores y los amenazara con ser azotados por las nalgas con *VTV -Verga de Toro Vagabundo-* para que la traducción saliera rapidito. Hug'Orafal, como todo un perfecto trasunto de Castratto, hizo el mandado: azotó unas 666 nalgas y por fin lo consiguió, demostrando con ello la sabiduría del decrépito para sacarle información a los impíos y la efectividad de la Verga de Toro Vagabundo al entrar en contacto con una miscelánea cantidad de cachetes; de allí la honorable mención de *Vergamino*.

Fue reescrito a mano con tinta de pulpo paralítico que probó ser muy efectiva para perdurar por los siglos de los siglos.

El Patuscrito de Nosiasié y Comonié (500 A.C – 1.450 D.C)

Findell y Juggo, llamados también Nosiasié y Comonié, eran dos monjes hermanos gemelos, que habitaban en la abadía de Looking Flowers, un monasterio amazónico que tenia sucursales en Cuboquia, Nicaraguanga, Licuador y Bolinimia. Con el tiempo, el monasterio se convirtió en Palacio de

Gobierno, mismo donde Chacumbele descansó sus posaderas en el siglo XX y parte del XXI.

Nosiasié era mocho de los dos brazos de nacimiento, mientras que a Comonié la naturaleza le obvió las dos piernas, una desgracia genética que muchos catalogaron como *una maldición de Dios*. La mayor parte de sus vidas estuvieron a escondidas y huyendo de la persecución perpetrada por indolentes capitalistas, por lo feos que eran los méndigos; los querían para que trabajaran en los circos de Europa. Comonié era el más feo de los dos; tenía una protuberancia en la frente, del tamaño de una caraota de la que todavía es un misterio para la ciencia dilucidar su estructura patológica: si era fruta o verdura. En estas circunstancias, fue coincidente el incremento del fervor religioso, la austeridad y ascetismo singular de esas criaturas. Una vez alcanzaron la mayoría de edad, estos anacoretas astutamente combinaron sus capacidades para mitigar la pena que aconteció en sus nacimientos; se encabronaron y decidieron estudiar la historia de los grandes emperadores, dictadores y reyes que habían dominado el planeta por generaciones.

N&C fundaron la primera empresa de softwares y hardwares en el mundo -Bill Gates y Steve Jobs les copiaron los planos ¿De dónde cree que vino la vaina?-; diseñaron la tecnología computacional y de comunicaciones más avanzada de la época:

.- Conexión de Red en Banda Flaca con Navegador Dodgepatas 1.0

.- Sistema Operativo DEOESE ^{MR} 4.0

.- Memoria Ram 2Kñ (2 kilo e` ñames)

.- Procesador 7 $^{1/2}$Ag (7 Angustias y media)

.- Disco Duro de 2Tp a 70 ups (Dos Torta e` Pan a 70 uñas por segundo) y

.- Teclado ergonómico para manos y patas.

Posteriormente, lanzaron el Sistema Operativo DEOAQUEL[MR] 1.0, de gran desempeño cuando se instalaba con Tarjeta SUMADRE[MR], integrada con dispositivo anti suegras y ventanillas para los peos. Con toda esta tecnología, en unos ochenta años, localizaron en la red un ejemplar escaneado del Vergamino Hug´Orafal Shiavethan, que estaba tan cochino antes de digitalizarlo, que lo confundieron con el informe anual de la Asamblea Nacional.

Finalmente, lo tradujeron con Power Cagator 4Fplus[MR], y Nosiasié lo transcribió con las patas mientras Comonié le dictaba. Usando los preceptos establecidos en el nuevo manual, aplastaron a toda la oposición, arrodillaron a los poderes públicos, liquidaron los medios de comunicación, excomulgaron y expulsaron a todos los curas, cardenales y obispos, expropiaron todos los castillos y tierras de los reinos aledaños; encadenaron las radios y TV`s, patearon culos, cortaron cabezas y un sin fin de atrocidades; el sólo escuchar los nombres de estos dos tepocates, causaba chorrillos.

Al Patuscrito de N&C, como fue bautizado, se le adjudicó la gran victoria sobre la oligarquía apátrida; otra tierra fue desvirgada con la receta mágica. Al morir Comonié, sus hijos Rafelié, Evonié y Danielé heredaron el maravilloso tesoro de poder.

La Sonata de Oreja a Oreja (1.450 D.C – 1.900 D.C)

El imperio de Rafelié, Evonié y Danielé, abarcaba un enorme territorio que se perdía de vista, llamado *Far Far Away*, pero como en esa época la tecnología de N&C no llegaba tan lejos, en los sectores más remotos, las comunicaciones se realizaban de boca en boca. Después de la muerte de estos tres chupapitos, el manual se volvió a extraviar, pero a punta de lengua, el chisme se conservó; varias tribus habitaban esa prodigiosa tierra de ilimitados recursos naturales, pero la armonía entre ellas brillaba por su ausencia. He aquí los protagonistas:

Songo, era un rey viejo y jubilado que prestó sus servicios por 50 años a la revolución de la tribu Cubonga, y sabía del cuento del manual. Para no fastidiarse, aconsejaba a Borondongo, Rey de Vergópolis, tribu que producía y comercializaba la "Jalea Negra", un líquido viscoso extraído de la tierra, muy abundante y valorado en su época, que lo hacía uno de los reyes más ricos del territorio.

Bernabé era el rey de la tribu Colonoscopia, vecino de Borondongo, que tenía problemas con unos malandros de la *FLACK -Frente Lujurioso con Ansias de Cuca de a Kilo-* cuyo rey era The Jojoto Monkey. Estos zagaletones robaban, secuestraban, hostigaban y asesinaban a los nativos de las periferias, constituyéndose en un primitivo movimiento de lo que actualmente es la guerrilla y el terrorismo. Querían apoderarse a la fuerza del reino de Colonoscopia.

El Rey Burundanga, de la tribu Ecuatanga, fue uno de los pupilos de Borondongo y también vecino de Bernabé. A veces, los colonoscópicos se introducían en su territorio persiguiendo a los *Flackos,* y Burundanga se encabronaba porque le violaban el patio trasero.

Muchilanga era el rey de la tribu Nicagaagua; éste rey era de pocas palabras y se le conocía por su frenético gusto de culos jovencitos. Aunque no era vecino fronterizo de ninguna de las tribus anteriores, practicaba la misma chuleteria que Burundanga.

Mamey era la gran reina de las tribus del sur, donde se bailaba el *Cango,* una danza que apasionaba y encendía la llama procreadora de sus cachondos habituarios.

Los reinos de Songo, Borondongo, Burundanga, Muchilanga y Mamey, constituyeron el grupo de cooperación económica *CHAFFA* -*Chulos Alternativos del Far Far Away*- acuerdo internacional que permitía a Borondongo regalarles Jalea Negra en abundancia a cambio de que le lamieran las cholas y lo apoyaran en todos sus caprichos.

Bernabé no pertenecía a este grupo económico porque realizó una *TLC* -*Tirada Loca Cooperativa*- con el rey Yiorpuch de la tribu *TRUSA* –*Tercos Rabudos Unidos para Sacar las Arvejas*–. Esta tribu también era llamada el *Gran Reino Imperial del Norte.*

Borondongo odiaba a muerte a Yiorpuch, porque TRUSA, años atrás, ofendió al reino de Cubonga, colocándole canoas y buitres para que no pudiera realizar trueques con ningún otro reino. Songo acorralado, se empobreció, pero cuando llegó Borondongo a Vergópolis, este comenzó a suministrarle Jalea Negra y dolarenga, cuyos créditos serían cancelados cuando el sol se apagara, junto a muchos otros obsequios. Songo estaba feliz y sus años de vida se alargaron.

La Reina Mamey, aprovechando su virtuosa cualidad de erectar el orgullo hasta del más decrépito mano dependiente, sedujo a Borondongo bailando Cango, lanzándolo por el precipicio de la voluntad desenganchada y lujuria desenfrenada; cuchiplanchó con Borondongo, y de esa fritura nació Songoro Consongo.

Songoro Consongo de Mamey, era un párvulo con carita genuflexa, sobre todo cuando papito Borondongo le hablaba: no decía ni "ÑÉ". Este fundó la tribu Chulivia, que se dedicaba fundamentalmente a la plantación de *Cucas* –algunos le dicen *Catalinas*-, vegetal comestible del que se extraía la *Cucaína*, un alcaloide que producía el síndrome de *APOLAPZO -Amnesia Política de Largo Plazo-* poniendo gozones a los nativos. Esta droga tenía un enorme valor comercial y era el medio de financiamiento que tenían los *Flackos* cuando la procesaban y vendían, para perpetrar sus actividades terroristas.

Bernabé acusaba a Songoro Consongo de Mamey de fabricar la droga y distribuirla por todo el territorio causando estragos en los nativos del FFA, pero Songuito de Mamey negaba tales hechos, afirmando que ellos sólo la utilizaban para preparar "dentrífricos" e infusiones, osea, *Té de Cuca*.

Además de estas acusaciones, Bernabé señalaba que Borondongo tenía fuertes lazos cooperativos con la FLACK, que se manifestaban financiera y logísticamente, con dolarenga, arcos, flechas y condones de última tecnología, hechos con tripa de cochino y sabor a *Culei*.

Aunque Borondongo negaba rotundamente las acusaciones de Bernabé, éste lo amenazó con mostrar dibujos y grabaciones hechas con loros, cuando agarró una sobredosis de *Cuca* durante una parranda con The Jojoto Monkey, que probaban que Borondongo le ofreció 300 millones de dolarenga para debilitar a Colonoscopia y además lo ayudaría a negociar con los otros reyes, para que no los mentaran de guerrilleros y terroristas, sino de *adversarios o contrincantes militares*, porque lo de "guerrilleros", sonaba muy feo.

A medida que pasaba el tiempo, las discusiones se hacían más encendidas; Borondongo contra acusaba a Bernabé de permitir que se procesara la *Cucaína* en Colonoscopia y se vendiera tanto en Vergópolis como en TRUSA, en las que había una fuerte demanda de la droga. Además, denunciaba que los tratados provenientes de la *Tirada Loca Cooperativa* y la vigilancia acordada con la DHEA –*División de Heroína Empaquetada Amablemente*– solo eran un parapeto para administrar la droga y enriquecer a sus tribus.

Borondongo, al ver que estaba potencialmente amenazado por Bernabé y su poderoso aliado Yiorpuch, los cuales le habían descubierto su rochela con la FLACK, no perdió tiempo y le compró a Putongo, rey de una tribu muy poderosa también -que quedaba más Far Far Away- unos samuros carnívoros especiales con los que disuadía a Bernabé a no meterse en líos con él. Pero Bernabé, ni corto ni perezoso y aprovechando su amorío con Yiorpuch, le permitió a éste la instalación de siete nidos con samuros especiales también, con el pretexto de que debían vigilar y controlar el tráfico de *cucaína* desde el cielo.

Estos reyes discutían mucho y no se ponían de acuerdo; Borondongo, especialista en insultos y vituperios, le mentaba la madre a Bernabé con señales de humo, mientras que Bernabé no le contestaba aludiendo a su decencia diplomática.

Para disipar las tensiones, todas las tribus acordaron realizar la 7ma. Convención de las Tribus Desunidas del Far Far Away, invitando al rey de Espalanga y al rey Lulonga Quesilva como observadores (el rey de Espalanga fue el Gran Jefe del Far Far Away hasta que se le venció el contrato) y este es el resumen de sus alocuciones:

Borondongo:

— Rey Bernabé, tú ser lacayo de Yiorpuch. Tú ser moco negro, pepa loca, ombligo sucio, chupa nueces y pito malo. *Mí* no hacer más trueque con Colonoscopia. *Mí* mandar diez mil burros con hombres para frontera. *Mí* no hablarte más.

Bernabé:

— Mire Borondongo, busté pelar dientes a *Flackos*. Busté darles flechas y dolarenga. *Mí* estar verraco. Ahora *Mí* aceptar siete nidos de samuros de Yiorpuch en Colonoscopia. ¡Eso é pa` que jea barónd!

Sóngoro Consongo de Mamey:

— ¡Para hacer paces en Far Far Away, *Mí* proponer regalo a todos los reyes: perinolas, gurrufios, canicas y mucha Cuca... y todos estar felices! ¡Chimparanpanga Chupi Chupi!

Borondongo:

— Songui ¿quién darte permiso de hablar? ¡Tú no hablar; tú callar y esperar; tú guardar Cucas para vender, no regalar! Irte a jugar canicas. Yo después contarte.

Mamey:

— Ché Bernabé, quitá nidos de Yiorpuch, y Borondongo no enfadarse. *Mí* gustar Jalea Negra y dolarenga de pibe

46

Borondongo, pero también gustar trueque con Yiorpuch. Entonces, *Mí* bailar Cango con todos, rozar cuchufla y olvidar peo.

Rey de Espalanga:

— ¿Tú que decir rey Muchilanga?

Muchilanga:

— *Mí* solo querer tu negrita asistente... *Mí* quererla poner de frente ¡aaah!, en cuatro ¡uuuh!, en diez pa`las dos ¡uussh!, guindarla ¡ayayay!, desguindarla...

Mamey:

— ¡Ché Muchilanga, Stop! ¡Primero tú resolver problema de *queso loco,* después hablar!

Borondongo:

— Reina Mamey, dejar a rey Muchilanga quieto. Rey Muchilanga ser *pana.* Tú, rey Muchilanga, yo regalarte negrita. Tú quitar *queso loco* ya, y pensar mejor.

Rey Muchilanga:

— Rey Borondongo, tú ser más *brother* que Burundanga y vergajito Songoro Consongo. Tú entender bolas débiles. Yo sufrir *moqueo precoz.* Ellos solo pedir. Tener *peste pedigüeña.* Deber ir a vacunarse a hospital de TRUSA.

Borondongo:

— ¡Rey Muchilanga, tú tener cerebro de chorlito! Moqueo precoz afectarte plataband. Ni Burundanga ni Songuito ir a hospital de Yiorpuch. Ellos vacunarse en hospital de tribu Cubonga, ser las mejores. Tú tampoco jalar mecates a Yiorpuch. *"¡Tribu, Masturbatismo o Muerte; Singaremos!"*

El Rey de Espalanga aturdido con la habladera de Borondondo, le grita:

— Rey Borondongo, ¡¿¿¿Por qué no cerrar jeta???! ¿Donde estar rey Muchilanga?

Mamey:

— Pibe Muchilanga estar detrás de talanquera cuchiplanchando con negrita.

Rey Lulonga Quesilva:

— Miu proponer tratu: rey Borondongo no hablare mais con *flackus* y rey Bernabé no echare paja de secretu de Borondongo con *flackus*. ¿Gustar tratu?

Bernabé:

— Si el hifue putas de Borondongo no tener más rochela ni meter más dedos con *flackos, Mí* no echar paja.

Borondongo:

— Si rey Bernabé, cachorro e` TRUSA, lacayo gafo, oligarpato y pellejo e` mono no provocar con pájaros de Yiorpuch, entonces *Mí* romper lenguas con The Jojoto Monkey y no darle más flechas, ni dolarenga, ni cubre pitos.

Rey Lulonga Quesilva:

— ¡Etounce au trato estar machetiño!

Bernabé:

— ¡Fresco!

Borondongo:

— ¡Fino!

Por fin, después de largos años de confrontación, los reyes del Far Far Away llegan a un medio acuerdo, y para celebrar, realizan una fiesta en Vergópolis, en la discoteca *Totonaca Meteldeus* -muy de moda para entonces- en la que cada uno tenía que llevar una botella de Ron, una bolsita de Cuca Loca en polvo y dos CD´s de su preferencia.

Como hubo elecciones para el nuevo reinado de TRUSA, Yiorpuch no pudo ir a la rumba. El candidato ganador fue Mucama, un flaquito oscuro y leguleyo más simpático que el otro.

En el agasajo, debieron esperar hasta las doce en punto de la noche para que las condiciones hormonales y astronómicas -que se alinearan los nueve planetas- permitieran la realización del máximo ritual gonadotrópico: *El Cuchiplanchagedón* o *La Gran Orgía Real*, que se realizaba, según la cultura farfarawaya, cada 69 años. Al cabo de seis meses y medio, producto de la embestida genital, vino al mundo el príncipe Chacumbele.

El secreto mejor guardado en la historia de la humanidad es quien parió a Chacumbele, misterio investigado en el programa de TV *MalparitiumQuest* en Tirannus Channel, apenas nació el carajito.

Sólo unos pocos ancianitos sabían la esencia del manual. La estrategia y las tácticas fueron diseminadas en lenguaje *Chismedechusma,* de oreja a oreja:

Songo le contó Borondongo;

Borondongo le contó a Burundanga;

Burundanga le contó a Muchilanga;

Mientras Songuito jugaba perinola, Muchilanga le contó a Mamey, y ésta, mujer al fin, le chismeó a Mucama.

Bernabé preguntó a Mucama:

— ¡Negrito, contarme e que je trata el pingo cuento que le están echando!

Mucama:

— Rey Bernabé, tú ser mi lacayito consentido. *Mí* no querer tú agarrar malas mañas. Dejar que ellos joderse. Globalización explicarte después.

Bernabé llegó a la vejez y murió enfadado sin saber de qué se trataba la sonata, de la que tanto provecho obtuvo su primer cantautor: Songo.

Songoro Consongo de Mamey, antes de morir –era el último que quedaba vivo- llamó a su multihermanastro Chacumbele, y le cantó al oído el asunto, heredando como rey, la poderosa información que utilizaría a lo largo de todo el siglo XX y parte del XXI.

Burundanga

Canta: Celia Cruz

Songo le dio a Borondongo
Borondongo le dio a Bernabé
Bernabé le pegó a Muchilanga le echó burundanga
les hinchan los pies
Monina
Songo le dio a Borondongo
Borondongo le dio a Bernabé
Bernabé le pego a Muchilanga le echó burundanga
les hinchan los pies
Abambelé practica el amor
defiende al hermano
porque entre hermanos se vive mejor
Abambelé practica el amor
defiende al hermano
porque entre hermanos se vive mejor
Y nos sigue
Songo le dio a Borondongo
Borondongo le dio a Bernabé
Bernabé le pego a Muchilanga le echó burundanga
les hinchan los pies
Monina
Songo le dio a Borondongo
Borondongo le dio a Bernabé
Bernabé le pego a Muchilanga le echó a burundanga
les hinchan los pies
Abambelé practica el amor
defiende al hermano
porque entre hermanos se vive mejor
Abambelé practica el amor
defiende al hermano
porque entre hermanos se vive mejor

Las Crónicas de Chacumbele (1.900 D.C – al presente)

La herencia que los reinos del Far Far Away destinó a Chacumbele, ha sido el mejor legado que líder alguno ha podido recibir, considerada la mayor y más apetecible influencia tiránica del siglo XX. De sus preceptos aprendieron Adolf Hitler, Benito Mussolini, Lenin, Joseph Stalin, Francisco Franco, Ante Paveli, Shi Huangdi, Mao Tsedong, Pol Pot, Saddam Hussein, Osama Bin Laden, Idi Amin Dada, Fidel Castro, Kim Yong II, Kim Il-Sung, Mariscal Tito, Nicolae Ceausescu, François Duvalier "Papa Doc", Mobutu Sese Seko, Alí Abdullah Saleh, Ettiene Tshisekedi, Meles Zenawi, Janos Kadar, Ernesto "Che" Guevara, Teodoro Obiang, Hisane Abre, Enver Hoxha, Manuel Marulanda Vélez, El Mono Jojoy, Erick Honecker, Miguel Primo de Rivera, Omar Hasan Ahmad al-Bashir, Ruhollah Khomeini, Augusto Pinochet, Muammar Abu Minyar al-Gaddafi, Abdine Ben Alí, Robert Gabriel Mugabe, Jean-Bédel Bokassa, Nikita Sergeyevich Khrushchev, Klement Gottwald, Wojciech Jaruzelski, Todor Khristov Zhivkov, Than Shwe y Suharto, por nombrar algunos. Chaqui no fue tonto; les vendió la receta por internet.

Así como el poliengendrado Chacumbele fue el sucesor de una verbena de gente –naciendo con él el populismo-, sus progenitores también tuvieron sus otras descendencias independientes. De esta manera, continuó la evolución desde la génesis farfarawaya:

Songo engendró a Fideo Elastro, heredando el secreto de la longevidad de Matusalén.

Burundanga a Hebilla Ykorrea.

Muchilanga y la negrita -detrás de la talanquera- engendraron a Daniel Setepega.

Songoro Consongo a Huevo Mojales (Huevito estaba muy chiquito para comprender el chisme).

Mamey a Pimpina Berrincher.

Bernabé a Pámparo Putibe.

Mucama a Parack Obaspalacama.

Todos estos, hermanos putativos de Chacumbele, excepto el negrito Parack.

Hasta la FLACK se renombró, pasando a ser en el siglo XX las FARC -*Frente Antojado por Resguardar a Chacumbele*-, que aprovechando las virtudes tecnológicas desarrolladas por el antaño reino de TRUSA, compraron laptops para gestionar sus cometidos criminales. Con internet dejaron de estar aislados en las inhóspitas montañas guerrilleras, excretando felices en el monte, mientras dialogaban con *Chacu* por Facebook, como también Twittear con el lado oscuro del mundo para participar en debates virtuales de la fashionmanía de los rebeldes, osea, *la Alfombra Roja Terrorista:* que si van a realizar el intercambio de prisioneros, que si "aquel" no se peinó cuando lo atraparon con la droga, que si lo último de la diseñadora *Carolina Guerrillera* en tendencias de uniformes para la insurgencia o el episodio de fin de temporada de *"El Crepúsculo del Dictador"*, etc., pero sin descuidar la sensibilidad humanitaria: con las redes sociales también pudieron solicitar aportes solidarios con tarjetas de crédito o *PayPal* para sacar del barro al rey Ganddafi o comprar ametralladoras con el sistema de *apartado.* De la modernidad no se escapa nadie.

En los comienzos de ese siglo, desaparecieron los títulos de la nobleza, para llamarse presidentes o *comandantes presidentes.*

Chacumbele inició sus arremetidas tiránicas desde temprana edad, expropiándole las cosas a sus amiguitos de la guardería: juguetes, teteros y chupones. Malparido como tal, no tenía quien lo corrigiera.

En la escuela básica se adueñaba de los creyones y las meriendas de los niñitos. Les quitaba los cuadernos a los mejores estudiantes para copiarles las tareas, y si alguno se quejaba, los amenazaba con los alumnos de grados superiores; siempre estuvo rodeado de jala mecates.

En la secundaria no tenía novia, pero se las expropiaba a los otros.

Conseguía la protección de bandas y pandillas regalándoles dinero, marihuana y Blackberries.

A los amigos, les contaba chismes para ponerlos a pelear unos con otros.

No le gustaba que le llevaran la contraria o lo criticaran. Insultaba y descalificaba a profesores, maestros, médicos, entrenadores deportivos y hasta a los curas. Un día, cuando tenía 14 años, después de una noche de parrandas, comenzó a picarle una nalga, y al revisarse, observó que tenía enllagado un 666. Fue a la iglesia y le preguntó al cura que vaina era esa. El padrecito horrorizado se la estrujó con agua bendita, pero ésta comenzó a hervir, produciéndole picazón y escozor. Chacumbelito le quemó la iglesia por abusador.

A los 18, graduado de bachiller y con varios galpones de bienes expropiados, Chacumbele se dio cuenta que podía obtener todo lo que quería a punta de dinero, coñazos, plomo y azote, y se inscribió en la Academia Militar, estudios que le suministrarían los conocimientos y habilidades para el enfrentamiento armado, así como las luminarias del poder y la estrategia.

Ya graduado como Oficial de las Fuerzas Armadas, fundó una agrupación de facinerosos: el *MPR 200 –Movimiento para Purgar la República con 200 dólares-* con el que planeó, desarrolló y ejecutó un golpe de estado para acabar con las estructuras de poder establecidas, provocando la muerte de muchos soldados y decenas de civiles inocentes, pero la intentona no prosperó y lo encarcelaron. En prisión lloró y descargó su ira con los barrotes -y por amor al árbol se hizo pintor- pero no se dio por vencido; el nuevo intento sería a través de la vía "democrática".

Chacumbele tuvo hasta suerte; obtuvo un perdón presidencial o sobreseimiento de la causa por la cual lo apresaron; ¡Güey, éste sí fue un tipo *lácteo* de verdad! No tuvo que escapar ni matar a nadie. Lanzó su campaña, expuso sus razones y la gente le creyó; por lo menos una cantidad suficiente para hacerlo presidente. Como siempre, es la gente pobre y desesperanzada la que les facilita las cosas a los caudillos. Los chismes de acera pululaban que Chacumbele será severamente castigado por la justicia divina, porque no perdonó a nadie, ni por presuntos delitos de menor intensidad judicial que los que él cometió.

El Chacumandante se lució ejecutando las instrucciones del matusalénico manual; en solo cinco años, ya se podían visualizar las primeras evidencias materiales de su rapaz actuación como neotirano en todos los órdenes, y a los diez años, una auténtica orgia de ineficiencia e ineptitud embadurnaba todo cuanto tocaba.

Mientras, al otro lado de la frontera, en la moderna Colonoscopia, se realizaron unas elecciones presidenciales resultando ganador Jean Mantel Cantos, un ex ministro que se había encargado de la defensa de su tribu y que sabía mucho del romance *Chacu-Farc*. Para Chacumbele la pesadilla de lidiar con los colonoscópicos continuaba, pero lo cierto es que descansó un poco del estrés que le ocasionaba Putibe; le tenía las pelotas acatarradas.

Con sagacidad política, Chacumbele le mostró a Cantos su disposición de cooperar en todo; estaba abierto como una drupa, mostrando su pericarpio carnoso, que el nuevo mandatario aceptó sin reparos, retribuyendo a éste una actitud diplomática y cordial.

En su primera reunión de gobiernos, Jean Mantel le susurró al oído del mandilón:

Oh flor de capullo
que todo lo que tengo es tuyo,
menos las bolas,
que son de Lola,
pero si te portas bien,
tuyas serán también.

Un torrente de pasión incontenible desató la ternura de un profundo cariño que solapó todo vestigio de discordia; bajo la colcha quedó enmascarada la travesura oculta y el delito furtivo, que expelían la fragancia de la amenaza implícita del conocimiento de un secreto forajido y perverso, agazapado en cada abrazo, manotón o sonrisa. Los *nuevos mejores amigos*, se amelcocharon en el elixir de la fraternidad como es la abeja a la miel, Batman a Robin, la nariz al moco o la uña al sucio.

La discreción imponderable comenzó a tomar su lugar, cuando se desató la exasperante necesidad de saber uno del otro. Los servicios de inteligencia de ambas naciones debían ser burlados, como propiamente lo hicieron Romeo y Julieta en su oportunidad.

Chacumbele ya no confiaba en las comunicaciones digitales encriptadas, por lo que tuvo que escribir sus mensajes en hojas de seda color pastel, dejando la odorífera huella aceitosa de sus axilas, el tatuaje de un besito de sus labios y la estampa de su verruguita, para no dejar dudas de la autoridad de la clandestina minuta.

El envío de las cartas le fue encomendado a Huevito, que viajaba en burro desde Chulivia, salida que le servía de distracción cuando se fastidiaba de jugar canicas con sus coterráneos indiecitos, pero como nunca ha existido total garantía en la confidencialidad de los mandados, Huevo, con una curiosidad que lo mataba, no aguantó las ganas y abrió uno de los sobres; se sentó a leer la carta y se enterneció tanto que le brotó una lágrima, y antes de llegar a Colonoscopia pasó por Ecuatanga, al palacio de Hebilla Ykorrea y se la mostró. Orgullosos de su adorable mentor, reafirmaron que Chacumbele era un comunista tierno y amoroso. Le sacaron fotocopia a la carta y la pegaron en la nevera con un imancito, para recordar las sublimes palabras del comandante, y que además, serviría de prueba contundente contra la oligarquía opositora de que *Papi Chacu* no era lo que decían.

La cartita declaraba lo siguiente:

Querido Jean Mantel.

Ha pasado ya mucho tiempo desde tu última mirada y de tu brillante sonrisa, que delataban tu optimismo por el inicio de nuestra nueva relación. Solo ha sido una semana, pero siento que es una eternidad.

En mi mente persisten los recuerdos de los maravillosos momentos que vivimos en la intimidad de tu palacio, cuando en el preámbulo, palpé tu pétreo petardo; después, tu parábola y paparrucha perforó mi pachucha y pachorruda petulancia con pertinaz perversidad, que me hizo presumir el presagio de la prescripción de mi prevaricación. Parado se porfió tu penacho, prendándome en un prosaico pero primoroso prurito en mi pubis, cuyo puchero prostituido, solo se proyectaba a la procreación. Mi pudicia y pundonor se pulverizaron en el pulular de tu presencia, pereciendo, al pecar de pituso y pocholo.

¿Te acuerdas cuando jugábamos de manos?

Yo te decía: ¡Ético pelético pelempempético!

Y tú me decías: ¡Pelado peludo pelempempudo!

¿Te acuerdas también de "A la víbora de la mar, por aquí podrás pasar, el de adelante corre mucho y el de atrás se quedará, se quedará..." Y te ponías bravo porque yo me escurría?

Me da picardía acordarme del juego Rojo, "tú te agachas y yo me sonrojo"; y del juego de la legía, "yo me agachaba y tú me sonreías".

No podemos dejar que nadie interfiera con nuestro amor; ni los necios de la FARC (con su bendita computadora), ni Fideo (que ya no se le para ni el deo), ni el negrito Obaspalacama con su imperio, que con esa cara de "yo no fui", te descuidas y te preña. Tampoco el ridículo ese de Walkid, con el que han armado toda una alharaca con el asunto de las droguitas y los puertitos; ni mucho menos la bendita oposición con su cochina Mesita de la Unidad; ya no me dejan ni dormir; me tienen atormentado. Solo me queda la condenada esperanza en la que se revuelca mi insaciable deseo de volverte a ver.

Espero te gusten las arepitas y el dulce de leche que te mandé.

siempre tuyo...tu Cuchi Cuchi;

Chaqui

Chacumbele espera respuesta de Jean Mantel

Pasaron los meses y Jean Mantel no aparecía. Ocupado levantando la economía de su país y exterminando a los terroristas, no le hacía caso al exasperado tiranuelo, así que *Misifú le* envía otra misiva:

Querido;

Pillo de mi goce, súplica de mi libido; angustiado espero por tu escaramuza paradisíaca; lúbrica que plagia mi voluntad y hace patinar mi moderación para encaminarme por los senderos estrechos de mi estremecimiento retrospectivo, que no restringe el paso de tu empellón brioso y membrudo y que me abandona con el sabor de la concordia zalamera y la vergüenza de la preciosa obscenidad.

Trae a mí una letra, un suspiro, un murmullo que pueda sofocar la corrosiva agonía de tener tu mirada desvanecida en mi deprecante recuerdo.

Mucho más tuyo... cuchi cuchi...

Chaqui

Siguen pasando los meses y nada que Jean Mantel escribía a Chacumbele, así que éste, en un acto de contumacia despechada, dispara su última querella:

Estimado señor Jean Mantel;

Quiero saber qué es lo le pasa ¿porqué no contesta mis cartas? ¿Es que acaso usté se gobierna? ¿Usté cree que porque me satisface estar con vos ya se puede desaparecer así no más, y volver a aparecer cuando le de la gana? ¡No señor; usté está bien equivocado!

¡Termine lo que empezó! Tome un avión y véngase a Looking Flowers de inmediato si no quiere que vaya yo mesmo a buscarle; ¡no sea irresponsable!

Le espero con las caraoticas como a usté le gustan...

¡Siempre de usté... mi cuchi!

ECHFC

Una irritación impúdica desaforaba su trágico ardor genital en cada minuto de eterna espera, con resignación de mula obligada, que se instituyó en su turbado recoveco para quedar tendido en las garras de la ociosidad; no obstante, para mitigar su depresivo estatuto existencial, principió arreglar cuentas con un compinche de la revolución: Walkid Macklaud. Los carroñeros de Chacumbele tenían una íntima relación financiera con este insigne empresario, que operaba mundanales cantidades de droga a través de una aerolínea, puertos y aeropuertos, con el apoyo y bendición de funcionarios del alto gobierno. Atrapado por las fuerzas policiales por tener ciertas, pequeñas e insignificantes diferencias de millones de dólares con sus golosos socios de aventura, lo encarcelaron, pero el hombre comenzó a develar –a *echar paja* como se dice en ciertas latitudes- sus relaciones y jugosos diezmos que, como propinas sustanciosas silenciaban el hocico de los facinerosos de la revolución, y al parecer, la revolución mesma –eso decían porái- . Walkid fue trasladado a una prisión administrada en los predios de *Misifú*, para poder controlar la jeta del desbocado mafioso. Esta dramática y jocosa comedia sirvió además para distraer al pueblo espectador de su precaria inanición de paz y prosperidad.

Por fin Jean Mantel responde

Papito:
Culpable soy de la cruel desolación que le ha lanzado por el precipicio de su quimera púbica, inerme atonía de nuestra inabordable utopía,   sabiendo de sus sazones impetuosos y de su húmedo muelle ileso, inmune de mis caricias y de mi aliento, ahora reseco por la atrofia de nuestro roce.

Perdone mi olvido, pero estoy muy ocupado con el trece, que mientras más me lo dicen más me crece; es esa insidiosa necesidad de saber por qué usted sigue albergando terroristas en su comarca. Trece menos uno es el número de mis soldados muertos por la jarana de esos pillos que nos perturban y después se esconden en sus predios. Me dijeron el pasado día doce: "siéntate aquí para que goces", y me contaron más de sus sandeces con esos irreverentes criminales.

Duro para mí es el esfuerzo de olvidar nuestro último encuentro, que por cualquier ángulo se le notaba el sorocho deslumbrante que mostraba su fragilidad de porongo timorato al aproximarse mi centella de amor.

Como usted ha traicionado mi querendona confianza de ser "los nuevos mejores amigos", me mantendré alejado por un tiempo de sus deliciosas   caricias, para mitigar al menos por lo que dura un viento en un chinchorro, la pena y la desvergüenza que acribilla mi menguado corazón.

No más suyo...

Jean Mantel

De pronto, Chacumbele desaparece. Su cuadra comunicacional estaba tan hermética como una virgen, cerrada a cal y canto, y el pueblo, divagaba entre las mentiritas y falsas verdades de los voceros del partido acerca de su paradero. Repentinamente, apareció dando declaraciones por los medios informando que enfermó, y no fue de gripe. El universo lanzó los dados, y en esa lotería existencial apareció algo imprevisto e insospechado. Su padrastro Fideo, lo había estado observando durante un tiempo y sospechó que algo estaba mal; al rato le diagnosticó un tumor (sí, Fideo fue caudillo, pintor, agricultor, psicólogo, cantante y médico cirujano).

Chacumbele fue operado para extirparle un tumor que lo dejó estropeado físicamente y menoscabado emocionalmente; se puso flaquito, mientras su papi le brindaba su hospitalidad cuidándolo día a día.

Existían muchas dudas acerca de la veracidad de la afección que le aquejó; intrigas y rumores rondaban por las calles y hasta por los nidos de la jauría patriótica (ni siquiera ellos sabían con exactitud lo que le ocurría); pululaba entonces por las calles desde la hipótesis de la proximidad del inevitable vuelo rasante de la pelona, hasta una aparatosidad teatral para recapturar unas masas cada vez más decepcionadas y maldicientes que engullían el parapeto prosopopéyico *amor con amor se paga*, para luego hacer una entrada triunfal y celestial de magnitudes estrambóticas, cuyas campanas anunciarían el regreso del mesías, simulando la segunda venida de Cristo o la segunda independencia –¿de quién? no sé-; como también la posibilidad de una liposucción con arreglo de papada, para lucir rejuvenecido en el venidero proceso de elección presidencial.

Estas hipótesis ronroneaban por dos grandes eventos con igual probabilidad de ocurrencia –fifty - fifty-. Por un lado, que fuera verdad (enfermo y moribundo), y por otro, que fuera mentira (parapeto estratégico), cada una con una fuerte cantidad de argumentos, alegrías y temores; además, las especulaciones variaban por quienes eran afectos al dictador o si eran los oligarcas opositores.

Del lado oficialista, los que creyeron la enfermedad, se encontraban tristes y nostálgicos, y por el lado opositor, como *palo de gallinero*, porque señalaban que la ausencia del líder de la revolución y del partido podía desatar una orgía de mordiscos para desgarrar pedazos de poder, hecho que derivaría en consecuencia en un golpe de estado o una guerra civil. Fue bien conocido por todos la influencia violenta del discurso de

63

Chacumbele, evidenciada en la propagación de progenies ultra revolucionarias o ultra izquierdistas que actuaban como protectores del mesías y su proceso. Aquí radicaba otro de los culillos de los opositores: que estos grupos extremistas, al no contar con la mano del caudillo que las equilibrara, desataran el monstruo de la anarquía para el exterminio del estamento opositor: importantes empresarios, parlamentarios, diplomáticos, dirigentes de partidos políticos y medios de comunicación.

En cualquier caso, no fue discreto el cambio de actitud y de postura del enfermo comandante; su discurso y sus expresiones faciales denotaban una fragilidad timorata de la que desapareció su exagerada arrogancia, usualmente chispeada de burla y sarcasmo.

Las recriminaciones ciclónicas hacia el imperio y a la oposición se transformaron en pequeñas críticas comedidas; palabras de amor y de fraternidad eran floreadas hacia cualquier persona o situación, que se escuchaban tan raras en él, como un gato ladrando. Las medicinas se las tomaba cuando aparecía en la TV, haciendo gestos misericordiosos pidiendo a Dios su curación.

En medio de su histriónica payasada, decía que estaba siendo evaluado y tratado diariamente por un equipo de médicos de los mejores del mundo, para que lo curaran y le restituyeran sus fuerzas para extender las bendiciones y reivindicaciones revolucionarias por muchos años más, olvidando que esos detalles los estaba exponiendo en Cadena Nacional de radio y TV, a una prole enferma que deseaba y rogaba por un mejor sistema de salud; muchos de ellos muriendo de la misma presunta enfermedad del caudillo.

Del lema que tanto vociferaron sus fervorosos súbditos, desapareció la palabra "muerte" y la sustituyó por "vida"; (¿¿!!??) Algunos brujos y espiritistas afirmaron que ese día retumbaron las tinieblas del purgatorio, haciendo que los ancestros de Chacumbele se revolcaran en su tumba. A causa de ese insulto, realizaron una solicitud formal ante el *Sindicato de Caudillos del Mucho Más Allá* para que lo sentenciaran con la pena de ser azotado con VTV... La nalgada ancestral.

Una volada de tapones colectiva tronó en el *Balcón de las Promesas* de su palacio, cuando el Chacumandante vestido de amarillo pollito, instó a sus lacayos a deshacerse del color rojo, que lo había acompañado desde los comienzos de su folladera narcisista; la masa adoradora, que vestía de rojo desde los alambres de ortodoncia hasta las pantis, se quedó perpleja; no sabían si aplaudir, llorar o saltar. El fulminante cambio de señas les causó un corto circuito en el chip, que disparó el fusible para reactivar el *SAD -Sistema Automático de la Desmemoria-*. De "Patria, Socialismo o Muerte", pasaron a "Patria Socialista y Vida" en menos de un segundo.

La oposición se averracó y denunció ante los organismos internacionales la expropiación violenta de sus palabras y colores, sustentando su defensa en el Artículo 69 de la Ley para la Protección Internacional de Lemas, Frases y Cromas, por ser el "amarillo pollito" y la "vida" de uso exclusivo de este adolororido bando, cuyos elementos utilizaban para contrariar al Chacumandante; se quedaron sin *pajita que tumbar* para iniciar las peleas. Ni de eso se salvaron los pobres.

Con el fin de medir el impacto del nuevo capricho, lanzaron una campaña pública para apostar acerca de lo que le sucedió a Chacumbele; los panfletos encontrados por las calles decían:

"Llene el cuestionario y gane miles de premios: autos, televisores LCD, viajes a Europa, teléfonos celulares y muchos más, y envíelo a: www.quelepasóamisifú.com

Marque con una "X" las opciones que indiquen lo que usted cree le sucedió a Chacumbele:

☐ *Tiene una enfermedad grave y la pelona le mandó el preaviso*

☐ *Tiene el Síndrome del Stress Opositorium y quiere descansar*

☐ *Se hizo una liposucción, refrescamiento facial y Overhaul de verruga para estar bello para las elecciones*

☐ *Mentira inventada por Fideo Elastro como plan estratégico electoral*

☐ *Se quiere parecer a Jesucristo*

☐ *Se escapó para una isla en el océano pacífico con Jean Mantel*

☐ *Todas las anteriores*
☐ *Ninguna de las anteriores*

Como enjambre de polillas furiosas, los opositores reclamaban reportes pertinentes y profesionales del estado de salud del comandante presidente, ya que, como no lo estaban atendiendo médicos de Vergópolis, sino de la *Isla*, no se sabía a ciencia cierta cual era la realidad que le acontecía.

Con el paso del tiempo se fue recuperando; en otra cadena de radio y TV informó que su tumor fue extirpado y que más nunca volvería; con tratamientos muy agresivos y consistentes se fue mejorando; engordó en magnitudes tales que los *close up's* de las cámaras de TV ya no podían realizarse tan cerca, porque si no, no le cabía la cara en la pantalla. Se curó –decía él-, y poco a poco comenzó a recomponer su despliegue lengüimático, en su procaz y rutinaria lanzadera de improperios... y se envistió de su color rojo; el comepiojo con látigo había regresado.

Pero la balanza del destino se inclinó por no curar al mandador –o eso era lo que se creía-. Supuestos tratamientos *preventivos*, fueron realizándose extendidamente para aplacar la reproducción de la enfermedad, por lo cual su presencia fue agotándose poco a poco de la faz de sus adoradores, al punto de dirigir los menesteres diarios de su gobierno y de aprobar leyes, en forma virtual; casi por correspondencia. Lo llamaban *el presidente virtual*, tanto por su ausencia física, como por la ausencia en el servicio de su pueblo. Si antes no lo hacía, después menos.

Mostrando un porte saudoso, retrato de añoranza épica y nostalgia de poderío desahuciado, irrigado del zumbido de las plagas críticas de los medios de la oposición, que fatigosamente rondaban por su cabeza, cada vez se hacía más infrecuente su presencia; el declive de su popularidad se manifestaba en las encuestas nacionales y por la gesta recuperadora y progresista del *flaquito majunche,* que visitaba enérgicamente casa por casa de los pueblos decepcionados y arrepentidos.

Como no se podía saber que nos deparaba el destino, en medio de la ametralladora mediática de ambas partes, me compré un guacal de cervezas y me senté en mi sofá a ver películas, para anestesiarme el cerebro de cuanta locura política y electoral.

De pronto interrumpen la programación para informar que Chacumbele había perdido las elecciones. Por un momento me quedé impávido; con mi quijada ingrávida y sin pestañar por un segundo; no lo podía creer, me había quedado sin trabajo; sin trabajo de insultos y porquería social que aguantar.

Así que *Misifú* sufre la peor de las depresiones; después de cinco mil años, quedó litografiado en la historia como uno de los peores fracasados; el hazme reír de los dictadores, el aprendiz de caudillo con la más baja nota; la vergüenza del orgullo tiránico. La competitividad y progreso económico de sus vecinos, le ardía en el infierno de su onanismo; deambulaba como un zombi por las calles de Vergópolis. Nadie lo reconocía porque lo cubría una madeja rancia de pelambre que le colgaba como una piñata de piojos, pero cuando creía que todo estaba perdido, sudando frío, temblando y babeando, llega un ángel que le extiende la mano para darle una monedita. Chacumbele sube la cara pero no puede llegar a ver la maravillosa entidad que lo deslumbra; lo enceguecía su brillante florescencia, y al incorporarse, abre y cierra los ojos en medio de un caudal de lágrimas insostenibles; haciendo su mejor intento para conocer a la inmaculada presencia que lo ayudaba, lo conoció: era YO.

Ese "YO", osea, yo mismo, había salido a comprar kerosén –pa` los zancudos- cuando conocí a Chacumbele; vi a ese pobre ser tendido en una acera con cara de tragedia. Me abrumó su situación. Me dio lástima, y como soy una persona bondadosa - por si acaso me están viendo de arriba-, le di una moneda cuya significación no podía ser más que un grano de arena en medio de aquel océano de miseria, pero quedó infinitamente agradecido. Yo no sabía que era el sátrapa ex dictador.

Al día siguiente, lo volví a ver en el mismo lugar y me saludó con alegría, pero esta vez no le di una moneda; como me reconoció y me trató con respeto, accedí a comprarle una sopa, de esas que venden en los perolitos de plástico para arroz chino y el hombre casi me abraza de la emoción, y se me ocurre hablarle:

— Epa amigo ¿cómo estás?

— Como está señor – Me contesta.

— Veo que tiene mejor cara que ayer.

— Si, gracias a usted –expresó con regocijo.

— Bueno, creo que eso ha sido muy poco– Le digo un poco avergonzado- Ojalá pudiese hacer más.

— No señor, no se preocupe, ya ha hecho mucho. Creo que me iré al infierno tranquilo.

— ¡Que es eso! ¡No diga eso ni jugando!–

— Cuando usted pueda escucharme un rato, cuando tenga tiempo, quiero contarle una pequeña historia –me dice el pobre ser.

Esas palabras, y las expresiones que usó, me causaron una profunda intriga y curiosidad por saber cuál era el cuento, y a la mañana siguiente lo localicé y le di otra salcochada reconstituyente.

— Hola señor...eh..., usted todavía no me ha dicho su nombre ¿Cómo es que se llama?

— No muchacho, todavía no te voy a decir mi nombre. Primero quiero que me escuches por unos minutos.

— ¡Coño! ¡Ahora me dirá que es familia mía! -pensé-.

A pesar de la sopita, el señor no se veía muy bien de salud; habló por un buen rato sentado al lado mío, mucho más que unos minutitos, pero a medida que transcurría la historia me iba sorprendiendo más, sin entender totalmente de lo que se trataba, y comenzó a ponerse pálido. Hablaba sin fuerzas, casi babeando. Me tomo de la muñeca y me apretó duro.

— Amigo, sé que he hecho muchas cosas malas, causé mucho daño a mi pueblo; produje discordias entre amigos y familias, promoví la miseria, la corrupción y la infelicidad. Espero me perdones. Ya no me siento muy bien y creo que se me acabaron los días en este mundo...yo soy Chacumbele.

— ¿Cómo? – Por un segundo no reaccioné. No sabía que pensar o hacer, y dije-:

— ¡Con razón me parecía conocido! ¡Cuando lo vi por primera vez sabía que lo había visto en algún lado! ¿Quién no se va a acordar del que habló por miles de horas en cadena de radio y televisión? ¡Esos ojos y esa verruga son inolvidables!

Lo seguí observando por un momento y me sentí culpable. Prácticamente él estaba agonizando, cuando de pronto se desvaneció y lo tomé rápidamente para que no se golpeara en el suelo.

Debo confesar que no puedo describir el enjambre de sentimientos que se enmarañaban en mi ser: lástima –pero era una rata-; odio –pero era un ser humano-; perdón ¿con todo lo que hizo? ¡Que lo perdone el Diablo!-. Y lo solté; me paré y me fui, pero a los pocos pasos, comenzó a llamarme con voz agónica y quebradiza, alzando su débil brazo para alcanzarme.

— Hijo, ven, hay una última cosa.

Me detuve y pensé: -bueno, ya la rata se va a morir. Qué carajo; voy a ver que quiere.

— Dígame –le dije con voz fuerte y desinteresada.

— Ven, acércate más –Puse mi oído lo más cerca que pude, pero tapándome la nariz; ese olor podía humillarle la arrogancia a cualquiera.

— ¡Ok, diga ya!

En eso, el comandante comenzó a sacar de su ropaje destartalado muchas hojas enrolladas, sucias y rotas, y hablando casi inaudiblemente, me dijo:

— Quiero que leas esto. Publica un libro. El orgullo de mi familia debe ser honrado.

— ¿Que es esto? –le pregunté dispuesto a finalizar el drama.

— Es el manual que desde hace cinco mil años mi familia ha transferido por generaciones y con el cual dirigimos el mundo. También está mi diario.

— ¿Qué?

— ¡Si no reescribes el manual, te voy a halar las patas por las noches hasta el día en que te mueras!

El viejo exhaló larga y profundamente, volteó los ojos exponiendo las pepas blancas y soltó el manuscrito. Tomé rápidamente el revoltijo de hojas y me quedé mirándolo por un momento; no lo podía creer: Chacumbele murió en mis brazos. Una sensación indescriptible encapotó la rabia que le tenía; nunca había visto morir a un ser humano; se me pararon todos los pelos, pero cuando me disponía lentamente a colocarlo en el suelo, se le paró una mosca en la cara con lo que sucumbió ante el reflejo de rascarse, llevándose bruscamente la mano a la mejilla... ¡el viejo estaba actuando...no se había muerto! Pues, con la misma lo solté. Pegó el coco del suelo y se quejó.

— ¡Coño, me soltaste!

— ¿Y que pensabas rata inmunda? ¡Huye antes de que te caiga a patadas!

Mintiendo hasta en el último momento, se largó rápidamente zigzagueando su ropaje, internándose en la jungla de la indigencia urbana; se esfumó sin dejar rastros en un parpadeo. Me volvió a dar escalofríos...y ¡me desperté! Me había quedado dormido por las cervecitas... ¡que susto! Me pregunto si fue una premonición.

Poniendo manos a la obra, rápidamente me dispuse a organizar la historia del Chacumandante y los preceptos que encontré por internet para escribir el bendito manual, antes de que cualquier entidad extraña, de esas con las que ellos usualmente jugaban, se apareciera. Los días pasaron y la ardua labor continuaba; escribir y escribir. Debo confesarle que hasta comencé a tomarle cariño; casi me contagia y me vuelve coño de madre a mí también.

Una vez transcrito, diseñé la cubierta; solicité su edición, pero todas las editoriales se negaban diciendo que era un mal augurio o mala suerte que haya tenido una pesadilla con el viejo dictador, y algunos más, que no querían ser perseguidos como cómplices de la hecatombe de algún pobre pueblo, así que tuve que ahorrar mucho dinero para editarlo yo mismo -yo no sé si los espantos detectan los errores.

Finalmente, lo imprimí y lo puse en venta. Para mi fortuna, las librerías han estado abarrotadas de gente solicitando el libro – Chacumbele me hizo propaganda-. No dejan de llamarme para hacer pedidos adicionales.

Para dar a conocer el manual, diseñé su página web, afiches y otros artilugios publicitarios. En los mostradores de las librerías, coloqué las fotos de "antes y después" de la jodienda. Tuve que realizar un esfuerzo financiero y de mercado considerable para recuperar el costo de esta dislocante guaracha (si no hubiese sido por la amenaza en el sueño con el sarmentoso, me hubiese ido a las Bahamas), pero no me puedo quejar; gracias a Chacumbele ahora soy un famoso y reconocido escritor de disparates; me invitan a innumerables entrevistas en radio y TV, almuerzos de negocios, conferencias y muchos jaleos más, y de paso, ¡millonario! Los billetes verdes me llueven sin parar, y en tal magnitud, que estoy a punto de comprar el Banco del ALBA (después te cuento).

Repentinamente, explotó la *Anti-Chacunifashion*; puedes ver mucha gente por las calles vestidas con camuflajes multicolores, y hasta los allegados del arruinado comandante (Pimpina,

Ykorrea, Setepega y Huevo) participan en desfiles de moda presidenciales, con franelitas que dicen "*...si lo vi, no lo conocí...*"

Las botas militares se venden en todos los colores y diseños; desde blanco y negro tipo dálmata, hasta rosado Barbie. Todos usan boinas multicolores, de cuadritos o con florecitas, con un distintivo bordado de *"I don't love Chacu"*; también tenemos franelas estampadas con: *"NO + INSULTOS", "NO + CADENAS"* y *"¡PORQUÉ NO TE CALLAS!"*

Algo que se esta vendiendo con fuerza, son las verruguitas de goma o *Verruchaquinas*, que vienen en colores, con escarcha o fluorescentes, para ser colocadas donde prefieras: en la frente, en el pecho o en los cachetes. Las que son comestibles, vienen en tres sabores: saladitas, dulcitas y aciditas.

Diseñé además el *Ultimate Misifú Combo Pack*, que contiene una boina con distintivo amoroso bordado, un pantalón camuflado, franela estampada, un par de botas y una docena de verruguitas variadas, por sólo cien dólares. El bolígrafo original con el que Chaqui firmó el cheque de los diez millones de dólares que le regaló a un hospital universitario, lo estoy subastando en EBay, para que inicie en 120.000 dólares; el maletín donde viajaron los 800 mil dólares hacia las tierras del Cango, ya lo vendí, pero tengo varias réplicas, y si quieres el laptop que le causó a Chacumbele la diarrea nerviosa más larga de su vida –había dicho que tenía la rodilla acalambrada- tienes que inscribirte en una lista que ha sobrepasado los 700 solicitantes, con ofertas de más de 300 millones de dólares. Todavía estoy esperando a ver que me ofrece el imperio mesmo.

Seguro que usted caminaba por un centro comercial y observó los estantes de una librería, y allí estaba, orgullosamente posado mi manualito, brillando solito en medio de esa cantidad de libros arrogantes en seriedad y sabiduría; y ahora pregúntese: ¿por qué se me ocurrió comprar esta vaina? Cierre los ojos y recuerde que pasó cuando se situó frente a la librería; ¿Por qué entró y compró el libro? ¿Estaba absolutamente claro y consiente?

OK; ya se lo puedo decir: a lo más profundo de su mente llegó una vocecita en una frecuencia de ondas solo perceptible por babiecos, que le decía: *"ven...cómprame, cómprame..."*

Esa vocecita sale del libro porque le conecté un dispositivo *PLISBUYME -Para La Insolencia Solo Basta Un Yunque Mental y Estupidez-.* Es una técnica súper avanzada de entrenamiento subliminar de caudillos que conseguí en una juguetería en la Habana. En la cajita venía un DVD, un Audio Libro, un habano, folleto de instrucciones y una franela... y me los agarré pa` mí.

Así se originó la misión de publicar este libro: por buena gente o por güevón, pero además, para evitar hostilidades y malos entendidos con personajes del "más allá".

Ahora que sabe la historia, échele ganas...

Risas, sexo y jaleo ¡Venderemos!

"...si le pica otla vé, échese clemita..."
Mhen Dion Pahlo
Otra vez el Chino...

Capítulo 2

La Estrategia Excremental

Sección 1
Pilares Putrefactores

Para que pueda entender bien este capítulo suspenda el bochinche por un ratico; para hablar de excrementos a veces hay que estar serio, sobre todo si son presidenciales.

El proyecto que lideraba Chacumbele no era un movimiento por la adjudicación de una silla presidencial por un período gubernamental de cinco o seis años; era más bien un proyecto con una ideología imprecisa y confusa, con el fin de perpetuarse en el poder, y sin correspondencia con preceptos de desarrollo, aunque admitía semejanzas con algunos gorilatos ya establecidos en el mundo, y cuya explanada ejecutoria no podía ser divisada por menos de cuarenta años, tiempo en el cual se involucrarían varias generaciones de militantes de ese tiempo y del mañana; en los primeros cinco años se ya se observaban las primeras muestras del apocalipsis. En cuatro o cinco décadas, el pueblo engatusado se reciclaría, filtrando y decantando lo mejor, para ser usado en la defensa de la revolución. Las experiencias tiránicas de larga data en el mundo, le proporcionaron guías referenciales de valor incalculable, ya que sus recetas y métodos fueron probados, contando además, con apoyo ideológico, político y militar de alcance continental e incluso, mundial.

En el presente capítulo, vamos a definir una serie de aspectos de crucial importancia para ayudarle a definir el rumbo estratégico, que si bien no realizaremos una exposición profunda y en demasía de detalles, es pertinente conocer lo que es esencial para su adecuada ejecución.

La Estrategia: Se puede definir como: *"un plan de acción para alcanzar los objetivos cuando ha ocurrido un apagón o cuando tienes los ojos vendados"*. A continuación, le enumero los lineamientos:

1°.- *FODA*

Debemos aclarar que más que un pilar, se trata de una herramienta de planificación estratégica, que se parece a *Chavear*, pero en portugués (FODA).

Es un dispositivo para determinar los factores que pueden favorecer (Fortalezas y Oportunidades) y obstaculizar (Debilidades y Amenazas) el logro efectivo de la defecación.

De las siglas de esta útil herramienta se obtienen de los cuatro elementos que intervienen en su aplicación:

F = FORTALEZAS: Aquellas características que facilitan las posturas.

O = OPORTUNIDADES: Aquellas situaciones que se presentan en el entorno, que podrían favorecer el logro de los objetivos.

D = DEBILIDADES: Características propias que constituyen obstáculos internos al logro de los objetivos.

A = AMENAZAS: Son aquellas situaciones que se presentan en el medio ambiente que podrían afectar negativamente las posibilidades de logro de los objetivos.

Las Fortalezas y Debilidades son de naturaleza interna, mientras que las Oportunidades y Amenazas, de naturaleza externa.

A continuación, vamos a enunciar en forma de preguntas las consideraciones de cada aspecto, que le ilustrará la forma en que se usa este tipo de análisis:

Fortalezas:

¿Posee experiencia probada en destruir países?
¿Existen otros dictadores a nivel regional o continental?
¿Posee habilidades tiránicamente competitivas?
Ese país ¿es apetecible a otros dictadores?
¿Es considerado un líder en la región o continente?
¿Están bien concebidas las áreas que quiere joder?
¿Posee recursos humanos, técnicos y financieros adecuados?
¿Cuán aislado se encuentra de las presiones imperiales?
La innovación: ¿Existen precedentes mundiales de su proyecto?

Oportunidades:

¿Va a joder a todo el país o a una parte de él?
¿Va a combinar viejas y nuevas formas de subyugación?
¿Se diversificará constituyéndose en Caudillo, Coach, Empresario, Guerrillero y Artista?
¿Detentarás el poder tú, y tú, y tú, y solamente tú?
Las ventajas en costo: ¿Cuán adormecidos están los Borregos?
¿Cuán pendejos son los opositores?
¿Qué capacidad posee para integrarse a diferentes grupos económicos?
¿Cuán complaciente es usted con los que lo adversan?
¿Cuán rápido puede destruir al país en cuestión?
¿Qué capacidad posee para hipnotizar a sus vecinos y hacerlos sus más preciados jala bolas?
¿Qué capacidad logística posee para distribuir la porquería por toda la región?

Debilidades:

¿Posee una ideología o doctrina obsoleta para influir en los incautos?

¿Las bestias que trabajan para usted no son lo suficientemente rastreras?

¿Tiene carencia de talentos destructores?

¿Las bestias pretenden ser más corruptas que usted y se dejan descubrir?

¿Pobre desempeño en la ejecución de las órdenes destructivas?

¿Vulnerable a las presiones de los grupos de defensa de los Derechos Humanos?

¿Las bestias están saltando la talanquera para convertirse en seres civilizados?

¿Débil imagen con respecto a otros tiranos?

¿Otros caudillos actuales o pasados han sido más eficientes que usted?

Amenazas:

¿Los medios de comunicación le están haciendo la vida imposible?

¿El imperio no le para bolas?

¿Salió del closet otro caudillo regional o continental?

¿Los empresarios globales están creando nuevas formas de penetrar mercados?

¿Las Víctimas ven muchos videos y fotos de la buena vida por internet y se están poniendo más duros que sancocho e` pato?

¿Las Víctimas no han perdido todas las esperanzas para reconstruir el país?

Este análisis le proveerá una visión más amplia de la situación y le suministrará los elementos con los cuales podrá desarrollar respuestas estratégicas pertinentes en el turbulento mundo de las resistencias globalizadas.

2°.- La Misión

La Misión definida por su creador ancestral, fue declarada así:

> *Proporcionar y aplicar los mecanismos, recursos, conocimientos y esfuerzos para la destrucción total de un país con ilimitados recursos naturales, apreciados recursos humanos y financieros y con un alto potencial de desarrollo económico, social y cultural para sumergirlos en el limbo de la condenación y la miseria retrovolutiva.*

3°.- El Mapa Mental

> *"Nadie puede hacer el bien en un espacio de su vida, mientras hace daño a otro. La vida es un todo indivisible."*
> Mahatma Gandhi

El Alfabeto Emocional del Tirano

El ser humano tiene mapas mentales, paradigmas o patrones que ha trazado a lo largo de su vida proveniente de todas sus vivencias. Toda esta referencia cognoscitiva es percibida por los sentidos, interpretada e impresa en los niveles de conciencia humano, brotando posteriormente una respuesta conductual manifestada por ese aprendizaje y según los estímulos a los que somos sometidos.

Esos patrones o paradigmas mentales, en los que también están involucrados la cultura y los valores, pueden ser cambiados, de alguna manera modificados, cuando existe un persistente flujo informativo que es catalizado por las emociones. La emoción va a ser el disparador del torrente bioquímico que permitirá la impresión de esas experiencias en la estructura neuronal.

En ese sentido, los científicos en estas áreas del conocimiento han evidenciado los efectos que generan los pensamientos en el cuerpo humano. Cada pensamiento genera una emoción y cada emoción moviliza un circuito hormonal que tendrá impacto en los cinco trillones de células que forman un organismo.

También han hecho importantes aportes demostrando que pequeños cambios emocionales pueden activar o desatar combinaciones de respuestas en el organismo físico.

En base a estos fundamentos psico-bioquímicos, le expongo un breve esquema que refleja las interacciones de los pensamientos y emociones, junto a los efectos y conductas que estas relaciones producen en consecuencia, con el fin de contribuir al conocimiento de la personalidad del Chacumandante:

Los pensamientos "S":

Soy tirano - Soy bueno
Soy ególatra - Soy humilde
Soy imbécil - Soy íntegro
Soy feo - Soy bello
Soy torpe - Soy letrado
Soy hostil - Soy noble

Producen:

Las emociones "T":

Tengo rabia - Toy contento
Tengo ira - Toy feliz
Tengo depresión - Tengo ánimo
Tengo desolación - Toy apurruchado
Tengo angustia - Toy tranquilo
Toy marxista - Tú tas loco

Efecto Bioquímico:

a) ZPS - Zero Pussy Syndrome
(Secreción de Cerototona)
b) FALSO – Freak Animal with Low Sex Opportunities
(Amnesia Genital)
c) SELF - Sobredosis de Estiércol en el Lóbulo Frontal
(Candanga Bipolar)

Evidencia Observacional:

Conductas XXX:

Insolencia, petulancia, megalomanía, mameluconería, zoquetería, torpeza, idiotez, necedad, onanismo, masturbación, bravuconería, sagaletonería, venganza, resistencia, reproche, represión, narcisismo, misantropía, yo-yo-yo, muá-muá-muá.

"La base de la vergüenza no es un error de nosotros, sino la humillación que ven los demás."
Milan Kundera

Culto a la personalidad

*"Nada es tan peligroso como dejar a un
mismo ciudadano en el poder;
el pueblo se acostumbra a obedecerle
y él se acostumbra a mandar,
de donde se origina la usurpación y la tiranía."*
Simón Bolívar

Exaltación extrema de afectos y pasiones
práctica perniciosa de alcance macabro
intolerancia contra los detractores
y humillarlos hasta que traguen barro

Es un vicio político y más del comunista
petulancia que ennegrece y que aterra
es lo que hace el dictador protagonista
que no tiene los pies sobre la tierra

Epopeyas de la patria
con absurdo paroxismo
mitificación bicentenaria
con exceso y extremismo

Perpetrarse en el poder
es la meta del soquete
no hace más que joder
para quedarse hasta la muerte

La aberración patológica
se adueña de sus mentes
actúan sin ninguna lógica
poniendo al pueblo silente

Con crueldad y ridiculez
acusan los locos mandilones
pierden el límite de la sensatez
al reprimir al que le pisa los talones

Con alucinación de semi Dios
se cree que no es mortal
cuando le indica al adulador
que se arrastre hasta su portal

No te mofes del portento
que extermina en el paredón
osada carnicería de sufrimiento
ordena fusilar con pelotón

Férreo y macabro culto
de la sumisión y auto sacrificio
dar la vida por el presunto
es como lanzarse al precipicio

Es el pintor doctor y actor
todo un artista el caudillo hablador
múltiples facetas sin pundonor
solo escucharlo causa escozor

Con insolencia y narcisismo
hablaba el tirano misantrópico
drogado en burdo socialismo
parloteaba a sus acólitos

"Conoce a tu enemigo como a ti mismo
y en cien batallas no conocerás la derrota".
Sun Tzu

Esteban fue un personaje singular, y uno de los más representativos para comprender las deviaciones patológicas de la personalidad, por lo que muchos especialistas intentaron realizar aproximaciones a las razones que lo orientaron por esas veredas conductuales y abordar, con más claridad, la problemática de su masturbación política.

Según los chismes, Chacumbele no siempre vivió en absoluta riqueza, a pesar de tener una ascendencia tiránica.

Vivía en el seno de una familia humilde, con relativas necesidades pero en un ambiente de cariño y armonía, cohabitando con sus padres, hermanos, tíos, abuelos y otros familiares. Su alma estaba sumergida en la vaguedad y la confusión, lo que le causó las fulminantes disyuntivas e interrogantes que lo atormentaron por mucho tiempo.

En realidad Chacumbele no nació mentecato; lo volvieron mandria, cuando no se le explicó correctamente lo que es la prosperidad; erróneamente se convenció de que toda la humanidad debe vivir en *igualdad,* pero de limitaciones, falta, escasez y penuria, que no es otra cosa que la póstula purulenta de la miseria, en vez de enfocarse en la abundancia, la riqueza y el bienestar.

Sus sentimientos y emociones, posiblemente de frustración, envidia e inferioridad fueron perfectamente humanas y comprensibles, pero desquiciadamente desvirtuadas hacia el odio, la ira y la venganza, ignorando que tras esa fachada de embarre perceptivo y emocional, se encontraban un sin fin de alternativas que hubiesen podido equilibrar sus intereses, realizarse y vivir en un entorno de armonía y prosperidad.

Diagnóstico

Psiquiatras, psicólogos, sociólogos y antropólogos diagnosticaron en forma unánime que sean cuales fueren sido las recónditas razones que lo llevaron a ser quien fue, y por su insidiosa motivación de endilgar miseria, *Misifú* fue necio, hostil, torpe, imbécil, inepto, idiota, incapaz y coletudamente insolente, virtudes que lo identificaron y catapultaron en el proceso *retrovolutivo* de Vergópolis, y que además, evidenciaron un desorden bioquímico en su cuerpo de importantes magnitudes, infiriendo que lo que le causaba esas aberraciones, fue la desmesurada cantidad de *Cerototona*, hormona que es secretada en el cuerpo de los hombres, cuando no le dan de *aquello*.

"Los extremos no son evocaciones de consejo,
porque pueden trastocar las fronteras de las aberraciones,
pero si apunta hacia abajo, no podrá conseguir otra cosa
que asemejarse a un reptil."
Oswaldo R. González

Quiéreme tal como soy
Sergio Fachelli

De vez en cuando interpretada
por Chacumbele sentado en el retrete,
por las duras críticas de los medios...

o por su despecho con Jean Mantel.

Yo soy así,
es mi forma de ser
¿qué te puedo decir, amor?
Soy bueno, soy malo, a veces
y no puedo ser mejor.

Tengo mi cruz
mis locuras,
mis tardes oscuras
mis formas de hablar.

Soy seco,
soy dulce, a veces,
y nada me va a cambiar.

Quiéreme tal como soy
con is noches y mis días.
Con mi manera de amar,
con mis penas y alegrías.

Quiéreme tal como soy,
y sino sigue adelante.
Nunca encontrarás, amor,
más amigo, más amante.

Quédate amor pero antes,
quiéreme tal como soy.

Piénsalo bien,

es la cruel realidad,
no te engañes,
no hay nada que hacer.

Soy tierno, soy duro, a veces,
y así es como voy a ser.

Quiéreme tal como soy,
y si no sigue adelante.
Nunca encontrarás, amor,
más amigo, más amante.

Quédate amor pero antes,
quiéreme tal como soy.

Quiéreme tal como soy
con mis noches y mis días.
Con mi manera de amar,
con mis penas y alegrías.

Quédate amor pero antes,
quiéreme tal como soy.

El verbo

"Ex abunantia cordis os loquitur".

La estructura interna del discurso proviene de un conjunto de reglas que todos los hablantes de una misma lengua practican de manera inconsciente y se aplican a todos seres del planeta; esas reglas implícitas son compartidas además con modos de pensamiento surgidos, entre otras razones, por las culturas, pero los devaneos de los tiranos -con sus respectivos tatuajes emocionales- pueden permitir la transformación de los paradigmas sintácticos para lograr una manera particular de organizar su lenguaje y la adopción de un estilo comunicacional que, con el fin de persuadir a las masas inopias, se recurre a un adobe de escupitajos imprecatorios para rellenar las maltrechas farfullas que revelan un modelo limitado del mundo, pudiendo ser para ese colectivo, hasta pegajoso.

La transformación de la personalidad de las víctimas de Chacumbele fue influenciada por el bagaje lingüístico que utilizaba cuando se dirigía a su nación o a interlocutores internacionales, develando, a través de su verborragia, lo que abundaba en su corazón: insultar, descalificar, vituperar, desalabar, censurar, motejar, difamar, infamar, denigrar, desprestigiar, fustigar, enfrentar, vejar, vilipendiar, desacreditar, denostar, maldecir, zaherir, agraviar, ofender, injuriar, calumniar, reprender, regañar, reñir, reconvenir, reprochar, amonestar y sermonear, con una frenética repetición de mensajes con aliento de detracción, invectiva, diatriba, mordacidad, dicacidad y andanada filípica y catilinaria.

Chacumbele, con su lengua de tocino vertiginoso y jeta de cachivache refulgente que solo eyaculaba parloteos desdeñosos y fluidos sonoros ramplones e insolentes, creó una fama conspicua en el mundo entero, logrando que tanto rastreros nacionales como adulantes continentales, copiaran su estilo faramallero, luciéndose ante los medios de comunicación utilizando sus aprendidos libelos satíricos.

Una vez que agotó su adjetivación racional y humanística, le quedó solo la lengüetería ensalivada que no distaba mucho de

92

los sonidos supervivenciales de los simios o los caninos, cuando solicitan una banana o una descarga genital.

Versionando los insultos, se podía encontrar una ilimitada gama de sobrenombres, apodos, adjetivos, epítetos y todo tipo de agravios con que irrespetaba a los partidos opositores, al pensador antagónico y al pueblo que opinaba diferente en cuanto a lo que adolecía, y cómo debía ser atendido. De allí brotaba la discriminación, que se derivó del abuso de poder, sobre todo cuando el principal promotor era el Comandante del Estado, que en una primera dimensión, discriminaba moralmente, para luego ésta confundirse y transformarse en racial, porque los idealistas con patrones y valores culturales diferentes, terminan siendo una raza; la raza que él debía exterminar.

Paradójicamente, Esteban promovió la creación de una Ley contra la Discriminación Racial, que permitía reprender a los que insultaban a los patriotas –todo amor para el pueblo camarada-, poseedores de un linaje racial particular y preferido, mientras vociferaba escarnios irreverentes por el otro lado de la ventana. Así que *apátridas, pitiyanquis, escuálidos, imperialistas, oligarcas, ladrones, patarucos o desgraciaditos* son solo el abrebocas del menú que pondrá a disposición en su buffet de imprecaciones.

Por otra parte, el *discurso dicotómico* consistente, fortaleció la endogenada patraña ideológica inoculada como un retrovirus en la masa gris de sus alabadores, sustentando los argumentos solidarios y benevolentes de la revolución con la contraparte negativa y hasta histórica de sus oponentes.

Para terminar con la metamorfosis glosotómica, es innegable que el reconocimiento de los derechos de género constituye un avance importante en las sociedades actuales, pero el uso indiscriminado y abusivo de la segregación genérica en el leguaje, advierte una discriminación implícita porque crea un patrón separador, utilizándose como una *falacia inclusiva*, de extensiones innecesarias, que hasta complica el aprendizaje del idioma.

Los niños y las niñas, los trabajadores y las trabajadoras, los abogados y las abogadas, los revolucionarios y las revolucionarias, las ballenas y los *ballenos*, los adolescentes y *adolescentas*, periodistas y periodistos, las apátridas y los *apátridos*, los seres humanos y... ¿las *seras* humanas? Que fastidio...

*T*erca es la lengua que habla paja

y sucia la boca en que vive;
pero idiota el que la ataja
y de ella sobrevive

Fue maña del insultón balbuciente
el abuso y el chillido indecoroso
trágico gargarismo maldiciente
de aquel macaco sinforoso

*"El lenguaje es humo cuando no sirve de vestido
al sentimiento generoso o a la idea eterna"*
José Martí

Liderazgo e Imitación

El liderazgo basado en propuestas racionales y objetivas no consigue la misma efectividad de las que son basadas en las emociones. Ese liderazgo emocional, que es sustentado en el "amor" a los pobres, en las reivindicaciones populares, en la justicia social, buenas intenciones y esperanzas, es el que logrará el blindaje anti choque contra sus adversarios. Esto es particularmente cierto en las naciones subdesarrolladas y sobre todo, en el reino del Chacumbele, donde los malos resultados de su gestión, las ineficiencias, la corrupción, el incumplimiento de promesas, los errores y los excesos fueron perdonados, o de alguna manera ignorados por sus lacayos, para complacer la reciprocidad afectiva que generaba la lealtad hacia su líder carismático.

Misifú gozaba de un ilimitado placer cuando observaba en su pueblo las simpatías enfermizas que lo respaldaban hasta con la propia vida, porque como *amo* de la patria, logró construir su propia gramática y lingüística personal, que, junto a una avasallante propaganda, muy persuasiva e influyente, cambió la identidad de los ciudadanos.

Con un discurso que manipulaba el amor y el patriotismo, paradójicamente estigmatizó a sus opositores mediante el resentimiento, el odio y la polarización de la sociedad en clases y hasta en razas, creando una incisión en la mente y el corazón de difícil sanación.

Así que, siembre la semilla del lumpen proletario; arengue a la chusma con la cual se identificará y pregone la mediocridad, que se propagará como epidemia social: lo malo, lo poquito, lo mal hecho, lo cojo, lo insuficiente, el mal gusto, la impuntualidad, el irrespeto a los vecinos, la basura en las calles, la música estruendosa, desgañitar palabrotas contra la gente decente y a los opositores y repugnar al bien vestido y lo que huela bien, porque según Chacumbele, la providencia justifica las acracias cuando provienen del desventurado.

*I*mitar no es malo;

lo malo es que sea malo,
el malo a quien imitan.

*"Influir sobre una persona
es transmitirle nuestra propia alma."*
Oscar Wilde

La Cultura del Enfrentamiento

*"Cuando dos elefantes riñen,
la que se lamenta es la hierba."*
Proverbio Africano

La rijosa conducta manifiesta de "siempre en guerra", "en combate", "la batalla por esto o por aquello", "rodilla en tierra", fue una de las inmundicias que desparramó el *Tacamahaca* como natural manera de conducirse de todos los afectos de *su proceso*.

Para estar en guerra se necesitan al menos dos. Una cultura de confrontación, expresa tácitamente la presencia de un enemigo: interno, externo, real o irreal, manifestándose en una población polarizada mediante la división de clases: los ricos y los pobres, los blancos y los negros, los del este y los del oeste, los del norte y los del sur; los oligarcas y los dignificados, etc., y que conduce inevitablemente a ensanchar la brecha de la cordialización. Si no hay discusiones ni acuerdos, el país no solo se paraliza, sino que con el paso del tiempo las contradicciones se agudizan y todas las variables se conjugan para desencadenar un escabroso retroceso en la realidad total de este.

Como debe existir siempre un enemigo que justifique la existencia de la revolución, alguien contra el cual abroquelarse, contra el cual luchar, tiene pues, que sustentar un discurso que promueva la violencia y la paranoia colectiva; la desconfianza desasosegada, la prédica del sofismo y la retórica de argumentos anacrónicos que la historia desahució y que perdieron validez, marchitándose en las tierras que fueron regadas con la sangre de los que una vez ofrendaron sus almas a ideas abnegadas, y después pervertidas por identidades malsanas de tiranos ególatras.

La consecuencia inmediata, será la reacción violenta y espontánea ante el más mínimo estímulo opositor, llámese crítica, protesta, solicitud, llamado o reclamo, que exacerbarán las emociones para confrontar lo que pretende despojarlos de derechos y reivindicaciones logrados en su "épica lucha". Ese sentimiento de propiedad de las dádivas adquiridas, de las cuales se percibirá solo la presencia etérea de su beneficio, se arraigará en los más íntimos niveles de conciencia, para desatar el más primitivo instinto de supervivencia, con la rigurosidad de la turba y la intransigencia de la muerte.

Por otra parte, suponga que se logre el objetivo de que todos entren por la puerta de esa ominosa doctrina y desaparecieran los enemigos; que en algún momento, hipotéticamente, la totalidad de la sociedad comenzara a pensar y actuar igual: combatir, batallar, confrontar… ¿Contra qué se va a combatir después?

¿Cual será el enemigo contra el cual se va a enfrentar *su pueblo* cuando desaparezcan los opositores y el imperio?

El desenfoque, la desinformación, la desorientación y la confusión por la pérdida de un objetivo preciso y específico - diluido entonces en una masa amorfa de conformismo y resignación- hacia el cual dirigir el masivo esfuerzo destructor, conducirá irremediablemente al canibalismo social y político, cuyas consecuencias nadie podrá predecir, pero que sin duda, enfrentar al pueblo contra su pueblo, constituirá uno de sus triunfos en vías de materializar la misión que usted se habrá encomendado.

Entre tanto, enfermo de poder y de odio, se elevará por encima de niveles inimaginables de insolencia y estupidez, responsabilizando por las miserias devenidas, a un fantasma opositor que rondará por su mente y por los rincones de su cueva, halándole las sábanas de su razón, para recordarle, que en algún momento, podrán volver.

Esas son pues, las pesadillas de los caudillos y las paradójicas cosas de las revoluciones destructivas. Cuchillos de dos filos.

Una máxima bien representativa de este precepto, le ilustrará la pestilente felonía que imprecará progresivamente en la mente de sus futuros querubines del infierno:

"El odio como factor de lucha; el odio intransigente al enemigo, que impulsa más allá de las limitaciones naturales del ser humano y lo convierte en una efectiva, violenta y selectiva máquina de matar. Nuestros soldados tienen que ser así; un pueblo sin odio no puede triunfar sobre un enemigo brutal." Ernesto "Che" Guevara.

Miserable es el tirano

que pone a pelear a su pueblo;
con una patada en el ano,
sacarlo sería el consuelo.

"Recuerda que en toda la historia
han existido tiranos y asesinos que parecían invencibles,
pero al final, siempre caen...siempre ."
Mahatma Gandhi

Prometeo y el Populismo

¿Qué vino primero, el huevo o la gallina? ¿La promesa o el populismo?

No se sabe si la efusiva emisión de promesas creó el populismo, o si fue el populismo el que creó las promesas para poder existir. Como sea, Chacumbele fue un artista que supo mezclar, como todo un chef, la esencia de ambos artilugios demagógicos con los cuales mantuvo a su plebe atada a una siniestra esperanza condenatoria en la realización de sus más ansiados sueños. Con una frenética paridera de programas, proyectos, misiones o legiones, obtuvo altos niveles de aceptación por parte de sus adeptos, empapados de la promesa expectante, que asimilaban como logros imaginarios que se bamboleaban entre el pasado culpable de las miserias y el futuro paradisíaco de la revolución protagónica y participativa, pero que nunca se materializaban o se quedaban a mitad de camino.

Enganchar la emocionalidad del amor hacia la merced del líder dadivoso y carismático, desarma las culpas y responsabilidades por el incumplimiento de la cosa prometida.

99

Con populismo

se convirtió en Prometeo,
aquel que con fascismo
no cumplía ni levantando el deo.

Mentira

Intérprete original: Héctor Lavoe

Adaptación humorística

🎵

¡Misifú no está chillando los martirios de sus penas!
Es mentira,
nunca ha sido un hombre bueno con humano corazón.
Mono falacio que solo dice groserías,
tiene un espíritu que al alma envenena,
sobre tus ansias un corazón de piedra
con las maldades que encierra tu codicia.
Mentira;
Mentira;
Mentira;
Ay, mentira mentiroso,
Fidelito te adora a ti.
Escucha lo que te digo,
para que puedas pensar.
Cuando se puede así amar,
a un ser que sea bien querido,
Ahí vienes con la mentira,
¡Oye, como me han querido!
¡Ay, mentiroso!
Mugre, malo y mentiroso,

¡Eeeee que no te quiero más!
¡Di esa mentira en otro lao!
Mentira;
Mentira;
Mentira;
Aaaaay nos estas mintiendo siempre;
Un día a ti te va a pasar,
bien solo vas a quedar,
es que te lo digo desde ahora.
Escúchame Misifú,
mugre, malo y traicionero,
¡Ay que no te quiero má!
¡Por mi madre que no te adoro má!
¡Bien solo te voy a dejá!
Con tu mentira;
Ay el día que te quedes solo;
Solito te quedarás,
y así tu comprenderás,
que aquel que a ti te ha querido,
y ha sido tu buen amigo,
en el que tú has de confiar,
¡Eeeeee mentiroso!
Mugre, malo y paquetero.
Aaaaaaaay Misifú.
Ay Misi Misi Misifú.
Mentira;
Mentira;
Mentira;

"Es prudente no fiarse por entero
de quienes nos han engañado una vez."
René Descartes

La Cromatografía del Proceso

Ningún dictador que dicta y ningún tirano que tira, crea una revolución sin su paleta de colores. Todos han usado alguna, aunque haya sido el blanco y el negro, para adornar, identificar y anunciar su paso por cada centímetro de tierra que pisa o cosa que expropia; es algo similar al ritual de los animalitos que orinan o expelen alguna odorífera sustancia para demarcar su territorio.

No obstante la falta de gusto y la incapacidad estética que tenían Chacumbele y sus bestias, lograron escoger un color: el rojo, y con él, combinaciones que permitían desbordar sus limitados despliegues artísticos enseñoreados en las triquiñuelas patrio-artísticas de la revolución: rojo con azul, rojo con blanco, rojo con negro, rojo con amarillo, rojo con rojo, etc.

Las revoluciones comunistas de antaño adoptaban este emblemático color para identificar su férreo sentimiento de adoración y enigmática entrega al partido que las originó y las promovía, pero existen opiniones divergentes en cuanto a las razones que motivaron a Chacumbele a adoptarlo: ¿Por costumbre tiránica?; ¿por recomendación del abuelito Fideo? ¿O porque fue el único creyón que tenía la punta afilada? De lo que sí estamos seguros es que el color rojo tiene una frecuencia de ondas mayor que otros colores por lo que logra un efecto estimulante en las células cerebrales: alebresta el ánimo y la atención; prepara para la lucha y la pelea. Además, es el color de la sangre, símbolo que va en correspondencia con los lemas extremistas de cualquier parte del mundo: victoria o muerte, patria o muerte, partido o muerte. Sin embargo, Chacu tuvo un amiguito –que defendió hasta su muerte mientras el resto del mundo lo condenaba- que adoptó el color verde, pero lo bajaron de la silla que estuvo calentando por 42 años, viviendo como sólo lo saben hacer los rapaces dictadores, colmado de lujos y excentricidades mientras sometía al pueblo a sus misericordes dádivas y migajas celestiales. No hay que negar que hasta fuera creativo y exclusivo con su *verde esperanzador.*

Entonces, cualquier color que *expropie* del universo, adóptelo como parte de su identidad y categorícelo como antagónico de sus enemigos.

Chacumbele estuvo debililllo,
por eso adoptó el amarillo;
le dio culillo verse como un pitillo,
¿y el rojo? ni verlo con el rabillo.

"El que ají come, le pica a la entrada y a la salida"
Proverbio azteca

Transmutación

La enorme emoción y energía que Chacumbele embutía desde los oscuros confines de su antipático decoro, le confirieron poderes que muy pocos homínidos pudieron desarrollar, al punto de fabular entorno al mitológico Rey Midas, que todo lo que tocaba, lo convertía en oro. Pues, Chacumbele tenía una estupenda cualidad de retorcer, estropear o destruir todo lo que tocaba; tan ilimitados eran sus poderes que Harry Potter y su desnarizado enemigo eran unos pendejos; Chacu no usaba varita mágica, pero su lengua o su sola presencia transformaba en diarrea hasta el agua bendita.

La economía, el deporte, los astros y hasta el clima eran tiznados por los insanos vapores de la desgracia y la mala suerte; cualquier cosa relacionada con Chacumbele se marchitaba, se podría o fracasaba.

La alucinación fetichista de sus adoradores, nutría el aura fatídica del caudillo, mientras se arrastraban en el fango ignorante y resignado de su propio calvario.

> *"Todos usamos máscaras,*
> *pero llega el momento en que no podemos quitarlas*
> *sin remover la piel."*
> André Berthiaume

4°.- El Enemigo

"El Enemigo", es esa entidad etérea, virtual, real o irreal, con la cual se enfrenta el pueblo para liberarse de la opresión y la dependencia. Esto es más viejo que el mismo Matusalén.

Vamos a recordar un poquito al amigo Aristóteles. En algunos de sus escritos relacionados con la narrativa y la retórica, propuso que lo que le da significación al conjunto de sucesos, acciones o acontecimientos de quienes intervienen en una historia, es la lucha por la obtención de la *cosa deseada* por parte de dos categorías de sujetos: El Héroe y el Antihéroe.

En esta película que va a protagonizar -podemos llamarla también "Pesadilla"-, usted representará al Héroe, la entidad que lucha por la consecución de "la mayor suma de felicidad posible", y por otra parte, se encontrará el Antihéroe, quien será el que se opondrá a su celestiales intenciones y procurará destruirlo cueste lo que cueste.

Al imprimirle la estructura aristotélica a la revolución, también la impregnará de la esencia dicotómica necesaria que le permitirá a su pueblo identificar quien es el bueno y quien el malo, desatando entonces los niveles de ira necesarios consistentes con las acciones destructivas.

En el planeta existen países que gozan de niveles de prosperidad muy altos en comparación con otros, y el mensaje constante, continuo y persistente, que Chacumbele y sus carroñeros comunicaron, es que por culpa de ellos, el pueblo *está como está*, y *es lo que es*; que ellos son ganadores y su pueblo es perdedor; que fue necesario que su pueblo perdiera para que ellos ganaran. Son los Antihéroes.

Recuérdeles, que buena parte de la población aborigen fue liquidada físicamente por los colonizadores, de norte a sur, sobre todo en el joven continente americano, a pesar de las piadosas Leyes de Indias; además, que fueron capturados, humillados, torturados y vendidos como esclavos, sometidos a una atroz servidumbre, sin misericordia humana o social. Esto es o*dio histórico*, injertado en el tuétano de la razón para que la ciegue, la victimice y la martirice.

No se justifican de ninguna manera las cosas que sabemos sucedieron en el mundo a causa de las conquistas y colonizaciones hace centenas de años, pero como se lo introduje al principio, si no se utiliza el recuerdo de esas masacres para poder cultivar y construir un mundo mejor, entonces servirá de excusa para destruir cualquier intento evolutivo. Existen países que han sido víctimas de graves catástrofes, tanto económicas como naturales y humanitarias, y sin embargo han progresado extraordinariamente en menos de doscientos años. Según lo afirman Barrios, Casal, Cliento y Otros (Equipo Acuerdo Social, 2006, pag.30) "Aun cuando rezagos históricos o condiciones geográficas limiten la aspiración al desarrollo, ellas son vencibles desde buenas prácticas políticas y económicas"; pero cuando no se quiere progresar, no se progresa, y es allí cuando entran en la historia los tipos como *Misifú*.

El *señorito* abstrajo como *Antihéroe,* a todo el Primer Mundo, y en especial, al imperio norteamericano, responsabilizándolos de todos los pesares de su pueblo. Esta última, es verdaderamente representativa del enemigo que debe buscar, ya que constituye el imperio económico y cultural más grande que la historia haya conocido, influenciando hasta a la más insignificante bacteria en todos los rincones del mundo, y donde se parieron muchos de los inventos que permiten al planeta vivir con muchas de las comodidades que hoy conocemos: la bombilla eléctrica, los jeans, la máquinas de escribir, el reloj despertador, la máquina de hacer papel, el refrigerador, el caucho vulcanizado, los neumáticos, la máquina rotativa con la que se imprimen los diarios, los transistores, la máquina de coser, el ascensor, las hojillas de afeitar, la podadora de pasto, el teléfono, el avión, la radio, el sistema de producción en serie, el Láser y sus aplicaciones en la guerra, la cirugía, la odontología, la música, el cine, etc., las computadoras, los softwares, la Internet o la World Wide Web, el desarrollo de la industria cinematográfica e Ilimitados programas de TV para el entretenimiento: ¿Quién no conoce al Conejo de la Suerte, El Pato Lucas, Elmer, Porky Pig, Gooffy, El Pato Donald, La Pata Daisy, Pluto, El Ratón Mickey, Minie, Silvestre y Piolín, Pepe Lepú, Popeye, Olivia y Brutus, El Gallo Claudio, Leo El León, La Hormiga Atómica, El Inspector Ardilla, Don Gato y su Pandilla, Batfink y Karate, El Monstro

Milton, Tiro Loco, El Cavazorro, Pepe Trueno, El Corre Caminos
y El Coyote, Speedy González, Tom y Jerry, Dixi y Pixi, Maguila
Gorila, El Pulpo Manotas, El Lagarto Juancho, Los Supersónicos,
Hulk, La Gata Loca y el Ratón Ignacio, El Oso Yogui y Gúgu, Tapón
y Droopy, más toda la retahíla de Súper Héroes: Superman,
Batman, Ironman, Thor El Dios del Rayo, La Mujer Maravilla,
Linterna Verde, Birdman, Capitán América, etc. Series de
televisión como Mi Bella Genio, Hechizada, El Avispón Verde,
Tierra de Gigantes, Perdidos en el Espacio, Flipper, Viaje al
Fondo del Mar, La Máquina del Tiempo, Bonanza, Combate, El
Llanero Solitario, Los Tres Chiflados, Daniel Boom, La Pandillita,
La Familia Monster (Herman, Lilith, El Abuelo, Eddy y Marilin),
Los Locos Adams, Hawái 5.0, El Hombre Nuclear, La Mujer
Biónica, Los Ángeles de Charlie, Mash, Los Tigres Voladores,
Dallas, Falcon Crest, Starsky & Hush, Koyac, Columbo, El Súper
Agente 86, El Hombre de la Atlántida y Miami Vice. Y otras
cositas como el Diablito`s Underwood, el Corn Flakes de
Kellog´s, el Kool Aid, la Avena Quaker, el Chesse Whis, el Queso
Crema Philadelphia, la salsa de tomate (Kétchup), los cigarrillos
Marlboro, La Coca Cola, la Pepsi Cola, los Hippies y los Vaqueros?

La ilimitada cantidad de películas de cine, cuyas imágenes no
sólo crearon patrones en el lucroso mundo de la moda, sino que
además, marcaron pautas conductuales a todo nivel, sin olvidar
la música (soundtracks) inmersas en ellas. La música como el
Jazz, Rock, Pop, Funk, Disco, Punk y Country, las grandes tiendas
y autopistas, las grandes casas de la clase media con su piscina
incorporada casi como regla y muchos etcéteras, son todos
sueños y placeres emanados del imperio. La lista es
interminable. Esos pibes pueden imaginar, diseñar, fabricar y
vender absolutamente todas las cosas materiales del planeta
Tierra, hasta el punto de pretender la *re-creación* de la especie

humana a través de la ciencia genética y poner los pies en el planeta Marte. Es el imperio metido hasta en el tuétano.

No ha existido ninguna revolución comunista en el mundo que no haya utilizado el argumento del *imperio opresor* para justificar sus atroces almodrotes, y Chacumbele no fue la excepción.

Sin embargo, al observar la historia del mundo, se puede constatar lo que la raza humana puede hacerse ella misma con el terrible propósito del enriquecimiento y el detente del poder.

Yendo hacia atrás, desde que el hombre usaba pieles para cubrirse y un mazo para controlar a las primeras *cuaimas* en sus versiones más primitivas, creó los imperios con la fuerza de sus ejércitos, para apoderarse de todo cuanto existiere a su paso; el imperio chino, el imperio mongol, los Bárbaros, el imperio persa, el imperio macedónico de Alejandro Magno, el imperio ruso de Pedro El Grande, el imperio de Suleiman El Magnífico, el imperio árabe que ocupó España por 700 años, el imperio romano, el imperio portugués, el imperio español, el imperio británico y el imperio norteamericano.

Quizá falte alguno, pero lo que quiero hacerle ver, es que todos los imperios han usado sus capacidades para conquistar al mundo, cada uno según las circunstancias de la época. Posiblemente alguno de nosotros hemos sido afectados indirectamente por las embestidas de algunos de estos imperios, de manera violenta o culturalmente; así que con este lineamiento, *Misifú* se aseguró de mantener vivito el desmadre por lo que esta gente pudo haber hecho hace 3.000 años. Por ejemplo, si usted es descendiente de árabe, turco o griego, es muy probable que su tátara, tátara, tátara, tátara, tátara abuelo haya sido víctima de la espada de Alejandro cuando éste se enfrentó al imperio persa; éste pudo haberle echo quebrar el negocio al Tátara X^{-10} abuelito de su amigo, o algún soldado con impaciencia genital le violó a su T^{-10} abuela, o qué sé yo, y esa pueda ser la causa por la cual esté indigente hoy: ¡30 siglos después! Que verraquera ¿no?

En éste preciso instante -si usted es un enfermo como Chacumbele- posiblemente estará armando una bomba para ponérsela allá, en Macedonia, al Re Contra Súper tátara nieto de Alejandro, porque es el descendiente responsable de su tragedia y quiere vengarse.

La otra cara de la entidad "enemiga", la conforma los opositores internos, que constituyen la "oligarquía apátrida", un saco en cual meterá hasta al gato que opine contrario; por supuesto, si lo critican, es porque son lacayos del imperio.

Ahora que sabe cuál es el enemigo, alimente el odio de su pueblo contra él; saque el fervor nacionalista de sus borregos como todos los tiranos del planeta, y ponga en práctica, de manera consistente e ininterrumpida, la hipótesis de la conspiración entre el imperio y la oligarquía para su magnicidio; de esa manera se justificaran todas las acciones represivas que se le ocurra, así como la disposición de los extralimitados recursos financieros para sus *condones* de seguridad. Todo lo malo, las deficiencias, lo que no funciona, la crisis económica, la inflación, el desempleo, la delincuencia, la inoperatividad de los hospitales, la escasez del agua, terremotos, Tsunamis y hasta la extinción de la vida en Marte, será culpa del imperio y de los opositores. De allí en adelante usted podrá dormir como un bebecito, porque la bioquímica del odio habrá hecho lo suyo en la mente de los incautos.

Amor con amor se paga,

y odio con odio se cobra;
pero recordar el rencor no vende,
y el amor con odio no compra.

"Las convicciones políticas son como la virginidad:
una vez perdidas, no vuelven a recobrarse."
Pi i Margall

5°.- La Revolución

La miseria consecuente de la pobreza y la ignorancia, representa la diarquía y el pienso morboso de las revoluciones destructivas.

Dadas las desigualdades y contradicciones existentes en las naciones más desposeídas, la cotidianidad desesperanzada y la miseria, conducen o disparan la chispa que enciende el fuego de las *Revoluciones*, sobre todo las de corte socialistoides o comunistas, en un pretendido intento por destruir las estructuras que soportan las desigualdades que, paradójicamente, sustentan la mencionada ecuación. Pero observe que si se erradican éstas desigualdades, si acabase la pobreza y si dejase de existir la ignorancia, ambas éstas las bases de la miseria, entonces este tipo de revoluciones pierden su significado, su razón de ser.

Imagine un país que las personas no hablen de escasez; en el que se puedan adquirir, relativamente a sus ingresos ordinarios, las cosas materiales que provean comodidad como un automóvil, una vivienda con todos los servicios, en una urbanidad segura, limpia y catastrada, equipada con electrodomésticos modernos, educación gratuita, un eficiente sistema de salud, flujo energético constante provenientes de desarrollos de proyectos innovadores, un alto nivel de creación de empresas y por lo tanto, gran cantidad empleos, índices delictivos casi nulos – todos tienen la mente ocupada, produciendo para sí y para el país-; alto nivel de investigación científica de las universidades, que trabajan junto al gobierno y la empresa privada para el desarrollo de más y mejores bienes y servicios y mejores formas de atender a la sociedad; imagine que exista respeto a la propiedad y la opinión contraria, al derecho de comunicarse; que se promueva la solidaridad, la comunión y la verdadera inclusión; si eso es así ¿a quien le va a interesar una puta revolución comunista? ¿Para qué? Si un país se transforma en una nación próspera, donde existe un elevado nivel de vida ¿por cual motivo entonces se producirá este tipo de revolución?

Las revoluciones de corte comunista sirven, entre otras cosas, para que los pueblos sientan que ha venido un mesías que solucionará todos sus males; los males que otros le produjeron a lo largo de toda su historia. El pueblo siente que por fin, existe *alguien* que se va enfrentar a esa entidad maldita que le propinó la patada de miseria eterna, cuyos liderazgos adquieren un carácter netamente personal y ultra protagónico en la ansiada conmoción; es el caudillaje intrínseco de una persona que se transfigura en la mente de la gente como su salvadora.

La miseria y todas sus circunstancias que justifican la revolución, deben mantenerse (pobreza e ignorancia); si no, va a fracasar inevitablemente.

Usted no puede poner a vivir bien a la gente de repente; las cosas materiales, *la barriga llena* y el buen vivir ponen a la gente a pensar en otra cosa; si no es así, cuando usted se presente con

111

su paquetico revolucionario, se lo van a espetar por su concavidad posterior, porque ningún anacrónico justificativo lo va salvar.

Aprenda de *El que te conté*: al pueblo, dele migajas cada vez que pueda, es decir, *de poquito* muchas veces, para que se cree la percepción de que usted esta haciendo todo lo posible para arreglar quinientos años de yugo miserable, cuya reparación no se hace de la noche a la mañana.

La Ideología

Durante el gorilato del *Tacamahaca*, se repetía hasta el cansancio la construcción de su moderno socialismo del siglo XXI, sustentado –como todos los fascismos de la historia- por la premisa del amor a los pobres y desposeídos; *la revolución que reivindica los derechos ultrajados por el perverso primer mundo.*

La propaganda cataclísmica de la revolución de Chacumbele buscaba, más que ganar adeptos, aguacalar al contingente plebeyo mediante la anulación de su capacidad de respuesta intelectual, manteniéndolos unidos en cambotes manejables que mordían el anzuelo de la promesa, para desceñir la nefasta tragedia de miseria que el imperio les profirió, pero por otra parte, doblegaba las reflexiones y los más elementales derechos a través de la persecución y el terror, originando una oprobiosa fidelidad que se desprende del miedo a hablar, de hacer y hasta de no hacer. La intimidación temeraria funcionó para arrodillar a comunicadores y empresarios, auto censurándose y adoptando perfiles subterráneos de resignación.

De un fraude imponderable con la sazón de un neofascismo mal copiado y vulgar, clonado de caudillos imbunches, erupcionó un

Estado - Gobierno – Partido que hostigaba con artilugios legales y hasta con privación de la libertad con solo levantar el dedo. La mentira de la solidaridad, la hipocresía del protagonismo, la inmoralidad de la pseudo inclusión y la discriminación revolucionaria rebasó los límites de la necedad y del despotismo, que amenazaban con acuartelar cualquier intento de descarrilamiento.

Misifú no admitía medias tintas; o se estaba en revolución o se estaba contra él, es decir, contra la Patria, porque la Patria era él, lo que derivaría en una inevitable lucha de clases, precepto comunista que justifica y desata toda una campaña premeditada de odio al *enemigo* opositor, cuya prepotencia abusiva se manifestaba en la negación de los derechos, la intimidación, la judicialización de la política, la militarización, la politización de la justicia y la criminalización de la protesta; fascismo enmascarado en la hegemonía del pueblo, que incursionó en un sistema totalitario que estaba lejos de representar los verdaderos intereses del colectivo.

Nunca se han visto regímenes comunistas que alberguen ideas de alternancia y discusión acerca de los destinos de la patria.

Mediante el ánimo emancipador, el *Tacamahaca* condujo a sus seguidores por las sendas del auto sacrificio, con el fin de defender su majestad y a la revolución, sin importar la calidad del personaje que ofenda al rojo estamento patriarcal, ni por ser mujer, anciano o sacerdote; nadie gozaba del ápice de respeto que tradicionalmente se les adjudicaba, si por una desventurada casualidad, un acérrimo fanático del mandilón percibía una crítica en franca oposición a su mesiánico líder.

Para mantener la correspondencia de las ideas con la conducta, *Misifú* como líder de la revolución no debía mostrar debilidad ante sus oponentes, cualesquiera hayan sido, ciudadanos comunes y corrientes o no, que simplemente no estuvieran identificados con ella, eliminando cualquier posibilidad de entendimiento; era el antagonismo supremo e irrestricto de la burguesía capitalista: "No hay acuerdo ni reconciliación con la oligarquía apátrida"; era una de las máximas de *Esteban*.

Los proyectos totalitarios, fundamentalistas y extremistas no se regocijan en los acuerdos conciliatorios, sino en la imposición unilateral de pensamientos, ideas y rumbos monodoctrinarios, sin discusión ni confrontación de posiciones, y en el de Chacumbele, el hedor de la diatriba y la querella eterna se paseaban por los indómitos parajes anacrónicos de la estupidez, que no era ni comunista ni capitalista; sólo nada. De la nada vino, en la nada vivió y de la nada sucumbió, para colarse en la madeja de las sombras de la sumisa inadvertencia y en los manglares fangosos de la inexistencia desagraciada.

"La existencia del precipicio en la
zanja de la cordialización
es una manifestación de la radicalización
del mito de su revolución".
Rocío San Miguel

6°.- El Valoricidio

Hostil puñetero y supino
fue aquel que cambió los valores
que en su vida con pocos atinos
se impuso causando dolores

114

Inventar su propia historia
con magistrales de saqueo e ignorancia
magnificar al depravado y a la escoria
fue cambiar los valores con flagrancia

Moral y buenas costumbres
para él cochinas prácticas burguesas
inculcando mañas lúgubres
en revolución no es una rareza

Instrumentos soslayables
se volvieron los valores, la moral y la vida
por una revolución implacable
chapucera, pérfida y bandida

El ícono pétreo de la violencia justificada
soltaba chisporroteos a vivo fulgor
para defender a mano armada
y matar con ardiente furor

Nociones de radicalización
que tergiversaban limpios valores
decencia mesura y ponderación
de los actos palabras y pundonores

No era más que resquebrajar
la débil estructura social
y después de todo ese barajar
lamentación y odio infernal

La comunión y la anarquía,
lo desquiciado y lo racional
esquivar esos límites quería
en todo el contexto nacional

Satanizaba personajes históricos
profanaba los restos sagrados
sin más jaleo retórico
que su hediondo dedo levantado

A compinches facinerosos
regalaba la réplica sagrada
de una espada de brillo decoroso
infamia de una mente perjurada

Pérfida parafernalia
de porfiado intelecto
como cambiarse una sandalia
y después salir circunspecto

Símil de patotería y rodeo
con harapos de gente noble
hasta una barragana con besuqueo
la clavó a la historia con redoble

Nivelarse con Jesucristo
y con los héroes de la patria
que bolas tenía el sucinto
con esa cara de paria

No quería parecerse a aquel
que fue el libertador
quería concretamente ser
el nuevo libertador

Algún día, la cisterna de caldo grosero
vasija de leche indecente
mercachifle bufón y aguajero
desatará la estampida inclemente

Los Próceres de Chacumbele

Rendirle culto a camorreros de la historia era como una chuchería para *Misifú*. En su revolución, el Chacumandante tenían un frenético gusto de ponerle los nombre a las calles, avenidas, parques, edificios, misiones y a cuanta vaina se les ocurriera de facinerosos y emblemáticos combatientes contra el imperio, así hubiese sido por un insignificante y lánguido gemido imprecatorio que accidentalmente hubiese eyaculado por su boca.

Imagine esta dirección:

Misión Lenin, Urbanización Che Guevara, calle Hussein, cruce con avenida Idi Amin, paralela al Parque del Mono Jojoy, Edificio Bin Laden, Nivel Gaddafi, Salón Marulanda.

Que belleza...

"El socialismo es la filosofía del fracaso,
el credo a la ignorancia y la prédica de la envidia.
Su virtud inherente es la distribución igualitaria de la miseria"
Winston Churchill

7º.- El Simbolicidio

Tatuados en el alma, mente y corazón

con honor moral y justicia
son los símbolos de la nación
que aportaron aquellas pericias

Recuerdan proezas valerosas
las banderas, escudos e himnos
ni con el pétalo de una rosa
se toca el signo divino

Llegaron los bandoleros
y manosearon los símbolos
percusios y alcantarilleros
mangonearon con su ídolo

Transfiguración heroica
de la bella patria histórica
urde en su codicia alegórica
reescribiendo su vida agónica

Capricho de nacionalismo
se adueña con ley de papel
insana llaga de fanatismo
porque la patria solo era él

No respetaban espadas,
tampoco honorables dagas
ni como réplicas sagradas
ni como costumbre vaga

Zaga de abuso y bellaquería
ensalmaba el patio del faquir
destilando aire de tiranía
obsequiaba a todos el suvenir

Antipáticos personajes
del bajo mundo provenir
eran todos del mismo linaje
que nunca paraban de reñir

Nociones de cultura extranjera
de colores letras y músicas
no eran propias de la tierra
sonaba rara hasta la acústica

Adoraciones satánicas
ritos de brujería y santería
importaciones oceánicas
gran cargamento de hechicería

Rituales de fantasmas iconográficos
representaba a la entidad
influir en el rumbo mesiánico
con ayuda de la invisible deidad

Malicia vil e infame
de prostitución cultural
imprimir en los reales que ganes
cosas raras de tipo espiritual

En el bolsillo siempre los llevas
una porción del ceremonial
cuidado se infesta tu cueva
de ese confite espiri fantasmal

Protegerse con Dios
es siempre lo que queda
ya este jefe los desarmó
y los dejó echando humareda

Es Misifú en su campaña amarga
mucha depravación es lo que veis
le queda es tatuarse en las nalgas
el seiscientos sesenta y seis

"Apenas son suficientes mil años para formar un Estado;
pero puede bastar una hora para reducirlo a polvo"
Lord Byron

Sección 2
Recursos

Como con cualquier receta que usted quiera preparar, la calidad de los ingredientes es crucial para lograr una postura excepcional.

1.- Supernaturales

Chacumbele no buscó cualquier pedazo de tierra infértil y abandonada; más bien asumió la herencia de un territorio con inconmensurables riquezas naturales y una posición geoestratégica envidiable: petróleo extra pesado y ligero con las reservas más grandes del planeta, gas natural, hierro, aluminio, bosques madereros, centenas de kilómetros de costas y playas, ríos y montañas de los más grandes del mundo, desiertos, llanos, selvas, praderas, mesetas prehistóricas y miles de especies de flora y fauna no halladas en otras localidades de la tierra.

2.- Las Víctimas

Son las personas inocentes a quienes *Misifú* hizo miserables; el pueblo que destruyó. *"El Pueblo"* es el pendejo del cuento, es la victima; es la palabra más dicha, mencionada y gritada por todos los políticos de la historia. En nombre de él, se han elevado las más impresionantes promesas y discursos; se hacen campañas y misiones; se roba, se corrompe, se mata y se destruye, y paradójicamente, son los más susceptibles en los juegos de poder.

En el pueblo de *Esteban* se encontraban, por un lado, a un grupo que sabía que él los iba a aplastar, pero en principio, por más que saltaron, lloriquearon, patalearon y protestaron no pudieron hacer nada, porque *el niño* pudo controlar todos los poderes públicos, las fuerzas armadas y los medios de comunicación. El que trataba de volverse héroe, le zampaba un mamonazo de impunidad, para que aprendiera de desesperanza. Por otro lado, estuvieron quienes simpatizaron por el *Chacu* -más que simpatizar, daban la vida por él- por eso es que con todo y sabiendo que los estaba sumergiendo en el jacuzzi de excrementos más grande del planeta, seguían amándolo. Para él fue sencillo controlar a las víctimas que lo odiaban teniendo los poderes públicos a su disposición, insultándolos, criticándolos, confrontándolos, humillándolos y hostigándolos.

Hay un pequeño pero importante atributo que le proporcionó a Chacumbele una ventaja en su avance: que el pueblo fuera *desmemoriado;* en ese apaciguamiento adormitado, fue que el señorito sacó su vaselina y... ¡ZUACATA!

El reto: cambiarle su manera de pensar y de sentir, reprimiendo su conciencia con el hambre, el desasosiego, el miedo y la extirpación del espíritu, sumergiendo y ahogando sus más elementales fibras de existencia, en la más pura y exclusiva porquería que *El Tacamahaca* encontró en los bajos mundos del terrorismo, la guerrilla, la corrupción, el narcotráfico y el extremismo religioso, y que ocultándose tras un tapujo de buena fe y buena voluntad, disfrazó el más vulgar y retorcido fascismo que historia alguna vio nacer.

3.- *Las Bestias*

Definiciones:

1.- Especie de hongos, moho o sabañón recalcitrante; saprofitos humanos que se adhieren a las obstinadas nalgas de los caudillos. Se pueden mover de un lugar a otro pero no erradicarlos sin que se desprenda gran parte de la epidermis de los glúteos.

2.- Potrero de ineptos que obstaculizan el buen juicio de la civilización.

3.- Runfla de patoteros que reclutó *Misifú* para satisfacer sus irreflexivas e improvisadas necedades.

Criterio de Selección y Permanencia: Lealtad, sentido incondicional de pertenencia a la revolución e identificación ideológica, para superponerlos a la capacidad y profesionalidad.

Características sobresalientes: Serviles, inmorales y rastreros. Ejecución de órdenes con ineficiencia y sin remordimiento. Soportar regaños y humillaciones en público. Reírse de los malos chistes, tararear canciones con desafino; aplaudir y asentir con la cabeza.

Funciones: Entre muchas otras, castigar a la disidencia con mano cruel y despiadada, persiguiendo, hostigando y encarcelando a todo el que se atreva a criticar, protestar o denunciar los malos procederes de *El Tacamahaca* o de sus satélites. No hacer. Destruir lo que está hecho. Pregonar la cábala tiranicida para atraer a otras sabandijas internacionales para que se adhieran a su líder como un moco pectoso. Vender pollo en ferias de comida.

Capacitación: Inducción antiimperialista y suministro de Aceite de Hígado de Focas en supositorios, para anular su capacidad de raciocinio e incrementar el fervor revolucionario.

Pasantía: Circo medieval de pinnípedos alabadores en una alocución televisiva.

4.- Money

Vamos a estar claros; ninguna invasión militar, revolución o adoctrinamiento ideológico en masas es posible sin el financiamiento adecuado y pertinente. El billete, el billuyo, el money, la locha, los centavos, los cobres, los palos o como quiera llamarlos, son fundamentales para la ejecución de las posturas. Sin billete no se puede hacer nada, entonces róbelo, paléelo, exprópielo; tome los ahorros de su abuelita, pida prestado, ¡como sea! Busque los reales para que se materialice el asunto, porque si no, el que saldrá con las tablas en la cabeza será usted. Examine la historia; en el planeta han habido muchos que perdieron la vida por sacar las cuentas equivocadas, emprendiendo proyectos con maripositas en la cabeza. Pise tierra y por lo menos, cuente con los dedos.

Por último, haga los respectivos apartados y guarde un chequecito para su maestro, para su mentor; para quien le guió y le instruyó en el proyecto más importante y trascendental de su vida; a esa maravillosa existencia que puso todo su empeño para que sus palabras permanezcan en cada célula de su ser y pueda emprender el difícil y escabroso camino de descoñetar el progreso y el buen vivir de cuanto mocoso oligarca se le atraviese en el camino; ¡una vainita para *MÍ*!

5.- Vaselina

Chacumbele no inició la destrucción de Vergópolis de un sopetón; la gente hubiese salido encabronada a las calles y lo hubiesen derrocado. En cambio, se manejó con absoluta sagacidad; sigilosamente, como el peor hipócrita conocido en la historia de Vergópolis. Elegido constitucionalmente, fue combinando gradualmente los ingredientes, y haciendo como dicen por ahí: "...de jueguito en jueguito, lo va metiendo el perrito..." Así que compre su container de vaselina y ¡no la dejes podrir plis! y tenga paciencia, porque para cuando se den cuenta, habrán perdido no sólo su virginidad bicentenaria, sino también su dignidad y esperanza.

Sección 3
Ad Operatio

Postura No.1
Asalto a los Poderes Públicos

"Menos mal hacen los delincuentes,
que un mal juez".
Quevedo

Caso omiso a la academia nacional

y a preceptos de alcance mundial
con fuerte crítica internacional
desató su legión inconstitucional

Violar la Carta Magna
fue una tontería para aquel
causando a todos migraña
abarrotó de mierda el anaquel

Lanzaba su perversa propuesta
para cambiar la jurisprudencia
y sin pararle a ninguna protesta
lo hacía sumido en demencia

Desastres naturales se avecinaban
de los que tenía que aprovecharse
con la ley habilitante aprobada
se los metía sin agacharse

Con abuso magnánimo de poder
insolencia cinismo y descaro
desató las ganas de joder
sin que nadie hiciera reparos

De los poderes públicos
se perdió la reverencia
por ministros y magistrados
en genuflexión y obediencia

Perjurio servil del filisteo
con leyes que convienen al prusiano
que empinado su pétreo dedo
embaucaba al ciudadano

La independencia de los corotos
era un asunto sexual
pasándosela por el escroto
Chacumbele era puntual

Colocar en los poderes públicos
a la carroña de su proceso
someterlos en control único
de allí hasta su deceso

Con ortodoxia inminente
transgredió la separación
y el equilibrio sapiente
de los poderes de la nación

Modelos comunistas fracasados
no dirimen ni controlan excesos
porque el arbitrario acanallado
sofoca todo contrapeso

Sucumbir ante la cruda altiveza
del triste y pichachero malsano
en conuco de peones en pobreza
talanquera de monte y gusanos

El Poder Electoral

Que moral tan hipócrita

y que hipócrita tan inmoral
con el cuento de la inclusión y la lógica
para adueñarse del poder electoral

Llegó en forma democrática
defendiendo la participación
avatar de su lengua acrobática
con plan escondido en el camisón

Ofreciendo maravillas negadas
se lanzo el hombre al rodeo
cuentos de historia menoscabada
recuerdos de males con zarandeo

Con pueblo adormecido y aletargado
movió su lengua en proeza
con el voto a calzón quitado
lo convirtieron en fea realeza

Tocando profunda fibra
de insana necesidad
corazones del pueblo timbran
y caen con pasividad

Con cargo legitimizado
podía hacer lo que quisiera
fue un refriegue encarnizado
de revolución bandolera

El sistema político anterior
debió ser eliminado
cambiándolo en su interior
como pillo perpetuado

Poder eterno y vitalicio
de inacabable mancillería
tirano fuera de quicio
con perenne vagabundería

Primero fue modificado
el período presidencial
para extender el mantecado
de su golosina pestilencial

Referéndum o elección
lo que tocara en vertedero
con el guiso en ebullición
feliz e imperecedero

Del pueblo era el canal
para mensajes y publicidad
con cotidiano estruje anal
no había garantía de equidad

Cualquiera fuese la campaña
aprobatoria electoral o revocatoria
proselitismo y demás lagañas
salpicaban las cuevas supuratorias

Manganzón elocuente y exagerado
carga rumiante de abuso
de la rotación se había olvidado
con el sustento del fiel obtuso

Molesta fue la competencia
a su alteza consigue ladillar
poner a la luz su ineficiencia
lo que quedó fue inhabilitar

También los del exterior
se quedaron aporreados
con la decisión ulterior
de cerrar los consulados

Infame pescozón del saboteo
porque el sabía que perdería
colocando su camión de volteo
en autopistas y caminerías

Nunca reparaban nada
mucho menos un túnel
pero comicios nombraban
y vías trancaban impunes

Autopistas y aeropuertos
consulados y carreteras
trancaban hasta el desierto
pero venían en chorrera

Chorrillo y pedorrera
ver la votación extranjera
por *Misifú* agarraron pa` fuera
y por evitar la mamadera

Prepotencia y ventajismo
en representación proporcional
violadas con barbarismo
las minorías del mundanal

Con poder electoral atado
se materializaba el asalto
para tener el triunfo asegurado
en comicios sin sobresaltos

Pasaron varios contrincantes
y los dejaron a todos virolos
hasta que se enfrentó al comandante
el insigne Flaco Vitolo

Reapareció aquel con su látigo
truhan fabricante de quimeras
con faceta de simio antipático
y su cola de focas rameras

"Vamos a la elección
para elegir al presidente
si gana la oposición
yo me opongo a lo castrense"

"Si gana la burguesía
se perderá todo y para siempre
y yo no garantizaría
la llegada del mequetrefe"

Con plan soso y maltrecho
se volvió a lanzar el paciente
con una "estrategia contra ellos"
y no para que viva la gente

Golpismo con rancio cinismo
implícito en innoble discurso
incitó con nepotismo
al alto militar incurso

*"El que no es chacumbelista,
no es vergopoliano."*
Chacumbele

Postulaciones Electorales Virtuales

Superintendencia Nacional Electoral ## SNE ## Postulación Electoral
Nombres y Apellidos:
Nacionalidad: (No hace falta si usted nació en alguno de los países del ALBA)
Raza: Afro descendiente ( ) Chino ( ) Marroncito ( ) Indio ( ) Café con Leche ( ) Catire ( ) *Pasar por el G2
Cédula de Identidad: **Edad:**
Indique cómo se enteró de nosotros:
¿Va a lanzarse como candidato?   Si ( )   No ( ) (Recordarme más tarde…)
Si contestó "Si", indique el tipo de postulación: Presidencial ( ) Gobernación ( ) Alcaldía ( ) Diputado ( ) Otro ( ) (Avisarme si sale algo…)
Formato de Postulación Electoral ## Presidencia de la República
Nombre y Apellido:
Clase de Candidato: Implícito ( ) Hipotético ( ) De repente ( ) Quizá ( ) Tácito ( ) Supuesto ( ) Es Posible ( )   De vaina ( )
Tipo de Candidato: Vivo ( )   Muerto ( ) * Ver instrucciones especiales
¿Tiene un Plan para la Nación? Si ( ) No ( ) Mas o menos ( ) Se lo plagiaron ( )
*Instrucciones especiales: Si usted ya falleció, por favor no se presente a la Superintendencia Nacional Electoral para la certificación de la candidatura sin embalsamarse.

A las 7:00 am del día anterior, tome el contenido de un vaso de formol y repita cada cuatro horas hasta la hora de dormir. El día de la certificación, envuélvase completo, de los pies a la cabeza, con una venda humedecida con formol, yeso y Paco Rabban –Use Pachulí si antes fue mujer o solía serlo- eso impedirá que se le desprendan trozos de carne en el camino y mitigue los olores de putrefacción. Para efectos de identificación colóquese en el pecho una foto 20 x 20 cms. con su nombre.

Para enviar su postulación, haga click <u>aquí</u>

Para solicitar información acerca del status del proceso, ingrese al siguiente link:

www.postulacionpresidencial.sne.gov.verg

El Poder Legislativo

Parlamentarios a su favor

en la Asamblea Nacional
pan comido en el fragor
folladera sensacional

Ley orgánica o habilitante
no había razón para arrugar
metía su artilugio aberrante
y con lo que fuera podía jugar

Reverencia de rodillas
para reforma constitucional
Asamblea firme en cuadrilla
y aprobar la orden presidencial

Le dieron un NO rotundo
para aprobar lo que exigía
caso omiso del vagabundo
después completo te lo metía

Si no lo conseguía por aquí
lo buscaba por allá
moviendo la vaina así
al pueblo ponía a rallar

Si *Misifú* lo ordenaba
la aprobaban con celeridad
y si la oposición recomendaba
la trancaban con deslealtad

Alterar el principio fundamental
fue práctica insultante del bicho
sofisma anticonstitucional
para satisfacer todos sus caprichos

Jueces comprados o anulados
pena y parranda delincuencial
estaba el derecho desahuciado
con la turba funesta y obediencial

Restringir los derechos humanos
en los estados de excepción
jodidos estaban los vergopolianos
que protestaran por el vacilón

El Poder Judicial

Con brutalidad y chaflanidad

leyes críticas querían cambiar
abogados sin dignidad
deberían irse a estudiar

Vacatio Cerebris y ayuno
a inútiles y ociosos jueces
porque no servía ninguno
cambiando la pinga de leyes

Mutilando la constitución
y el código de penalidad
instrumentos de persecución
a disidencia en clandestinidad

Eliminación de escabinos
para agilizar y descongestionar
ponían jueces cretinos
a juzgar al criminal

En ausencia del acusado
querían sentenciar la cana
era como ir al excusado
si el que caga no tiene ganas

El derecho a la defensa
fue violado y devastado
inclemente penitencia
para el pueblo desarmado

Con caricias y trabajo social
pretendieron la pena imponer
castigar el delito criminal
mandando al tipo a coser

Si robas matas y violas
sin angustias te juzgarán
porque estarás viendo las olas
de una playa con tobogán

Delito no castigado
era repetido y copiado
y el tipo acuchillado
en el hueco acomodado

Antecedentes penales
se borraban del sistema
estigmas delincuenciales
se volvían toda una gema

Y la noticia del gran subsidio
fue pagar a las víctimas
de ciento veinte mil homicidios
mentira de ñoña mismísima

Poder judicial de bagatela
de cinismo e ineptitud
lupanar de chistes y corruptelas
sacrosanto de *Misifú*

El Poder Moral

Si a todos los poderes controlaba

¿Quién lo controlaba a él?
no escuchaba de bobadas
la moral solo era en papel

Poder moral
poder ciudadano
contralor social
¿de cuál ciudadano?

La revolución socialista
se la daba de moralista
desfile de próceres nudistas
desbordó la infamia fascista

La belicidad fue prohibida por aquel
y también la pornografía infantil
pero pintas una teta con pincel
y de inmediato me vas a pervertir

¿Pero qué vaina es esa?
¿Es que se volvieron locos?
Preguntaba el don con extrañeza
viendo solo aquellos cocos

Revolución humanista
renacimiento del nuevo ser
mientras pela la ojeriza
para joder y envilecer

Moral difícil de asimilar
de masticar y entender
cuando se trata de trasquilar
y al mismo tiempo enternecer

"Con hambre y sin empleo,
con Chacumbele me resteo".
Juan De la Alcaldía

Centralización Encarnizada

Moderna es la tendencia

de gestión descentralizada
pero comunistas en decadencia
se desvivían por centralizarla

Del ejecutivo descargar
fueron las leyes y el convenir
supuesta lógica para lograr
las condiciones del buen vivir

Irrespeto a la constitución
del indecoroso faramallero
por controlar la delimitación
pertinaz patada al tablero

Elegidas por el pueblo
fueron las autoridades
y con un plumazo fullero
se volcó con duplicidades

Poner un mando paralelo
fue incivilidad totalitaria
dejando al pueblo lelo
desplumó la orden reglamentaria

Desconocer sus atribuciones
para no financiar sus proyectos
fue el objeto de manganzones
metiéndolos en vericuetos

Alcaldes debían parir
por el situado que les tocaba
para poder resarcir
el desastre que los ahogaba

El Tacamahaca ordenó
quitarles su atribución
la mitad del biyullo condenó
presupuestado en abnegación

Vialidad servicios y salud
de la región responsabilidades
se las quitó sin licitud
para agravar sus calamidades

Para anular opositores
buscaba subterfugios
los amenazaban por ser mejores
y los castigaba con artilugios

Ordenaba la inhabilitación
creando expedientes culposos
al personaje de oposición
con municipio lustroso

Mecanismo argucio y sutil
y menos traumático
para persecución proferir
con su dedo reumático

Fue un quijotesco emprender
con leyes y verraquería
para al fin desaparecer
a gobernaciones y alcaldías

"La aceptación de la opresión por parte del oprimido
acaba por ser complicidad; la cobardía es un consentimiento.
Existe solidaridad y participación
vergonzosa entre el gobierno que hace el mal y
el pueblo que lo deja hacer."
Antonio Gala

Postura No.2
La Segura Inseguridad

"Ojo por ojo y todo el mundo acabará ciego."
Mahatma Gandhi

Crimen Metastásico

El inminente crecimiento del crimen

se conjuga con muchas variables
que procrean los especímenes
de los números delincuenciales

El desempeño económico
es factor importante
que actúa como tutor anatómico
para medir el crimen incesante

El incentivo para invertir
crea empleo y baja la inflación
quita las ganas de pervertir
porque obtienes tu reivindicación

Cantidad enorme de desempleados
crecía el rebusque informal
para el gobierno eran desocupados
mientras había un guiso abismal

Tumbar un par de zapatos
fue más fácil que trabajar
en los barrios súper poblados
tu vida era juego de azar

Para cualquier ciudadano
un milagro era regresar
a su casa salvos y sanos
después de ir a trabajar

Miedo calamidad y flagrancia
fue la resignada cotidianidad
que al sumarlos con la ignorancia
se perdía más que la dignidad

Apostar si vivo regresabas
o encontrarte con el alma dormida
en una morgue putrefacta
por perder la lotería de la vida

El relajo penitenciario

Cárceles como sedes principales

del gran sistema delincuencial
criminales en barrios marginales
y toda su mafia satelital

Reos armados y con comodidades
era algo típico y normal
y por las manos de las autoridades
pasaba un montón de platal

Vigilantes penitenciarios
también las fuerzas armadas
buscaban sus honorarios
en la plata encochinada

Vivían como magnates
de exclusivo club privado
ni podías imaginarte
lo que adentro había pasado

Sobornos secuestros y drogas
más seguros adentro que afuera
sicario elimina al que roba
al Pran rey de la cuchillera

Las mafias gobernaban
con armas droga y prostitución
mientras *Esteban* observaba
sin poner un dedo en la infección

Recintos eran centros de comando
de los capos del bajo mundo
y Chacumbele zarandeando
con su lengua de vagabundo

Se esmeraba por no construir
cárceles seguras y humanas
donde pudiesen recibir
aquel magnifico programa

Justicia de primera clase
se esperaba del sistema
demasiado para el que no hace
si no disparar ira y blasfemia

Que rehabilitación
ni qué bonito programa
era un gran negoción
tener reclusos en cana

Chacumbele y los Pranes

Sin camisas; unos descalzos y otros con costosos deportivos expropiados a otros inquilinos, ganados en la buena vida de la extorción y el secuestro, salen al patio mostrando las zanjas queladas de sus pechos, espaldas y brazos que estigmatizan su corta y aleatoria vida, mientras otros se asoman a grito pelado por las ventanas de la horrible edificación; arruinado recinto infernal procreador de los querubines de la infamia social. Eran los presos de un recinto penitenciario que entraban en huelga.

Los medios de comunicación se aglomeraban para conseguir la imagen o la entrevista que les redituara el premio en periodismo, en medio de gases y plomo de ida y de venida. Un periodista, Mamerto Piusti, del canal Gofiovisión, reportando para el programa *Grado Ponte en Tres*, forrado de blindaje hasta las cejas, se cuela entre las autoridades para entrevistar al *Pran* líder: Jack El Destripador.

Mamerto:

— Hola, mucho gusto... ¿Cuál es el motivo de la huelga?

Jack:

— Bueno pana, tamos protestando pa` exigí una mejor calidad de vida en nuestro recinto. Tamos viviendo en condiciones inhumana y le pedimo al propio comandante Chacumbele que se aboque a solucionano las vainas, porque sino aquí lo que va habé es plomo parejo. Voy a aprovechá la cámara de Gofiovisión pa` pedíle al comandante que se aproxime a la instalacione de este penal pa` planteale la güevoná.

Mamerto:

— Específicamente qué le pedirías al comandante si lo tuvieras aquí ahora mismo.

Jack:

— No, eso lo vamo a negociá con él pelsonalmente.

Mamerto dirigiéndose a la cámara:

— Bueno, ustedes lo acaban de ver. El *Pran* líder del recinto penitenciario exige que sea el mismo presidente *Esteban* el que haga acto de presencia en el penal. Vamos a los estudios.

Como a la hora, se avecina una caravana de autos negros y camionetas blindadas; era *Misifú* con su comité de seguridad que vino a atender el llamado del insigne recluso. Al llegar, la reunión se realiza a puerta cerrada para que no se escape ningún dato, pero al final, siempre se cuela algo:

Comandante Presidente:

— ¿Cómo estás mi querido amigo? ¿Por qué tanto alboroto? Tú sabes que puedes contar con nosotros pa` lo que sea; sólo mándanos a llamar y nosotros acudiremos para atender tus pedidos, más nada... ¿Qué es lo que necesitan camarada?

Jack:

— Bueno mi comandante; aquí lo que hay e` zendo peo polque hay una sola discoteca pa` los cuatro bloques ¿usté sabe lo que es eso? Entonce todos eso diablos de los bloques B, C y D se quieren tomá la culda del bloque A, que es donde yo estoy, y eso no lo vamo a pelmití. Entonce lo que le pedimo e que le contruya su discoteca a cada uno pa` que dejen la ladilla, ademá comandante, son bulda de envidiosos polque nojotro tenemos Blasberris y lo bichitos esos tienen uno pericos que lo que dan es velguenza... Otra cosa mi comandante, yo soy el que tiene la altilleria polque yo soy el que manda en esta mielda, así que hable con Jesú Albelto pa` nos traiga las vainas que nos prometió...

Comandante Presidente:

— ¿...y quien ese Jesús Alberto querido Jack...?

Jack:

— Bueno ¿y quién va sé presidente? jaja.. usté ta´ bulda de quedao... Jesú Albelto es el gualdia que nos pasa la culda, la droga, las metras, el jamón serrano, el lomito, el whisky, las jevitas... ¿Cómo cree usté que vamo a viví aquí sin esas vaina comandante? ¡¡¡nos morimos wuón...!!!

Comandante Presidente:

— OK; vamos a hacer una cosa mi querido amigo: les haremos una mudanza para una cárcel digna, donde disfrutarán de todas las comodidades que ustedes se merecen... ¿te das cuenta de las porquerías de cárceles que heredaron ustedes de esas piltrafas de la cuarta? ¿ah? Antes de salir, escondan las armas que nosotros las sacamos sin que nadie vea nada...

Jack:

— Pero eso no é pa` espropiano las metras ¿beldá comandante?

Comandante Presidente:

— ¡No chico, no te preocupes por eso vale! Después hablamos cuando estén instalados en la otra cárcel... estamos en contacto...

Chacumbele se retira del lugar con su patota armada. Mientras va en su limosina, le llega un twitt:

@ministro004:

— Alerta de manifestación en proceso en la avenida principal de Las Intrigas; estudiantes reclaman aumento de presupuesto y mejora de laboratorios, transporte y seguridad, mi comandante.

@candanga001:

— Ya tú tienes las instrucciones: gas del bueno con esos pataruquitos manitas blancas. ¡Desmantela esa vaina ya!

El Teatro Pran

Se levanta el telón;
Están los presos gerenciando la delincuencia de Vergópolis:
tráfico de drogas y armas, secuestros y extorciones.
Se cierra el telón.
Se levanta el telón;
La seguridad de las cárceles y la custodia de los presos están
a cargo de organismos gubernamentales.
Varios guardias comiendo helado en una esquina y hablando
por el celular.
Se cierra el telón.
Se levanta el telón;
Un preso muestra un sobrero y sus manos: *"nada por aquí y
nada por acá"*,
luego saca varios fusiles, granadas y pistolas del sobrero y sale
corriendo.
Se cierra el telón.
Se levanta el telón;
Se produce intenso tiroteo entre los organismos del estado

y los presos, porque éstos reclaman que dejen pasar al
heladero.
Se cierra el telón.
Se levanta el telón;
Funcionarios del gobierno dicen que el tiroteo es culpa de la
oposición,
porque y que tienen mala intensión.
Se cierra el telón.
Se levanta el telón;
Las fuerzas de seguridad intervienen la cárcel irrumpiendo en
sus instalaciones.
Fuerte tiroteo; varios muertos y heridos. No informan a los
medios.
Se cierra el telón.
Se levanta el telón;
Los funcionarios buscan las armas con los ojos vendados
(por la tierrita en el aire) y no las encuentran.
Contratan especialistas para que jorunguen el presunto
sombrero mágico
y solo consiguen una liguita con un clip.
Presumen que los presos fueron entrenados por el Mago de Oz.
¡El telón no se cierra porque se lo robaron!

Postura No.3

Sobaquear los Derechos e Izquierdos Humanos

*"Lo que se obtiene con violencia,
solo se puede mantener con violencia."*
Martin Luther King

Comisiones, consejos y asociaciones

de los mundiales derechos humanos
eran abejas con aguijones
para Chacumbele y sus chabacanos

Zumbaban y picaban si cesar
a ese régimen insano y dictatorial
que no hacía más que deshuesar
al que develaba su maña escorial

Un régimen de libertad individual
y justicia social compartida
era la maldición conceptual
de los corronchos boquitorcidas

Fundado en los derechos esenciales
era su defensa y su promoción
pero fantoches haciendo lupercales
obstruían esa noble devoción

Derecho al acceso en igualdad
y a la política sin discriminación
fue un sueño de inocente vaguedad
del disidente en oposición

Si firmaste en la consulta revocatoria
en lista negra te colocaban
cruel persecución difamatoria
que hasta el empleo te negaban

El inocente no pensó que pasaría
pero esa locura sí fue posible
imagina si elecciones perdería
se pondría voraz y aborrecible

Ilimitados derechos violados
pensábamos que ya no existían
al punto que parecían izquierdos
de tanta rufianería

El derecho a la protesta pacífica
y libertad de pensamiento
fueron ladilla sudorífica
de aquel que no cogía escarmiento

Salir de la comisión
los rufianes solo querían
para hostigar con aberración
sin castigo y bellaquería

Todos los grandes tiranos
acostumbran siempre lo mismo
sienten un ojo en el ano
cuando les hablan de antifascismo

Los términos derecho y libertad
incomodan al caudillo marrano
le causa alergia en su majestad
como a Drácula en el Vaticano

*"Cruzamos nuestros puentes y los quemamos
detrás de nosotros sin nada que mostrar excepto
el recuerdo del olor a humo,
y una presunción de que se nos aguaron los ojos."*
Tom Stoppard

Postura No.4
Chulos, Jala Mecates y otros Necios

*"¿Quien no le va a jalar bolas a un percusio
con una chequera de 100 mil millones de dólares
que va desparramándolo por todo el camino
en cuanto capricho se le ocurra?"*
El Chavo

Fue muy evidente la posición junto con las acciones dispuestas derivadas de uno de los pilares estratégicos de la revolución de Chacumbele; eso de la nueva *Geopolítica Internacional*, que a través del maxi mentado poder popular, buscaba destruir la ya establecida organización de países, y geo posicionarse como líder económico, político e ideológico de la región, con la conveniente consecuencia de mantener a todo ese ejército de lambe cholas tanto nacionales como internacionales, guindados como aguacates y haciéndole honor a la gravedad, manifestándose en esa seguidilla de zopencos amanuenses vestidos en el peplo salpicado de zupia maloliente adquirida del zoilo controlador, emparamados de vergonzosa sumisión abyecta, junto a otros insípidos placebos políticos que no representaron más que hampones vulgares recogidos de las sórdidas aceras de los parajes de la insurgencia.

No puede ser menos inmoral e hipócrita ese tal socialismo que profesaban, cuando procuraban lujo, confort, langostas y whisky de 24 años como agua, así como sus paseos por las tierras del imperio o por Dubái, Mónaco y Cancún como mínimo, y no a pocitos populachos en alguna playa tercer mundista, atomizando el dinero y los recursos naturales del pueblo en regalos, caprichos, doctrina y armas para sustentar el estilo de vida de ese neo comunismo infame.

Por supuesto, también debemos reconocer que Chacumbele como buen padre y líder de familia, teniendo en sus arcas miles de millones de dólares no iba tener a su familia soslayada dejando que se lleven la comida al trabajo en perolitos "Tupergüer". Sin importar que tuvieran cargos políticos o no, mantuvo a toda su familia, sin excluir a nadie –fue la verdadera inclusión-. Libertad financiera tuvieron sus seres queridos: autos, casas, viajes, ropa, juguetitos electrónicos y la mejor comida; no de la clase que hubo en millones de toneladas que se pudrieron en los contenedores y que se la daba al pueblo bolsa, sino la mejor de las importadas.

*N*o importa si es griega o gallega

judía árabe o beduina
si a tu familia le pegas
te jodes y te arruinas

Seríamos innobles y descuidados si no diéramos crédito al insigne equipo diplomático de impúdicos y mediocres embajadores que respaldaban esa política internacional. *Misifú* promovió el financiamiento de partidos políticos, movimientos, organizaciones sociales y campañas electorales dentro y fuera del país que conchupaban con su ideología, y ellos, sus brazos ejecutores. Lo que no podían comprar, lo alquilaban o lo neutralizaban. Para ellos, un caluroso y bien merecido aplauso.

Casualidad casual que ninguno de sus panitas tenían esposa o pareja conocida, y se comprende porque esos son valores que no se correspondían con sus acaudilladas envestiduras, de manera que sus *tiranidades* se amelcocharon en las tibias aproximaciones corporales de sus compinches, exudando los tácitos gemidos de las lúbricas relaciones isocotidelóneas, abigarradas en la burda representación de un grupo cooperativo mano dependiente.

"Quienes son capaces de renunciar a la libertad esencial a cambio de una pequeña seguridad transitoria, no son merecedores ni de la libertad ni de la seguridad."
Benjamín Franklin

Postura No.5
Defendiendo el Excremento

"Las antipatías violentas son siempre sospechosas y revelan una secreta afinidad."
William Hazlitt

Doctrina osada y maculera

ventosidad indecente y jaculatoria
proviene de la mente guerrillera
sin avales de paz satisfactoria

Cobardía hereje y mediocre
izquierdismo medrante y sinforoso
tranquilidad ausente a la postre
por aquel inconsciente y guabinoso

Masculinidad hegemónica
agónica figura guerrera
verse en la historia heroica
y por los paisajes de su perrera

De primacía fueron los mensajes
de lo castrense sobre lo civil
para inculcar ese innoble bagaje
de gusto por el armamento vil

Criminalización del cometido
y la protesta ilegalizar
manifestantes sometidos
a la justicia militar

Mucha bulla con el avión
que decía fabricaba
pero pedía crédito el ramplón
para el menaje que importaba

Daba vergüenza decir
que hicieron un avión complejo
pero no podían deslucir
el hueco en calle del pendejo

"El placer de la venganza dura un solo día;
la generosidad nos hace felices para siempre".
Rosa Luxemburgo

Las Conspiraciones

Inmoralidad del neurótico

de inverosímil vicisitud
y de exabruptos paradójicos
fue el reino de Misifú

Fastidiosos y trillados
fue el imperio y su secuela
como piña en el sobaco
y como una telenovela

Desestabilización y golpismo
en su conuco gargareaba
pero arremetió con vandalismo
cuando en el ejército estaba

De qué moral se jacta
de ser modesto y sincero
con el pueblo no se pacta
si golpista fuiste primero

Sediciosos le acompañaron
causando decenas de muertes
perjuicios imprecaron
jodiéndome hasta el juanete

Llamar de golpista y fascista
después que fue presidente
armó su paja izquierdista
qué riñones tuvo éste

Osar observar y criticar
esperabas intimidación
Disidir o protestar
fue razón de persecución

Amenaza y privación de la libertad
fue su obstinada satrapía
contravenir su voluntad
represión fue garantía

Disidente intimidado
con exceso e inmoderación
por hedonismo desbordado
con lamentable resolución

Represión, persecución y amenazas
contra el que se queja y critica
no se te ocurra hacer una marcha
porque con gases te descomplican

La delictiva insubordinación
no fue un día de calma tradicional
y decretó con delectación
Día de la Dignidad Nacional

Dignidad si eres izquierdista
y contravienes con el cañón
aplastar al anticomunista
por traidor a la nación

Acto de liberación o confesión
o patotera provocación
con plan de insubordinación
desde que estaba en el batallón

Desde que era cadete
pensó en dar el golpe
después vino el incidente
que desató a todo galope

¿Qué fue más grande
su ego o su bocota?
él mismo informó delirante
su plan para imponer la bota

Era el feto del tirano
en la institución castrense
venía a hacernos daño
con su argumento intransigente

En la anatomía de la militancia
se esparció un feo rumor
que con voracidad metastásica
crecía un maligno tumor

Fue el tiranuelo conspirando
para dañar al país sus entrañas
y con otras bestias planeando
imponer su bota tacaña

Asesores del mundo faramallón
les afilaron sus escuetos callos
filosas espuelas de gallito mandilón
para agredir como un rayo

Como todo jefe de jauría transgresora
habilitó en las mentes un magnicidio
la eterna conspiración traidora
en contra del mesías y su idilio

En su horda maldiciente
quedó retratado el iracundo
junto a criaturas malolientes
escatófagas de nuestro mundo

"Idénticos delitos tienen diversas consecuencias:
a unos los hacen reyes y a otros los llevan a la horca."
Metastasio

El Escudo del Terror

Es fantochada teatral

para calificarse de democrático
el proceso electoral
del caudillo aristocrático

A ninguno le pasa por la cabeza
entregar la banda presidencial
es seria ofensa y bajeza
para el tirano demencial

163

Palabrería teórica
de preceptos democráticos
se mean en la retórica
de estudiosos paradigmáticos

Son como cuentos de terror
en las cunas de los gorilatos
llegan al poder con o sin honor
y vuelven al pueblo timorato

Cuando esos bichitos llegan
llegan para quedarse
del culo la silla se le pegan
y nunca listos para marcharse

Construyen toda una infraestructura
militar y paramilitar
para así espiar hasta el cura
que sale al patio a mear

Redes de espionaje
informantes y oscuras intrigas
entorno de contraespionaje
para ver la intención enemiga

Asidero de sobornos
paranoia y esquizofrenia
corral de súbito trastorno
y de insana patogenia

Los espías que espían
a los espías que espían
a los espías
que espían

Un sapo que observa a otro sapo
que es el sapo que observa a otro sapo
mientras ese sapo
quiere saber qué hace el otro sapo
todos forman parte del mismo charco de sapos

Todo pueblo amilanado
teme sangrientas resoluciones
pregúntele a Stalin y a Mao
que aniquilaban con sus misiones

Ante turba o rebelión
los tiranos abandonan el poder
prefieren guerra y revolución
y hasta la muerte joder

Algunos se suicidan
antes de capitular
prefieren muerte forajida
con un corte en la yugular

Miles de muertos
dejan tras de sí
es soberbia del inepto
para no dejar el frenesí

Ratas de cañería
o piedras en el zapato
matan con altanería
para conservar el triunvirato

Ingenuo pueblo opositor
en los tiempos de Chacumbele
peleaban buscando sucesor
mientras les decía "peleles"

Secuestro de poderes públicos
había lanzado la revolución
y el pueblo ignorante único
de intenciones del zagaletón

Creían que se iba
sin el voto manipular
colocando la lavativa
de la entrega espectacular

Detractores del gobierno
no querían reconocer
que detrás de la cortina de hierro
se esperaba un feo proceder

Las revoluciones comunistas
son además muy extremistas
poder en pueblo fundamentalista
para cuidar todas sus aristas

Defender la revolución
con el pueblo armado
guerrilla en conformación
con fusil arrimao

Herejía libérrima e imprudente
pero con sutil provocación
justificar al delincuente
al robar por inanición

Chacumbele se hizo el pendejo
o sutilmente permisivo
viendo el negocio de lejos
alcahuete del subversivo

De allí fue como salieron
las armas pal` colectivo
hasta funcionarios del gobierno
con su foto de agresivo

Milicias populares
fue su guardia pretoriana
escondidos avatares
de las guerrillas urbanas

Armados y diseminados
en las barriadas marginales
les permitía el anonimato
a furiosos perros guardianes

Para no levantar suspicacias
fue legalmente una fuerza
fachada de revolución humanitaria
que no expelía ninguna belleza

Con términos de combate insurgente
las llamaron zonas liberadas
logística de armar contingentes
el terror latía y pululaba

Corrupción y Narcotráfico

País sumido en corrupción

de azote y narcotráfico
ya no había presunción
en ese caldo putrefacto

Mafias que compraban policías
funcionarios jueces y capitanía
de las normas y leyes se reían
cuando quitaban al que entorpecía

Fue horrible ese mundo insipiente
ahogado en infamia y calamidad
juzgarlos quería la gente
por crímenes de lesa humanidad

No hay más nada que decir
porque esta dicho hasta el hastío
lo que queda es no bendecir
al promotor del satrapío

*"Tener la conciencia limpia,
es síntoma de mala memoria."*
Les Luthiers

Juicio Virtual a Walkid McKlaud

Ministerio de los Interiores y de la Justicia ## Formulario de Juicio Electrónico
Nombres y Apellidos:
Nacionalidad: (No hace falta si usted nació en alguno de los países del ALBA)
Raza: Empleado Público ( ) Robo descendiente ( ) Guana ( ) Aminoguana ( ) Kimosabi ( ) Pran ( ) Árabe ( ) Otra ( ) Anglosajón ( ) *Pase con el G2
Cédula de Identidad o No. de Pasaporte:
Edad:
Indique cómo se enteró de nosotros:
¿Milita usted en alguna organización no gubernamental? Señale: Partido de Gobierno ( ) Partido Opositor ( ) Otra sin fines de lucro ( ) Otra con fines de lucro ( )
Señale el delito que se le imputa: Narcotráfico ( ) Tráfico de Armas ( ) Robo a mano armada ( ) Robo con mano desarmada ( ) Atraco ( ) Secuestro Long Play ( ) Secuestro Express ( ) Extorción ( ) Consumo de Drogas Ilícitas ( ) Fumar Marihuana en el baño ( ) Robo de Luz ( ) No pagar el teléfono ( ) Marcha Protestante ( ) Criticar al Presidente ( ) Criticar a la Revolución ( ) Echar Paja a funcionarios públicos ( )
Señale la forma en que lo atraparon: In fraganti ( ) Out fraganti ( ) No fraganti ( ) En la iglesia ( ) En el baño ( ) Me echaron paja ( )
¿Cómo se considera usted? Culpable ( ) Inocente ( )
Si señaló "Inocente", explique BREVEMENTE sus razones (no más de 30 palabras):

Si señaló "Culpable", indique donde desea cumplir su condena: En casa ( )   En casa con pernocta en la cárcel ( )   En la cárcel con pernocta en la casa ( ) En institución pública como un Damnificado ( ) En estadio deportivo ( ) Debajo de un puente ( )
Si señaló "En institución pública", indique cual y por qué:
¿Esta seguro de sus respuestas? Si ( ) No ( ) Regresar arriba y revisar **¿Respuesta definitiva?** Si ( )   No ( ) Regresar arriba y revisar **¿Lo jura por su madre?** Si ( )   No ( ) Mala madre o No tiene ( )
Favor enviar al Tribunal Supremo de Injusticia haciendo click **aquí** Para solicitar información acerca del status del proceso, ingrese al siguiente link: **www.juicioexpress.mij.gov.verg** El veredicto del juicio que se le está practicando será notificado a través de su correo electrónico en algún día hábil dentro de los próximos veinte años. Por favor no salga del país sin permiso del Comandante, o de algún ministro, general o magistrado autorizado. Tampoco permita que lo maten.

Acuerdo Armamentístico Rusia – Vergópolis

Entrevista al General Iván Valishky
Moderador: Valter Jalatinez

Valter:

Esta noche tenemos el agrado de contar con la presencia del excelentísimo Secretario de Defensa de la República de Rusia, el General Iván Valishky.

— Buenas noches General. Sabemos que vino a nuestro país a realizar un acuerdo armamentístico para erradicar la dependencia esclavista a la que estuvimos sometidos por décadas por el imperio norteamericano.

Valishky:

— Si.

Valter:

— Por fuentes venezolanas (dicho sea de paso, yo tengo muy buenas fuentes, de las mejores; sólo yo las consigo y sólo yo sé de esto ¿eh?), me he enterado de que haremos un intercambio de armamentos sofisticadísimos, de última generación por petróleo extrapesado, y... aquí entre nos, esos armamentos tienen sus añitos pero todavía son muy efectivas ¿no es así?

Valishky:

— Si.

Valter:

— La instrucción de nuestro Comandante Presidente al Ministro Rafael Nilomírez y a nuestro Ministro de la Defensa Henry Rapel Singa fue de disponer de todo el petróleo que fuere necesario para que nos adelantaran el material militar y que ustedes nos harían la transferencias tecnológicas de inmediato, y que si el armamento pasaba de cuarenta años, ustedes nos daban un bono ¿me equivoco General?

Valishky:

— No.

Valter:

— Excelente, Excelente, Excelente, excelentísimo General. Ahora, como usted sabe, tenemos aquí en Vergópolis un asuntico que resolver con la oposición lacaya del imperio y que nos critican esta maravillosa compra de armamentos; si se presentaran incidentes para no reconocer el triunfo de nuestro Comandante Presidente en los próximos comicios, ustedes nos brindaran todo su apoyo ¿verdad?

Valishky:

— Si.

Valter:

— ¡Muy bien generalísimo, estamos seguros que si! ¡Excelentísimo General, estoy tan sorprendido por su muy clara y elocuente exposición que estoy dando vueltas sobre mi eje imaginario! Gracias por concedernos esta maravillosa entrevista General, y nos despedimos no sin antes recordarles que mañana estaremos brindándoles noticias nuevas de los acontecimientos mundiales ¡en pleno desarrollo! en nuestra atolondrada, arruinada, miserable y única nave espacial vergopoliana que nos impulsa hacia el socialismo del siglo XXI. Gracias señor director y al todo el equipo de producción *¡Atención, firrr!*

Misión Imposible

Una fuente que no puedo revelar, dadas las implicaciones internacionales que pudiese causar su develo, me regaló un informe confidencial en el que mencionaban a unos tales María y Pablo, una pareja de recién casados mejicanos, que fueron como turistas a Vergópolis a pasar su luna miel, pero en realidad eran agentes del imperio que trabajaban encubiertos, con el fin de copiar el *SUÁCATA* ó *Sistema Ultra Avanzado para Copular en Todo Ámbito* que, además de poseer el IDHCF-99/2021, dispositivo de Interconexión Digital para Cagar en Forma Remota, compatibles con todo tipo de misiones escatofágicas, servía para hacer ganar a cualquier idiota, en todo tipo de procesos electorales, con sólo apretar un botón. El gobierno de Vergópolis sospechó la conspiración y le encomendó la misión al G23456789Y10 (un grupo de paisas que están hasta en la sopa), de colocar micrófonos en la habitación de su hotel. Cierta ocasión, después de un día de playa, María y Pablo, se comunicaban en Código InOut/PullPush 2.0 -Criptografiado a 300 Pelos más o menos-, pero los mensos no tomaron las precauciones establecidas en el *PPCVAJ ó Protocolo Pa´ Cuando Vayas a Jamaquear*. Los agentes del G23456789Y10 decodificaron el mensaje, informando luego a sus superiores que se trataba de un magnicidio, osea, asesinar a Chacumbele. Un extracto del informe es el siguiente:

> (...) Oímos que realizaban ciertos movimientos bruscos; no sabíamos si era yoga o Jiujitsu, con gemidos y griticos raros. (...) Luego Pablo dijo: "...*Déjame Temetepec mi Chinpancingo en tu Culiacán...*" Lo decodificamos y resultó lo siguiente: "*voy introducir la fuente de poder en la cámara de fusión analítica dedoestabilizada*", pero ella se negó, diciendo: "... *¡no! porque me zacatecas la cacaguamipa...*" osea: "*¡no, porque me vas a derramar el plasma radioactivo!*".

Tras varios días de análisis exhaustivo mediante la comparación de las huellas salivo gráficas y *ECPI -Ecografía Cerebral de Planes e Intenciones-* el Condón de Seguridad llegó a un veredicto: Intentan asesinar al Comandante Presidente.

Los infortunados aztecas, fueron condenados sin juicio, porque los jueces estaban viendo el primer episodio de la serie de TV "*¡Aponte, no me eches paja!*". Los trasladaron a una isla remota a cumplir la atroz condena de ver cinco mil horas de Cadena Nacional de Radio y TV de Chacumbele, sobre todo a la hora de las novelas, la misma técnica infame que usó Lojo Bluto antes Cristo y que el mundo creía extinta. María y Pablo murieron de arrechera y ladilla también.

Terror es:

"Sería imperdonable limitarse tan solo a lo electoral y no ver otros métodos, incluso la lucha armada para obtener el poder"

Terror es:

"... ¿cómo no van a robar con esa pobreza que heredaron? (...) Yo también saldría a robar sin ningún reparo para darle de comer a mi familia..."

...y colorín colorado, se desbordó el albañal...

Postura No.6
Asedio a las Antenas

*"En estos tiempos me pregunto si el mundo
está regido por personas inteligentes que nos engañan
o por imbéciles que nos dicen la verdad."*
Mark Twain

Virtuales, escritos o audiovisuales

son los medios de nuestros días
noticias chismes y documentales
siempre nos mantienen al día

Poder que enseña
poder que destruye
con solo una reseña
actúa el que intuye

De un sopetón
cambiaron mis canales
con sucia información
temblaron por guacales

Cansinas y derrotadas
fueron las cadenas
abusivas y amplificadas
arruinaban las faenas

Festines de focas
aplaudían al Pura Muela
paja era su boca
promesas y triquiñuelas

Morrocoyes babiecos
engañados y atribulados
esperaban el gran eco
del regalo tanto esperado

Allí viene la gran noticia
el barco que viene de China
peroles y mil baratijas
que no llegan a la cocina

El barco que viene de Rusia
era la otra noticia
ni que pinten las armas de fucsia
siempre son una inmundicia

Y no terminan las noticias
pues viene otro de Irán
enfermos de gula y codicia
sus bolsillos engrandarán

Valientes los periodistas
informar solo querían
y las tribus Chacumbelistas
con maldiciones se oponían

Ataques de todo tipo
del gobierno provenían
hasta gas ordenó el tipo
para asfixiar al que venía

Insulsos parloteos
balbuceaba el represor
se prendía tremendo peo
y los pisoteaba sin honor

Leyes sanciones y persecuciones
lanzaban contra los medios
había que tener muchos cojones
para informar en esos predios

Reprimir la crítica
con medidas judiciales
era una forma magnífica
de Chacumbele y sus animales

Sanciones administrativas
el gobierno podía emitir
si fallaban la punitiva
coñazos podía esparcir

Costosa la libertad
por insanos impuestos
terrible la maldad
de inventos funestos

Encarnación del Diablo
lacayos del imperio
era siempre el vocablo
con insulto y vituperio

Acusan al informante
de pornografía periodística
pues no quieren que se adelanten
las fatales estadísticas

Era la cesura previa
para evitar la represión
con mano dura y lengua necia
se ocultaba la transgresión

A todo él imitaban
sus pedigüeños y chulos
pues todo lo copiaban
casi sin disimulo

Condenas judiciales
solo por criticar
multas de muchos reales
y amenazas para cerrar

Secuestraron a Romeo
algo así como un mes
vino hablando sin rodeos
en español y hasta en francés

Pobrecitos los guerrilleros
así decía Romeo
como que es otro faramallero
en busca de su trofeo

Gozó la invitación
de terroristas campestres
pues dormía en su colchón
de la cueva rupestre

Pobres que matan pobres
terminó diciendo el parisiense
¡pero con drogas ganan cobres,
comunista insipiente!

Una sola radio
una sola TV
un solo medio
no es lo que quiero ver

Mojones estereofónicos
de doctrina e idolatría
para ocultar el régimen agónico
su decadente egolatría

Se oyen rumores
y chismes de muerte
como novela de amores
no se sabe su suerte

Con drama de Fiallo
quieres pareja
con teatro de Chacu
se olvida la queja

Cadena y monólogo
soliloquio petulante
son las sogas de ahogo
del lengüetero disonante

"Sé breve, a fin de que lo que hayas de decir,
las almas lo perciban dóciles y lo retengan fieles."
Horacio

Cadena Nacional de Radio y TV

"Este es un mensaje del Gobierno de la República Soberana de
Vergópolis, en cadena nacional de radio y televisión. Transmisión
realizada a través de la
ChBCh –Chacumbele Broadcasting Channel"

Bueno, ya estamos en cadena nacional, queridos compatriotas...
el pueblo de Vergópolis ahora se entera de cada uno de los pasos
que damos... ¿ah? ¡A paso de vengadores! (Aplausos) ¿Cuándo
en la cuarta uno se enteraba de lo que estaba haciendo el
presidente? Es que ellos no trabajaban para el pueblo,
trabajaban bajo instrucciones del imperio y para el imperio...
¿ah? (continúan los aplausos) Si en los tiempos de mi abuela
hubiésemos tenido esta oportunidad, es que no se montan
nunca... ¿ah? Yo me acuerdo cuando mi abuela me contaba,

cuando yo llegaba de jugar metras... ¿ustedes saben que fui campeón de metras? Sí, yo fui campeón nacional de metras... no había quien me ganara... llegaba todo sucio de tierra, ustedes saben... la tierra de mi tierra amada... del llano adentro... (Aplausos).

Una hora después...

(...) bueno, entonces mi abuela me decía que su abuelo... mi tatarabuelo ¿Qué es lo que era...? ¿Es así Hedía? ¿Mi bisa o mi tátara...? salía galopando por la sabana y se metía en las fincas de los terratenientes... malditos terratenientes... y se robaba las gallinas, y los becerros ¿ah? ese abuelo mío sí que era un personaje... (Aplausos).

Hora y media después...

(...) con decirles que no tenían ni cocina, cocinaban en un fogón con leña ¿ah? Tan sabroso que es cocinar en fogón, y ahora en estos tiempos el imperio queriéndonos meter esa cocinas que lo que les falta es hablá ¿ah Meado? *"La torta está lista"*, *"el café está listo"* jajajajaja, y esa comida que no sabe a ná, jajajaja (Aplausos). Eso es lo que vende el imperialismo la automatización del hombre, solo pa` enriquecerse, por eso es que nuestra revolución es la revolución del nuevo hombre y las mujeres también... Mira, antes de que se me olvide, mediante un acuerdo comercial con nuestra querida república China estamos trayendo televisores, neveras, cocinas, computadoras ¿ah? baratas, a menos de la mitad del precio en que las venden los oligarcas mesmos... ¿ah? Hedía, saca un lápiz y un papel pa` que anotes a todo aquel que quiera anotarse pa` que se la lleven ya, sin pagar ninguna inicial... que empiecen a pagar en el 2015... (Aplausos) ¿Dónde está el cafecito? Tráeme un cafecito vale... no seas pichirre... jajaja.

Dos horas después...

(...) y uno de mis primos me dice, *"Esteban, este boche te le dedico a ti..."* y el gran carrizo le pegó al mingo con una precisión que... bueno, nos ganó esa vez pero estamos pendiente con otro juego de bolas... un saludo desde aquí, de esta maravillosa tierra a mi primo José María que debe estar por allá comiendo su cachapa con queso e` mano... (Aplausos).

Media hora después...

(...) mira Meado, que hora tienes ahí vale... bueno, OK, ta` bueno ya, tenemos seis horas y media en cadena nacional... yo creo que ya está bueno ¿verdad? OK, les quiero informar que en este momento estamos inaugurando el Parque Tecnológico del Cotoperí... un aplauso... hazme el pase ahí pues...

Media hora después...

(...) y así nos despedimos, revolucionarias y revolucionarios, camaradas todos... porque mira vale, mijos, esto va pa` los jóvenes que la oligarquía tiene envenenados, si no están convencidos, reflexionen vale; cambien esa actitud. No les pido que se vistan de rojo o que griten en la calle patria, socialismo o muerte. Deben convencerse de que esta es una revolución de amor y de amor a la patria; de socialismo, porque el socialismo es democracia, y en democracia el poder es del pueblo, **así que si los peleles, desagraciados, patarucos y plastas de la oposición pretenden regresar, por la vía que sea, están muy equivocados; no van a regresar nunca jamás... ¡lo juro!**

*"Esta fue una transmisión del Gobierno de la República Soberana
de Vergópolis, en cadena nacional de radio y televisión..."*

(Uf, por fin terminé... estas cadenas dan ladilla hasta
escribirlas...)

Vestido de miriñaque socialistoide
con su refajo de mojonero inclusivo
largas horas de paja maliforme
para elevar de su ego represivo

Entrevista al Ministro de Comunicaciones de Vergópolis
Andrés Risitta Pizarra

Moderador: Ismael Telacalas, Canal CÑÑ.
(Lástima que no tiene sonido)

Telacalas:

— Señor ministro, quisiéramos que nos dé su apreciación
acerca de los rumores que existen en relación a la
existencia de presuntos grupos guerrilleros urbanos que
el gobierno del Presidente Esteban Chacumbele de las
Frías Candangas de alguna manera ha permitido que
operen en las principales barriadas de Vergópolis y que
constituyen grupos armados para la defensa de la
revolución.

Risitta:

— ¿Y quién te dijo a ti esa vaina...jijijijijiji? ¡Tú eres otro
lacayo del imperio, por eso haces esa preguntas tan
ridículas! Seguro que es otro chisme de los escuálidos

para desestabilizar a la revolución del Comandante
Presidente.

Telacalas:

— Pero ¿existen o no?

Risitta:

— ♫Los pollitos dicen: pio, pio, pio, cuando tienen hambre,
cuando tienen frío...jijijiji.

Telacalas:

— Por favor contésteme señor ministro... es un tema muy
crítico...

Risitta:

— Jijijijiji...♫ Un elefante se balanceaba sobre la tela de una
araña... jijijiji.

Telacalas:

— ¡Bueno... póngase serio ministro! ¿Existen esos grupos
armados o no?

Risitta:

— Jiiiiiiiiiiiiiiiiiiiiiiiiiiiijijijijijijijijijiji ♫Araña arañita que linda
es tu casita....jijijijiji

Telacalas:

— Ok. Entonces ¿qué me puede decir de los rumores de la
gravedad del Presidente Esteban? ¿Está muy
enfermo...tiene metástasis como se rumora en las calles?

Risitta:

— ¡Qué metástasis ni qué nada vale! ¡A estos escuálidos si
les gusta inventar estupideces! El comandante esta como
un toro...tanto así que esta mañana en su caminata
habitual, vio una de las banderas rojas que adornan la
casona y salió corriendo para cornearla...jijijiji... ¿me vas
a decir que no está como un toro? jijijijijiji.

Telacalas:

— ¡Ah, vaya! Ahora perdone que le cambie el tema. Wilkid Maklaud ha declarado, en torno al juicio que se le sigue por tráfico de drogas, que altos funcionarios del gobierno del presidente Esteban le permitieron la utilización del Aeropuerto Internacional de Vergópolis y se estaban beneficiando junto con él de esas actividades ¿Puede decirme que opina al respecto?

Risitta:

— Jijijijijijijijijijijijiji.

Telacalas:

— ...y que el Magistrado Aponte Aponte, importante figura del sistema de justicia de Vergópolis era socio de esos funcionarios y de la aerolínea que utilizaban para transportar los cargamentos y le dio una credencial del gobierno...

Risitta:

— Jijijijijijiiiiiiiiiiiiiiijijijijijijijijijijiiiiiiiiiiiiiijiji.

Telacalas:

— ...y que él le pagaba trescientos millones mensuales...

Risitta:

— Jijijiijijijijijijijijijijijijijijijijijijijijiiiiiiiiiiiiiiiiiiiiiiiiiiiiiiiiiiiiiiiiijij iji.

Telacalas:

— ...y que el Presidente Esteban felicitó a Aponte Aponte por su gestión como magistrado...

Risitta:

— Jijijiijijijijijijijijijijijijijijijijijijijiiiiiiiiiiiiiiiiiiiiiiiiiiiiiiiiiiiiiiijijijiiiiii iiiiiiiiijijijijijijijijiiiiij.

Telacalas:

— Señores televidentes, en vista de la indisposición del señor Ministro de Comunicaciones Andrés Risitta, hemos decidido suspender la entrevista...después de unos breves compromisos comerciales continuaremos con nuestra programación.

Risitta:

— Mira idiota, ahora van decir que sí existen grupos armados en los cerros de Vergópolis; que el gobierno tiene negocios con el narcotráfico y toda esa cantidad de embustes... es que tú y ese sucio canal imperial donde trabajas son los que promueven la desestabilización en la región y tumban gobiernos... se lo voy a decir a mi comandante para que los ponga en su lugar... ridículo, pendejo, gafo... jijijijijijijiiiiiiijijijijijii.

Chacumbele en la Isla y el Consejo de Estado

@ministro007:

— Hola mi comandante ¿cómo amaneció?

@candanga001:

— ¡Fuerte, vigoroso y con ganas de toro!

@ministro007:

— Ah, mi comandante... ¿hoy le provoca un toro?

@candanga001:

— ¡No chico, no seas cabeza gallo! ¡Qué amanecí con las ganas que tendría un toro! ¿En qué país vives tú vale?

@ministro007:

> — Disculpe mi comandante... me avisa cuando le provoque otra cosa... Aprovecho para mandarle adjunto el proyecto de la LOTTT para que la firme rapidito, porque mañana tempranito le queremos dar la sorpresa a la oligarquía. Pero apúrese, para que no tengan tiempo de discutir nada, ni que tomen ninguna previsión... ¡pa` que quiebren... y después los expropiamos!

@candanga001:

> — Eso me sí gusta... por fin se te ocurrió algo bueno...

Por la noche. 9:30 pm:

@ministro007:

> — ¡Mi comandante, el imperio nos está chupando!

@candanga001:

> — ¿Cómo es la vaina? ¡Yo sabía que había algo raro en ese negrito! ¡Con razón es tan tranquilito y no se mete con nadie vale...!

@ministro007:

> — No mi comandante, no es lo que usted piensa. Me dijeron que eso que están haciendo se llama abducción. Colocaron unas naves enormes aquí en la capital y nos están llevando.

@candanga001:

— Pero ¿pa` qué?

@ministro007:

— Para cantar señor.

@candanga001:

— ¡Ah! ¡En American Idol! ¡Por fin esos gringos nos reconocen algo... que somos buenos artistas! ¡Es que el imperio no se pela nada, se quieren llevar hasta nuestros talentos mesmos! ¿A quienes se llevaron ya? No me digas que al negro Arengóbulo... nunca me dijo que sabía cantar...

@ministro007:

— No comandante, no es para que canten allí; se están llevando a ministros, a altos funcionarios, diputados y magistrados para revelar cosas secretas de la revolución, es decir, echarnos paja. Después usan esa información contra nosotros.

@candanga001:

— Bueno, que no cunda el pánico. Reúne el Consejo de Estado para que busquen una manera de traerlos de vuelta... y me avisas que resuelven...

En la madrugada siguiente. 2:30 am:

@ministro007:

— ¡Mi comandante... el imperio nos ataca!

@candanga001:

— ¡Deja la histeria Andrecito! Reúne al Consejo de Estado, discutan donde y pa` qué es el ataque y me pasan un informe.

@ministro007:

— ¡No hay tiempo mi comandante... son misiles... y José Vidente está tan viejo que no se despierta!!!

@candanga001:

— Aquí está la negra Jacinta... espérate pa` tomarme mi remedio.

@ministro007:

— ...pero mi comandante...!

A los treinta minutos...

@candanga001:

— Entonces Andrecito ¿Dónde estábamos... en que paró la vaina?

@ministro007:

— Ya es muy tarde mi comandante presidente... todas las sedes del partido quedaron destruidas... a nivel nacional... y las bases aéreas, los puertos y bases navales, los fuertes del ejercito... todo... de broma quedó un *Abasto Chacumbelito* intacto...

@candanga001:

— ¿Cómo que destruidos? ¡No me dijiste que era en serio!

@ministro007:

— Sí le dije mi comandante... le dije que eran misiles...

@candanga001:

— ¡Coño yo pensé que eran más rumores...!

"¿Por qué no te callas?"
Anonimus

Titulares y Chismes de la Alfombra Roja Rojita

La obra arquitectónica más avanzada del mundo, con un costo de 500.000 millones de dólares

El Comandante Esteban colocó la piedra fundacional para la construcción del segundo puente sobre el Lago

El megaproyecto de 30 Km. de largo contará con cuatro canales de ida y de vuelta,
vía ferroviaria, hoteles, restaurantes y un instituto de capacitación hotelera
en una isla artificial en medio del lago. Será construido por setenta cooperativas
a través del Plan de Autoconstrucción de la Misión "Gradúate Ya". Se prevé su culminación en seis meses. Otro logro de la revolución.

Mediante operativo conjunto de la Guardia y la Policía Científica

Incautaron dos toneladas de armas y municiones en campamento de la CIA en escuela municipal opositora

El cargamento pertenecía a un heladero de identidad desconocida
que trabajaba frente a la escuela de los párvulos oligarcas. Se presume repetiría el 12A.

Para sabotear el progreso de la revolución

Iguana mordió un cable de transmisión del Sistema Eléctrico Nacional

Fuentes de inteligencia revelaron que se trata de Iguanas Comando entrenadas en Langley, Virginia, Estados Unidos, sede de la CIA, en acción conjunta con los chigüires de la MUD, que sirvieron de apoyo logístico con arepas de chicharrón y jugo de papelón.
Dejaron sin electricidad al país entero por dos semanas mientras llegan los cables de China.

El Presidente creyó que era de sus Fuerzas Armadas

Avión no tripulado sobrevuela Vergópolis

El Comandante Esteban llamó al Alto Mando para felicitarlos, pero de lo que se trataba era de una huelga de pilotos y aeromozas de la línea aérea de Walkid Macklaud, para que les pasaran "una vainita", porque según ellos, también les toca su tajada, como él les prometió.
El avión abandonado en vuelo desapareció de las pantallas de los radares cuando pasó por encima de una cárcel. Iris Pasarella informó que investigarán a los Pranes.

Acto de reafirmación de nuestra soberanía

El Comandante Presidente repatrió las Reservas Internacionales

Miles de lingotes de oro fueron traídos de vuelta y depositados en la residencia del excelentísimo Presidente Estaban, el lugar más seguro del planeta después del TSJ para guardar secretos.

Porque no le encuentra sentido de obscenidad, jueza de la
jurisdicción lo dictaminó

Hijo de Puta no es difamatorio ni grosería

La prominente frase podrá ser usada por niños a partir de los 6
años y será colocada en el Diccionario de la Real Academia de
la Lengua Socialista.

Para asistir a la 1ra. Cumbre Vergopoliana de Seguridad Ciudadana

Iris se enderezó la cabeza y apagó el candelero

Le pidió disculpa al cura que había lanzado a la talanquera de
al frente cuando éste la convidaba a la confesión y al
arrepentimiento mientras le rociaba agua bendita, pero el
lacayo curita del imperio, al quedar desnucado, levantará
cargos contra la heroica funcionaria.
Lucirá un vestido rojo modelo Mata-Hari, descotado y con gran
abertura para la pierna izquierda desde el ombligo de la
espalda. Es el último grito de la moda del diseñador
Chalvis Klein.

A Paso de Vengadores, el Comandante Presidente
fortalece el socialismo

Apresó a Walkid, cerró un penal, creó el Consejo de Estado, nos salimos de la CIDDHH y le mentó la madre al Majunche

Con la lengua afuera y en cadena nacional de radio y TV
informó que se tomaría otros seis meses en la isla para
recuperarse y que la entrega de las 2.000.000 de casas
la hará muy pronto a través de Twitter.

Ante la ausencia de definición de su cargo
Pastor Biendonado pide otra donación
Informó que dejaría de correr si no le pagaban el
cestatique del partido, porque todo lo que le habían pagado por
PDVAL se lo mamó en gasolina y celebración.

A propósito de la aprobación de la nueva
Ley Organopónica para los Tercos, Tiritos y Travesuras
Presidente Esteban exige que le paguen sus prestaciones con retroactivo
El reclamo despegó para catorce años consecutivos de
contratación, pero quiere que
lo liquiden doble porque lo están obligando a irse, además,
reclama la indemnización
triple por los años que estuvo preso.

No sólo sabría pelar mandarinas
Rabipelado espía imputado de pelar cables, contaminar aguas, subir la inflación e instigar a la violencia de género
El fugaz ratón que es experto en dañar todo, se infiltró en la
concentración para la inscripción del Comandante como
candidato presidencial y echó un peo líquido,
razón por la cual había una ínfima cantidad de personas en la
locación.

El Tribunal Supremo de Injusticia instruyó ayer la apelación
"Me pagan mi vaina..."
El comandante presidente exige le sean reembolsado
los costos de Investigación y Desarrollo en que incurrió para
planear los Golpes, frustrados o no, y los gastos de constitución
del partido.

Fueron designados con el dedo por el Comandante Presidente
Metúzen y Dédalus al Consejo de Estado
Por sus amplias trayectorias como consejeros:
uno de Apaga Líos y el otro de Busca Pleitos.
La medida fue tomada de emergencia en Sala Situacional
porque no encontraron pañales para José Vidente.

Ley Organopónica Procesal Penal
Presidente Esteban es ateo porque no cree en la inseguridad
La nueva ley promoverá la moderna inclusión, permitirá creer
y no creer,
en pajaritos preñados o sin preñar y los reos podrán
ser juzgados frente al pajarito o en ausencia de él.

Por su posición cuadraxial de entrada
Venus causó fallas eléctricas en todo el territorio nacional
Investigaciones profundas realizadas por los
ingenieros de Pocoelec revelaron que no se trataba del
ardiente planeta vecino a la Tierra
sino de la prostituta Venus que trabajaba coleada en una
Sub Estación de Distribución de Electricidad.
Tanto ella como su infortunado cliente murieron
electrocutados cuando él la puso en cuatro
cables pelados para dirigirse a la salida.

Se confirmó la hipótesis de Iris

Develado el misterio del avión no tripulado

Investigaciones de las autoridades penitenciarias dilucidaron las razones de la desaparición de la aeronave ahuelgada.

La aparato aéreo fue capturado en pleno vuelo con una red lanzada por los Pranes del penal hecha con liguitas de interiores, y escondida en el recinto para pintarla de negro, colocarle una cámara de Blackberry y vigilar la llegada de la guardia, razón por la cual los efectivos nunca encontraron armas a su disposición.

Reportaje Especial desde el Palacio de Looking Flowers

Se agrava salud del Presidente Esteban

El presidente Esteban acudió esta mañana de emergencia a la clínica del Mar de la Felicidad para ser tratado no por la afección que lo aqueja desde hace meses, sino por una gastritis aguda que lo atacó tras de agarrar una rabieta cuando llegó a su despacho esta mañana. Fuentes del Departamento de Prensa informaron que el presidente llegó risueño como todos los días, incluso haciendo algunas flexiones y estiramientos en el Patio de Honor, cuando advirtió que faltaban algunos artículos en el mencionado adminículo; se trataba de una de las réplicas de la espada del Libertador, un laptop, muchos artículos de oficina y una arepa rellena del día anterior que había guardado en su escritorio. Se pudo obtener la confirmación de que se trataba de los refugiados que él mentó en días anteriores de "dignificados", y los calificó de "invitados de honor" y que habían sido hospedados días atrás en las instalaciones del Palacio de Looking Flowers. Soberana y grande fue la rabia, que del tiro corrió a todo ser que respirara del lugar, incluyendo a secretarias y otros funcionarios, para dejarlo solo sollozando en el balcón. Se sabe que los mencionados invitados provienen de las áreas que fueron devastadas por los embates naturales de la estación de lluvia, y que sus casas fueron arrastradas por los vendavales de agua que venían de la montaña. La incesante lluvia no ha permitido el regreso de los habitantes para disponer la reparación de sus viviendas. El gobierno revolucionario del Presidente Estaban Chacumbele, habilitó todas las instalaciones públicas posibles para albergar a los dignificados, entre los que se pueden mencionar: el despacho presidencial, ministerios, cancillería, bancos, cuarteles militares, aeropuertos, puertos, instalaciones petroleras, escuelas, institutos universitarios e instalaciones deportivas, en las que se improvisaron cuartos y baños con duchas, mientras se terminan de construir las viviendas prometidas por el comandante hace cinco años. Como es de esperar, no pueden faltar las quejas de los dignatarios: *"yo quiero que el presidente venga pa` cá y se aboque a solucionano la problemática (...) etonce uno no puede cagá en paz polque el marico de José Ricaldo siempre lo está apurando a uno..."*. O como el caso de la señora Abelarda: *"... yo salí pa` cá afuera polque quiero denunciá a un capitalista salvaje en la cola pa` entrá al baño, que noj está robando con el papel tualé... el vende un pedacito con seis cuadritos de papel en 5 bolos, pero yo lo conté esta mañana y solo había cuatro... ¡que me dé mi mielda que me falta!"* El sector bancario también es víctima de las incomodidades; así lo expresó un cajero de un reconocido banco de la localidad: *"bueno... la verdad es que es muy incómodo atender a los clientes del banco cuando tienes varias personas pidiéndote todos los días alguna limosna detrás de la silla, y diciéndote: mira vé... no tienes escusa... tienes bulda de real... dáme aunque sea pa` la empanaíta vale... no seas baluldo..."*. La crítica situación de los damnificados se extiende hasta al sector privado de la economía y a propietarios de galpones, clubes, hoteles, centros comerciales y canchas golf donde se han dispuesto de sus instalaciones mediante la expropiación forzosa para albergar a los accidentados ciudadanos. Se cree que los hoteles y otras empresas que no fueron expropiados pero que fueron habilitados en calidad de "colaboración" entraron régimen de quiebra, dadas las penosas circunstancias de inoperatividad que han presentado desde hace cuatro años. La oposición reclamó enérgicamente ante la Organización de las Naciones Desunidas la posibilidad de que los mencionados refugios en instalaciones públicas, sirvan de "escudos humanos" donde habitarían francotiradores para la protección del Palacio de Gobierno tras un ataque del imperio.

En otro orden de ideas, y volviendo al tema de la salud del Comandante Presidente, el médico le recetó antiácidos, ansiolíticos, soplarse la cara con un abanico gitano español y mucho reposo, hasta que terminen de construir las viviendas en cuestión. Hasta una próxima entrega de Reporte Especial.

Artículo de la Sección de Espectáculos de la Revista Evil Vanity

El día de ayer, se efectuó la proyección de la premier de *"El Vengador de Vergópolis"*. La historia trata de las peripecias de *Muela Kent,* un humilde empleado público que trata de salvar el petróleo y las reservas en oro de Vergópolis, de que sean sustraídos por las garras malignas del *Imperio de Obakaman. Muela Kent* se da cuenta de que con un poco de astucia y brutalidad puede proteger no sólo a Vergópolis, sino al planeta entero, entonces se convierte en *Chacuman* (pero solo después de que Cocuisa Estrella le importara su traje del planeta *Kubotón,* del que es originario *Kent* a través de la aerolínea de *Walkidman). Cubiman,* padre de Kent, le enseñó antes de partir de *Kubotón,* que sería indestructible en Vergópolis, pero que tendría una debilidad: *La paja de Aponte o Apontenita,* y también de la *Alcaranita,* que sí podrían destruirlo tempranito en la mañana cuando abrieran los kioscos de periódico, pero *Chacuman* no está solo, lo acompañan otros súper héroes como *Ecuaman, Nicaraman, Tango Woman y Huevoman* (en la versión china le dicen *Chuleiman*), todos provenientes del planeta vecino *Jalaturno*. Paralelamente, existe un misterio que dispara la intriga de la historia: el espectador debe descubrir que *Huevoman* es hijo de *Chacuman* y nieto de *Cubiman*, bastardito procreado en un bar putañero en la juventud de *Muela Kent*. Un thriller de acción y aventura que los mantendrá con los bolsillos limpios y sudando de miedo a la inseguridad.

La premier contó con la honorable asistencia de Luis Mimelena, que desapareció antes que empezara la fiesta; lo acostaron a dormir. Alí Consíguez Maraque, se presentó maraqueando la luz, las finanzas y a todo el mundo; Iris y Parek, asistieron con unos Pranes de guardaespaldas; Cilia Flowers no asistió disque se quedó hablando por el micrófono y porque ella no es pecadora; a Hedía Encagua lo dejaron embarcado como *novia e` pueblo* y con los *crespos hechos;* Meado Camello llevó encaramada su capa roja rojita porque él también es *súper* y está más cerca de Dios, y porque se lanzará al despeñadero cuando *Esteban* se canse. Alruedo Peña se enfureció porque *Esteban* se fue por los *caminos rojos* y lo sacaron como un peñonazo. Nicola Nirrabo Masduro llegó en una limusina del Metro conducida por el mesmo; Andrés Risitta, en cuanto llegó, lo mandaron pal` baño porque se había orinado de la risa, y por último, Rafael Nilomírez trajo en caballito a Giormanni y a José Vidente. Después de saludar, les acomodaron una colchoneta al lado de Mimelena; no aguantaron el trote.

"La televisión es el espejo donde se refleja la derrota de todo nuestro sistema cultural."
Federico Fellini

El Culebrón de Chacumbele

Cuando se medio muestran

hechos importantes y trágicos
los chismes se encargan
de aligerar todo su tránsito

El gobierno ocultaba información
y los rumores enardecían
Chacumbele fue el jefe de redacción
de los medios con cada recaída

El protagonista no fue Chacumbele
sino su penosa enfermedad
ella imponía su agenda imberbe
y el público la comía con acuciosidad

El pueblo seguía el Broadcasting
con la tensión de una telenovela
entre el drama y el lloriqueo casi
de morbosidad con triquiñuela

¿Será que el señor se muere?
¿O se curará y renacerá?
¿Será verdad o mentira célebre?
¿O es que también parirá?

En canales de TV o prensa virtual
se meneaba la mata del drama
expectativa de espera puntual
y lágrimas en el cubrecamas.

"Los medios impuros desembocan en fines impuros."
Mahatma Gandhi

Postura No.7
Ignorar la Ignorancia Ignorada

"¡...pero que falta de ignorancia!"
Mario Moreno
Cantinflas

Decencia bufona

modales de chufla vulgar
pantaleta e` kaki ramplona
cinismo sabían purgar

Entendimiento mirmidón
farfolla de ñoña entelequia
con mimo altanero y ramplón
escupía groseras petequias

Lecciones de ciencia espléndida
no daba en su triste macolla
mirruña de lengua vilipéndica
remoquetes de farsa tramoya

Procacidad de caudillo y tiranuelo
ignorancia supina y jactancia
a todos lanzaba el anzuelo
con acordes de beligerancia

Letrado en fachada con disimulo
de frases ilustres e intransigentes
no se paraba ni a rascarse el culo
cuando abría su libro de insurgentes

Con guacal de pasajes de libros
domaba al cardumen de focas
con doctrina en chucho papiro
demagogia sectaria desboca

Curso oscuro y funesto
de premilitar como instrucción
mas alto fue el presupuesto
que de cultura y educación

Concepto de defensa integral
clavó en el sistema educativo
enseñanza con eje transversal
no hacía a nadie más productivo

Temas de historia militarista
desplegado en los libros de texto
no fue rara su maña fetichista
la invasión del imperio en pretexto

En la escuela como cuartel
al niño desollaban su mente
qué mollejas tuvo aquel
con ese juego pestilente

Ideología infiltrada
con milicias en las aulas
deyección encabronada
para meterte en la jaula

En recoveco comunistense
convertir a la escuela querían
insano hedor castrense
de su doctrina de porquería

Pronto se vería el cambio
en el himno academista
cantar hasta el cansancio
el salmo socialista

Suenan raras y anacrónicas
las mañas socialistoides
de una revolución agónica
herida en la hemorroide

Pues calibrar las leyes
para poder obligarte
y pegarte con un fuete
para él fue todo un arte

El que habla tanto
algún día se equivoca
y más si al niño examinando
metes la pata por bolsa

Escribir "estiercolero"
quizá no causaba mareos
pero escribir "felisidad"
sí era tremendo peo

Parían programas educativos
como pólipos de leproso
nunca fueron bien efectivos
para aliviar al menesteroso

Hablaban de independencia
de patriotismo y soberanía
fue atomización de la dependencia
y desarrollo en la lejanía

Había en la universidad
moda de protestar
los trabajadores en lucha
para autoridades asignar

Si eran operativas
podíamos convenir
si eran académicas
¿que hacías tú allí?

Estrategia de educación
con la universidad militarizada
fue el mojón de la inclusión
de la revolución armada

Infección ideológica de malicia
de desbordada putrefacción
afiliación de estudiantes a las milicias
para defender la revolución

Disciplina en sus corrales
impuso sin legalidad
para parecerse a los cuarteles
más que una universidad

Fueron los valiosos aportes
de *Misifú* y su revolución
y estará hasta que le soportes
su violación a la constitución

"El conocimiento es la única riqueza
de la que no pueden despojarnos los tiranos."
Anónimo

GRAPEL
Gran Programa Educativo Liberador
...hacia el 2021 y más allá...

Plan Curricular

Nivel Pre Escolar

Lineamiento Estratégico:

Construcción, dotación y puesta en marcha de 700 Guarderías *"Chacumbelito"*.

Asignaturas:

.- **Iniciación Pre Militar:** Aprendizaje de las primeras voces de mando: "¡Atención firr!" y "¡De frente marr!".

.- **Iniciación a la Revolución**

.- **Recreo**

Nivel Básico (1° a 6°)

Obligatorias
    Pre militar
    Historia de las Revoluciones Mundiales
    Métodos de Insurgencia y Rebeldía Armada
    Ideología y Doctrina Comunista
    Anti Imperialismo Básico
        Complementarias
            Matemática
            Ciencias de la Naturaleza
            Ciencias de la Salud

Lengua
Artes Plásticas
Educación Física

Nivel Medio

Obligatorias
Artes Militares
Guerra de 4ta. Generación
Anti Imperialismo Avanzado
Psicología Comunista
Improperios y Urbanidad **Comunitaria**
Filosofía Socialista
Guerra Mediática
Micro Guerras, Saboteos y Colectivos Armados

Complementarias
Matemática
Física
Biología
Química
Educación Física
Artística

Electivas
Metodología de Investigación a la Oposición
Proyecto Científico: "Cómo desmadrar a la oligarquía".

Nivel Superior

Chacumversidad Central de Vergópolis (ChCV)

Ingeniería y Licenciaturas:

.- Gallinerología Vertical

.- Conucología Urbana

.- Mojonería Socio Colectiva

.- Sancochología de Acera

.- Empanadometría y Ciencias del Relleno

.- Castratología del Empeño

.- Expropiatometría

Maestrías:

.- Extinción de la Buena Vida

.- Prevención Generativa de Oligarcas

.- Biogenética Popular y Clonación de Votos

.- Sistemas de Propulsión para Gallineros Espaciales

Programas Gerenciales de la ChCV en cooperación con la "Isla" Instituto Solidario para la Localización de la Arepa

.- Programa Distributivo "Robín Hood". Tendencias y Aplicaciones

.- Programa de Prevención del Insomnio y Culillo Pre Electoral

.- Programa Avanzado de Desarrollo Económico e Industrial:

Líneas Temáticas

.- Heladeros de Burdeles

.- Fábricas de Cañas para Pescar Aumentos de Salario

.- Fábrica de Cuerdas con Ganchos Atómicos para hacer bajar la Inflación

.- Fábricas de Hidrantes de Limonada Socialista

.- Fábricas de Trajes Blindados Tipo Robocop 1.0. para salir después de las 6:00 pm

.- Fábricas de Masilla Tapa Huecos para Apuñaleados

Cursos de Actualización en alianza con el
INIChaS
-International Institute for Chacumbelation Spreading-
con sede en el Bronx - New York – USA
Directora: Jeva Gallinger

.- Pava y Mala Leche Gubernamental: Asunto de Salud Pública

.- Técnicas Avanzadas de Invasión a la Propiedad Privada

.- Cacería de Espías Escuálidos: Nuevos Enfoques

.- Habladera de Paja como segunda lengua

.- Curso Avanzado de Malabarista de Semáforos

.- Importación de Chinos y Nuevos Métodos de Almacenamiento Masivo

.- Le Cousine Basiqué: Salchiché avec mayonesé et caraoté au huevé

.- Le Cousine Avanceté: Mondongué et Arepé avec Mantequillé et Choricé de Gaté

.- Básico de Cocina Socialista: Guiso de vampiro maldito con pollo

.- Avanzado de Cocina Socialista: Ensalada de Bolas de toro, de cerdo y de chivo, aderezada con saliva de burro artrítico

.- Parir en Maternidades Públicas y no morir en el intento

.- Telefonía Comunitaria de Acera y Logística de TCCC (Toldos, Cigarrillos, Café y Caramelos)

.- Diseño de Altavoces Satelitales para Insultos y Groserías Globales

.- Pudrición de Alimentos y Escapes Furtivos.

.- Armas, Pranes y Nuevos Sistemas de Invisibilidad

.- Pulidores de Medallas de la Revolución

Simposios y Conferencias

.- 1er. Simposio *"Sexoservidoras y nuestros hijos en el gobierno"*

.- Ciclo de Conferencias *"Reservas, Lingotes y Revolución"*

.- Conferencia Internacional y del Caribe *"Magia Negra y Magia Roja; similitudes y Buenas Prácticas"*

.- Medio Simposio *"Los Colectivos Armados y las Mosquitas Muertas; Mimetización Natural".*

Matemática Roja

A continuación os suministro una pequeña lista de eventos y frases referenciales y su valoración matemática, provenientes de los tiempos de *Misifú*, para que os copie y os aplique:

humor es:

"No importa que andemos desnudos; no importa que no tengamos ni para comer; aquí se trata de salvar a la revolución".
= Jajaja. (*)

humor es:

Aprobar una ley que habilite a un megalómano atender una crisis humanitaria producto de un fenómeno natural, y aprovechar el aventón para realizar una reforma a la Ley Orgánica de la Fuerza Armada, y clavarle al pueblo la creación de un cuerpo militar pretoriano y paralelo para su defensa personal y la de la revolución.
= Jajaja + Vaselina x $10^{suavesito}$

humor es:

Tener cárceles en condiciones inhumanas y saturadas de presos, de los cuales el 90% sea por retención preventiva, es decir, que no hayan tenido juicio para determinar su culpabilidad y la duración de la pena, porque "no hay suficientes autobuses" para ser trasladados a los tribunales, y cuando por suerte aparece un autobusito, difieren para otro día los procedimientos porque a los jueces les dio gripe.
= Jajaja x $10^{mamáestapresa}$

humor es:

Estatizar la mayoría de las empresas cementeras, cabilleras, bloqueras y otros materiales de construcción, para asegurar la "soberanía" de esa industria, y luego excusarse diciendo que no se han podido construir suficientes viviendas, escuelas ni hospitales, porque hay escases de cemento, cabilla y bloques; los constructores oligarcas tienen los materiales acaparados.

= Jajaja x Embuste x 100^{tomatucabilla}

humor es:

Como no se puede aumentar el presupuesto para la ayuda alimentaria de los viejitos, se les dice que deben esperar a que se muera alguno que está recibiendo el beneficio, para que tome su lugar.
= Jajaja + ¡que bolas, pana!

humor es:

"Voy a erradicar los niños de la calle, si no, me quito el nombre".
= Jajaja x 10^{quítatelopué}

humor es:

Que cuando haya una catástrofe natural y la gente pierda sus viviendas, sean llevados a refugios temporales en su carácter de damnificados, y *Misifú* los bautice con el nombre de "dignificados", prometiéndoles dos millones de viviendas dignas en seis años, a un ritmo de 900 diarias.
= Jajaja + Jijijí de Andrés (**) + ¡Te lo juro por mi madre! + ¡Lo garantizo con mi pellejo!

humor es:

No molestar a su majestad con necedades de carreteritas en mal estado, puentecitos cayéndose, inflación, epidemias, escases de vivienda, emergencias energéticas, corrupción y delincuencia, porque él está construyendo la revolución que solucionará "la causa" de todos esos males...para que no vuelvan a ocurrir ¡nunca jamás!
= Jajaja + (Jijijí de Andrés) x 10^{yoteaviso}

humor es:

Que su majestad ordene la construcción de cien casas en el extranjero, totalmente amobladas, con un costo de más de cuatrocientos millones de dólares (¡! ¿?) en solo cuarenta días, mientras en su país hay un déficit de tres millones de viviendas, centenares de barrios sin servicios de agua, electricidad y cloacas, además de miles de damnificados que llevan más de diez años esperando se les cumpla las promesas de viviendas ofrecidas. = (Jajaja + Jajaja) x 10^{guiso} x $10^{nuestroinsólitouniverso}$

humor es:

Que Chacunicolón –mutación de Chacumbele, San Nicolás y Don Regalón- done diez millones de dólares a un hospital universitario de otro país en un acto solidario de "amor", mientras en el suyo, el mismo día de la donación, se encuentren docenas de personas en huelga de hambre, cociéndose las bocas y hasta desangrándose para que se les asignen presupuestos justos para aumentar sus salarios y la dotación efectiva tanto en el sistema de salud como educativo.
= (Jajaja + Jajaja) + (¡coño no te creo!)

humor es:

"Tenemos que dejar el esquema de que cada quien tenga su carro"
= Jajaja x $10^{Ridículo}$

humor es:

Que una nación tenga ingresos aproximados de 950.000 millones de dólares en diez años y encontrarse dentro de los

últimos puestos de los rankings mundiales de competitividad y desarrollo económico, junto a los países más pobres del planeta.
= Ja! + No me da risa + Libro Guinness + Síncope + ACV + Diarrea + Harakiri

humor es:

"...con estos Tickets de Alimentación, me voy para Europa..."
Pensamiento pícaro de Cocuisa Estrella Mojales
Presidenta de la Tribu Suprema de Injusticia de Vergópolis.
= Ja x Vulgar x Cochina

humor es:

"La vida en Marte la extinguió el capitalismo".
= Jajajaaaaaaajaajaaajajajajaaaaaajaja + pipí + infarto

humor es:

"Las fuerzas armadas no reconocerían los resultados electorales adversos a su partido, y el pueblo menos, porque éste sentirá que le están quitando algo".
= Jajaja + ¡Recórcholis! + ¡Caracoles! + ¡Mierr...!

humor es:

$$FC + HCF + DO + RC + EM + CF = JAJAJA \times 10^{infinito}$$

Notas:

(*) **Jajaja**: Unidad de medida de la gozadera en términos de períodos electorales.

(**) **Jijijí de Andrés** = Jajaja + pipí + Mincom x100^{ridículo}

1Mc = Mega Carcajada = Un millón de carcajadas al año

1Mex = Mega Excremento = Un millón de posturas al año

Vdp = Velocidad del Dinero y del Petróleo

Pueblo = 30 millones de esperanzas

Fce = Factor de Corrección Electoral = OCT2012 x (NO + HCF)

Considerando que:

1 Jajaja = Mc / (4Fx12AxPueblox10^{5000insultos}x2Dx3^{referendum}) + (socialismoXXI+comunismo/disfraz) + (Pueblo x 14años/pupú x 10^{porquénotevas})

Entonces:

1 JAJAJA = 1 Jajaja x 10Mex x Vdp^2

Pero: (Pueblo / Pupú) x Fce = 0

Si y solo si Fce es positivo.

Postura No.8
Distribución Igualitaria de Miseria

"Hacerse rico no es un pecado (...)
La riqueza en una sociedad socialista es del pueblo.
Por eso, nuestra política no llevará a una situación
donde los ricos se enriquezcan más
y los pobres se empobrezcan más.
En nuestra versión de socialismo, todos nos enriqueceremos juntos."
Deng Xiaoping

El fracaso económico significó

el derrumbe del sistema político
porque el pueblo nada cosechó
de un régimen procaz y paralítico

Fue la masacre económica
que dejó de tener apoyo popular
con malas andanzas macroeconómicas
se puso la pobreza a pulular

No estimulaba la economía
con gasto público voraz
haciéndose incompetitiva
en el ámbito internacional

Con dificultad política
vino el aumento del gasto
y con devaluación crítica
fue un negocio nefasto

Demoras para pagar como patrono
y como dueño de empresa
colocación de títulos desde el trono
pa` poder incrementar la remesa

Con mecanismos confiscatorios
los gastos financiaban
y el desempeño socioeconómico
lazado pa` la bajada

El sistema cayó a niveles
como si se tratase de guerra
por todo el combo de Chacumbele
y su candanguera machimberra

Fue la terrible *estanflación*
que quitaba poder adquisitivo
con estancamiento e inflación
enmaraño todo ese pillo

No pagar prestaciones sociales
o pagárselas bien tarde
así retenían los reales
hasta que el caudillo los mande

De ningún parlamento
esperaban autorización
para endeudarse sin lamentos
con los activos de la nación

Condición de comprar la mitad
para satisfacer la caridad
solo por paja de amistad
prestamos que pedía su majestad

Ingresos sin productividad
eran los préstamos del acreedor
para pagar deudas de iniquidad
y apagar todos el motor

Reconversión monetaria
y que aliviaba la inflación
engaño y propaganda
fue tremendo mojón

Y que una moneda fuerte
con todo ese desempleo
perra inflación creciente
provocaba prender un peo

También hicieron la payasada
del sistema de valores
intervención desaventurada
que los dejó viendo colores

Para colmo promovieron el trueque
para pagar con fichas piedras u otra vaina
pretender un feudalismo tembleque
se me llena el ojo de lagaña

Progreso económico precario
y de carácter artificial
era el subsidio de erarios
que caían como un torrencial

Fijación de salarios y precios
fue intervención discrecional
quisieron aplicar este adefesio
pero fue muy perjudicial

Otra terrible mentira
fue el asunto de la independencia
importando cualquier bambalina
atomizó la dependencia

Ya no fueron dependientes
del voraz imperio agresor
se volvieron más decadentes
de todo el mundo a su alrededor

Universidades y empresas
debían trabajar unidas
la inversión es lo que interesa
que se habían ido en estampida

Asunto principal del gobierno
es la creatividad y la innovación
pero si solo le pone cuernos
se obtiene es indignación

No existía fiscalización
y comprado estaba el contralor
ocultar los resultados de la gestión
de números que daban pavor

Diseñaban sus propios indicadores
y se cuestionaba su validez
en organismos reguladores
que no aprobaban su putridez

La inflación anual se carcomía
los liliputicos salarios
mal manejada la economía
ni con los mejores bancarios

El sacrificio de la austeridad revolucionaria
inmolaba la pretensión capitalista
y los indignados con hambre cavernaria
fue el viacrucis de las masas populistas

El Genocidio Empresarial

Las naciones prósperas

han creado culturas económicas
tocando todos como en opera
y cohesión social astronómica

Es un buen ecosistema
para la actividad empresarial
colaborando con estratagemas
es caldo de cultivo sapiencial

Gobierno y sector privado
banca y educación
cuatro sectores aventurados
para levantar a una nación

Legitimidad de los negocios
y confianza de los inversores
marco legal de autenticidad
para regular las relaciones

Sectores individuales
no pueden proferir desarrollos
ni con muchos recursos naturales
se saca a un país del hoyo

No es exclusiva la empresa privada
pero es crucial en conocimientos
innovación y tecnología acelerada
y en el empleo se hacen cimientos

Con empleo se estimula el ahorro
y diseminación de riqueza
no con las reservas de oro
que tiene aquel en su fortaleza

El empleo enaltece y contribuye
para atender erarios fiscales
distribuidos en servicios que constituyen
utilidades públicas abismales

Ejemplares son los países asiáticos
sus gobiernos y sus empresas
hacen negocios automáticos
sin perder un pelo de la cabeza

Catarro endémico infeccioso
es la iniciativa empresarial privada
para Chacumbele y sus ociosos
peligro en revolución iniciada

Crece la criminalidad
por falta de empleo formal
pero es toda una complejidad
para el cerebro del mono tribal

Perniciosa burocracia
de la administración pública
era como caer en desgracia
para permisología única

Desarrollo empresarial panorámico
es creación y multiplicación
de focos de poder económicos
que carcomen las bases de la revolución

Incompresible e inadmisible
de la economía esta masacre
abarrotar de desestima invisible
al empresario que ya está en jaque

Desvirtuaban las cifras de desempleo
sacando del cálculo a los buhoneros
también los becados en un mareo
y crear el mundo del mojonero

Fuga de talentos y divisas inaccesibles
en esta tierra todo era posible
emigraban buscando prosperidad
para no seguir viviendo en precariedad

Las Expropiaciones

"Expropiar: privar a una persona de la titularidad de un bien o un derecho, dándole a cambio una indemnización. Se efectúa por motivos de utilidad pública e interés social previstos en las leyes" (Diccionario de la RAE: Real Academia Española).

Magno paleo

fue comunismo jurásico
¿donde estás que no te veo?
despareció mi galpón clásico

Propiedad privada guindando
como verdes aguacates
y el comandante incitando
a quitarme mi cacahuate

Propiedad colectiva
fue estiércol en cajón
paja doblegativa
del rojo manganzón

Con leyes de emergencia
o apuradas habilitantes
mentiras en demencia
solicitadas por el comandante

Solo fue una excusa
lo del interés público
para abrir toda la exclusa
del maldito robo único

¡Exprópiese! fue palabra mágica
para causar a la oligarquía un ACV
cuando las hordas satánicas
no te dejaban ver ni la TV

Para *Misifú* todo era de interés público
fábricas talleres y centros comerciales
estacionamiento o rincón lúdico
o estaciones de radio canales

Por el medio ambiente
o porque estaban quebradas
inventario insuficiente
o porque eran afamadas

Por baja capacidad o inoperativas
o porque acaparan inventario
o porque tienen sucia la lavativa
que es de asunto agropecuario

Por vender artículos con sobreprecio
que eran regulados por el gobierno
clausuraban el sitio con desprecio
y todo se iba al infierno

¿Quién va a invertir en un país
que de la noche a la mañana
por ordenes de un Faquir
te deja sin bienes y sin lagañas?

¿Quién va a invertir en un país
si no tiene expectativas
de hacer crecer la raíz
de su empresa lucrativa?

Falta de claridad jurídica
es inseguridad para inversionistas
la privada actividad económica
no conchupa con comunistas

La perlita que faltaba
era el precio que ponían
a la cosa expropiada
para llenarnos de agonía

El Negocio con los Vecinos

Para beneficio de las naciones

fue la integración regional
para tener bajas liquidaciones
en el arancel internacional

Agentes públicos y privados
se benefician de la integración
por cantidad de costos rebajados
y fortalecer la competición

La ventaja comparativa
no fue de Chacumbele el objetivo
sólo para chocar a la oligarquía
y capturar adeptos improductivos

Lo que se debe comerciar
dosificando las divisas
nueva geopolítica mundial
fue lo que puso en su repisa

Compras recíprocas
y donaciones cooperativas
gran negocio de época
fue la jalea gobernativa

No se sabía con certeza
con quien se hacia el negocio
si era privado o con su alteza
o con algún oscuro socio

Barniz con esencia perjuriosa
fue la intención de esos acuerdos
redimir la pobreza amargosa
de la transnacional y sus injertos

Fue el férreo control del gobierno
con mentira de bien al desposeído
la empresa privada era un infierno
cerrarlas querían despavoridos

El día que la mierda tenga algún valor,
los pobres nacerán sin culo.
Gabriel García Márquez

El pescador

Paco era un pescadero gallego que migró a Vergópolis cuando
era una tierra prometida. Un día como cualquiera, Paco abre su
pescadería, que se situaba en un mercado popular, y temprano
por la mañana vio un tumulto de gente se aglomeraba en su

negocio, y para su sorpresa, era el Chacumandante con toda su comitiva haciendo una visita a todo el sector.

Misifú le pregunta que si le va bien en su negocio, y él le responde:

— ¡Como nunca su alteza! Imagínese, que como este fin de semana descubrieron 70 toneladas de pescado podrido en unos containers situados en el puerto, entonces toda la gente ha venío a mi negocio, porque mis pescados los obtengo de un riachuelo situado detrás de mi casa; siempre están frescos y no hay mas nadie por esta zona que venda pescao!

El comandante se averracó y con tomo de evidente molestia le pregunta:

— ¿Cuál es su nombre?

Y él le responde:

— Paco Ferrara señor.

A lo que el comandante grita:

— ¡Exprópiese!".

El pobre Paco con cara de asombro le contesta:

— Pero si me expropia mi nombre ¿cómo me llamo después?

El Trueque
Ofertas del Palacio y de la Calle

"Se truecan Secretos de Estado por jabones de baño, crema dental y papel toilette."

"Se cambia caja de insultos del Comandante por zapatos de goma."

"Canje de metro y medio de chorizo entero por caja de Viagra."

"Cambio nevera full de comida por una que enfríe."

"Se cambian diez viejas sabiondas de sesenta por una bruta de veinte."

"Cambio jueces Justos por Correctos."

"Cambio interior sudado de Cristiano Ronaldo por pantaleta sudada de Jennifer López."

"Se trueca Página de Sucesos del lunes por foto cubana."

"Cambio a Un Bolsa por Una Bolsa"

"Cambio TV con 100 canales encadenados por Chacumbele, por TV con un canal de novela mexicana."

"Cambio lengua de mi Comandante por sábana matrimonial."

"Se trueca alcancía de cochinito por chuleta ahumada."

"Cambio linterna publica por sub estación de electricidad."

"Intercambio un kilo de paja de Alcaray por un paquete de harina PAN"

Las Invasiones

*T*errenito abandonado

casita pa` vacaciones
fue platillo abanderado
para ejecutar las invasiones

Colmo de la desfachatez
que las autoridades lo ordenaran
que hordas con insensatez
se adueñaban de todo lo que pisaran

Fue un consabido azote
de carroñeros en revolución
te sacaban con palo en el cogote
sin escuchar explicación

Después se volvió todo un hábito
invadir lo que no era suyo
debías ver en todo el ámbito
antes que te saliera el tuyuyo

En peligro estaba todo
desde terrenos hasta oficinas
para sumergirlos en el lodo
de la ocupación clandestina

La Invasión Extraterrestre

En los años cincuenta, cayeron simultáneamente a la Tierra varios meteoritos, con extrañas características, que albergaban cierta clase de insectos repugnantes, uno en cada trozo de piedra, los cuales fueron dispuestos en los laboratorios y en secreto altamente confidencial. El que cayó en los Estados Unidos, tanto al cosmolito como al insecto, los analizaron con extrema acuciosidad; al alienígena lo sometieron a rigurosos exámenes y lo mantuvieron vivo en calidad de experimentación para saber su constitución y funcionamiento sistémico. Igual ocurrió con los demás que cayeron en Japón, Alemania e Inglaterra; pero al que cayó en Vergópolis, no le hicieron prueba científica alguna; lo inscribieron en el partido socialista, le tomaron fotos y lo hicieron presidente.

> *"El dinero no hace la felicidad; la compra hecha"*
> Les Luthiers

Calidad de Vida

En medio del caldo tibio de la resignación y la desesperanza aprendida, de la rutina de la miseria y la cotidianidad de lo escaso y de lo mal hecho, Chacumbele comprendió lo vital que era dar respuestas reivindicadoras al pueblo, para que se dignificara descargando sus elementales necesidades mundanas, como por ejemplo, los fines de semana, en avenidas y plazas, ordenó la organización de festines y mercados populares con comida gratis o a muy bajo costo con música de protesta, para celebrar cualquier banalidad de la revolución, y molestar a la oligarquía cuando se trancara el tránsito –la *culda* llegaba solita-. Mientras la gente tuviera la barriga llena y el cerebro borrado en alcohol, él se podía ocupar de las importantes cosas de la revolución.

Aprovechando el esnobismo de la inclusión, *Misifú* no olvidó la instalación de Burdeles Comunales, equipados con *Meretrices Socialistas*, movimiento cooperativista que remedió las ofuscaciones hormonales de los subsidiados vagos de la revolución.

Como no eran empresas capitalistas, las chicas *cuchiplanchaban* todo el año y después se repartían las ganancias en partes iguales; no importaba quien trabajaba más o menos; si la tenía grande o chiquita, gorda o flaca; ninguna tenía privilegios especiales; el excedente se distribuía igualitariamente.

El programa de las *totonas solidarias*, representó la máxima expresión de democracia protagónica y participativa, aunque los opositores criticaran su revolucionaria e innovadora medida socio económica.

Las vallas u otros avisos publicitarios, decían:

"...'Cachondas Endógenas R.L.'...su fantasía a la vuelta de esquina. Culos al acceso de todos, porque en Socialismo, se vive mejor...".

No faltó quien colocara en la puerta: *"Se aceptan Cesta Tickets, VISA, MASTER, Tarjeta de Débito o FIAO (se anotan en el cuadelno pa´ que paguen con la quincena)".*

Para guiar a los turistas extranjeros, no se esmeraron mucho; colocaban carteles con una flecha que decía: *"Free Cachondas".*

Como fieles respetuosos de los derechos de género, inauguraron también los *Lupanares Masculinos,* para que las mujeres que ya no querían ver las fastidiosas novelas y documentales, las peripecias tiránicas en cadena nacional, perogrulladas insurgentes y barraganas atrevidas del único canal de TV, pudieran desestresarse y bajar de peso, mientras sus maridos estaban en un pelotón de la milicia, debajo de un árbol, recibiendo el adoctrinamiento ideológico de la revolución. También servían para aquellas damas que se jubilaban de la Asamblea Nacional o de los ministerios, con el fin de mitigar los efectos perniciosos de sus holgazanas hormonas, que ya no se destinaban a joder a la oligarquía opositora.

Pero como nunca pueden faltar los glotones y glotonas, el *Minpopu* de Industria Ligeras diseñó mecanismos avanzados para el control de la *Gula*; uno de ellos fue la *LUARG^MR -Libreta Ultra Avanzada de Racionamiento Genital*, en la que el gobierno asignaba un límite de culitos al mes, según el peso, la talla y ocupación del beneficiario, y las empresarias anotaban la cantidad que se iban comiendo... y dejaran pa` los demás.

Por otro lado, en vista de los niveles incontrolables de criminalidad, diseñaron además la *TBV -Tarjeta del Buen Vivir^MR*, con la que le asignaban al ciudadano un límite de crédito mensual y no anduvieran con efectivo en los bolsillos. Este mecanismo avanzado de crédito, les permitía también a los consumidores escoger *el bistecito* a través del sitio Web del burdel, el modelo, color y tamaño. También había servicio para llevar.

Pedigüeños y Mendigos

Siguiendo los pasos de la debacle económica, es de esperarse pues, que las principales ciudades del país estén transitadas por un cardumen de pedigüeños y mendigos en centros comerciales, restaurantes, autobuses de rutas locales, calles y avenidas; indigencia crónica que invadía los espacios de la vía pública y viviendas privadas; pernoctando en las puertas de residencias, colegios y comercios sin ningún tipo de control profiláctico y permitiendo la diseminación de enfermedades y el deterioro de la estética urbanística en detrimento del nivel de vida de los ciudadanos.

Tampoco fue de extrañar la evolución de la industria pedigüeñera, adoptando formas insólitas en el oficio de pedir; por ejemplo, en una etapa inicial, los indigentes se montan en los vagones del metro, autobuses, camionetas por puesto o "Gua Guas" –como le dicen en el Caribe- y solicitaban dinero para comer o para pagar transportes para ir a otras ciudades. Después, comenzaron a ejecutar instrumentos musicales, tanto conocidos como de los más extraños (peroles, tubos, resortes, etc.), hasta la ejecución de Rap`s, en los cuales no necesitaban ninguno -el sonido lo hacían con bocas y manos-. De allí, pasaron a pedir para pagar la funeraria de algún familiar victima de la delincuencia o para atender emergencias médicas, mostrando récipes médicos con demostraciones dantescas de lo que les ocurría en el cuerpo para persuadir a los potenciales donadores: llagas, supuraciones o mal formaciones corporales, extirpaciones de algún área o amputaciones de miembros. Otra variación fue pedir dando un obsequio, como una tarjetita, caramelos o lápices de colores (una venta, pues). Con el tiempo, se irían realizando mutaciones insólitas hasta llegar al punto de que dos o tres individuos encapuchados, con muy mal aspecto, en estado de ebriedad o bajo los efectos de las drogas, informan a los usuarios que "acababan de salir de la cárcel y necesitaban dinero para comer, vestirse y hospedarse; que *"están pidiendo, para no robar, porque así es mejor... por las buenas"*. Imagínese el terror de la gente, escondiendo cuidadosamente sus relojes, teléfonos celulares, dinero y otras prendas mientras los tipos hablaban.

Comunista como tal, Chacumbele creó programas, proyectos o misiones dedicadas a la alimentación gratuita de las personas en situación de indigencia, mediante la instalación de casas o locales de alimentación por todo el país, además de albergues gratuitos. Nada de esto hubiese estado mal si no fuera por el pequeño detalle que serían millones los que estaban en esas condiciones de miseria humana y los programas populistas no se daban a vasto. En los países *emblemáticos* del primer mundo también se ejecutan iniciativas como estas; la cuestión es, que la proporción es al revés; la miseria es lo extraordinario, no lo normal.

Inevitablemente, se vio cualquier cantidad de gente echada en el piso pidiendo limosna, haciendo cola para alimentarse gratis, y para colmo, muchos de ellos trabajadores de las empresas que expropió y destruyó.

Por si no fuera suficiente, *Misifú* ofreció erradicar los niños que vivían en la calle, en un plazo de diez años, y prometió quitarse el nombre si no lo hacía (debió cambiárselo de una vez).

Por otra parte, mientras todo esto ocurría, él normalmente invertía en su *tocador presidencial*, nada menos que dos millones de dólares mensuales para la compra de su colonia, relojes, papel tualé, jaboncito y talquito *socialista*.

*"El vicio inherente al capitalismo
es el desigual reparto de bienes.
La virtud inherente al socialismo
es el equitativo reparto de miseria."*
Winston Churchill

Postura No.9
Rovolución y Dietética

*"Ciento Ochenta mil toneladas de comida podrida: $800.000.000,
Joder a veinte millones de pobres: $1
No meter preso a nadie: NO TIENE PRECIO.
Existen muchas cosas que el gobierno SÍ puede comprar,
para todo lo demás, existe
Master Pan."*
Publicidad de la Tarjeta de la Vida Loca

Producción Agrícola

Para comenzar, tengo que confesarle algo: lo único que yo sé de agricultura es enterrar la yuca, sacar las caraotas y echarle machete al conuco. A Chacumbele sí le gustaba el monte, por eso le sembraban el pepino.

De escatófago petulante

fue su insana obsesión
agricultores echando pa` lante
fueron víctimas de expropiación

Es la cábala comunista
y satrapía chacunífera
el robo que no deja pista
y el cinismo de la mente mísera

Sembraditas y cuidaditas
eran las tierras expropiadas
ni de vaina que eran feítas
trabajo duro les esperaba

Queríamos que produjeran
y solo hablaban de revolución
modorra y hedionda flojera
eran los vagos de la conmoción

No lavan ni prestan la batea
solo apuntaban con sus armas
tomar la siesta es lo que deseaban
y no trabajar lo que me costó el alma

Huelga de hambre de un productor
que de su tierra desalojan
injusto y terrible ejecutor
al fin su muerte provocan

Teníamos tierra pa` rato
pa` producir hasta el cansancio
ahora importan con desacato
comida piche de olor rancio

"...y el queso que había en la mesa también se lo expropió;
¡Ese Chacumbele, acabó con tó...!
Merengue Tirano Mix

Soberanía Alimentaria

Populacho era *Esteban*

promoviendo la cola y la fila
viejitos y pobres esperan
que le den su regalía

Pichacheros beneficios
ayudaban a maquillar
la miseria y los maleficios
de su pantano social

Cola pa` medicina y cola pal` pollo
era todo pa` madrugar
mientras decidían en su cogollo
que era lo que me iban a dar

Becas misioneras
y pensión de vejez
me muero en viejera
haciendo cola otra vez

Anotarme al partido
me piden de una vez
pa` las consultas del médico
que veía al revés

Qué precio tan tosco
esperar la ayuda solidaria
es que yo lo conozco
con su mentira bicentenaria

Tomar números y madrugar
un riesgo pal` empleo formal
los precios tengo que hurgar
pa` que no me salga caro el guacal

Se enriquecen los de afuera
y las sabandijas revolucionarias
ni locos ni pendejos que fueran
la pobreza es para los parias

Ahí viene la vieja Juana
que no ve el pollo y la harina
todavía están en la aduana
porque vienen de Argentina

Allá viene la carne
de Nicaragua y Ecuador
importar es todo un arte
y exportar es un dolor

¿Por qué tarda tanto?
pregunta aquel maldiciendo
contesta aquella cantando
creo que se está pudriendo

Hay que montarle cacería
al café, aceite y azúcar
por importaciones de porquería
ya no se siembra ni yuca

Cómo obtengo los reales
si estoy siempre cazando
las dádivas gubernamentales
por eso estoy rezando

Era un sistema parasitario
que promovía la dependencia y la vagancia
se copió del viejo octogenario
con impudicia vulgaridad y arrogancia

Fue el premio Pudritzer
un reconocimiento internacional
campeón era el que pudiese ser
inepto de manera intencional

Competir era lo que querían
Chacumbele y toda su jauría
toneladas se pudrían
que ni de vaina ellos comían

De maletín eran las empresas
para comprar con sobreprecio
comida a granel era la presa
y no era cuestión de necios

Al llegar la mercancía
en containers la escondían
gente armada la escoltaría
hasta que finalmente se pudría

Malos olores insectos y gusanos
causaba la contaminación
hecatombe del funcionario pagano
enfermaba al niño con infección

Erupciones en el cuerpo
con problemas respiratorios
era solo el complemento
para entrar al consultorio

Si era salud pública o privada
no les interesaba nada
ingerir agua contaminada
era horrible de una pasada

Este desastre fue todo un misterio
sabotaje inédito e intencional
seguro que bichos de un ministerio
huyeron con todo ese platal

Solo atrapan al tonto
como chivo expiatorio
los demás andan orondos
con billetes en envoltorio

Así no fuese corrupción
sino malsana ineptitud
tampoco tienen perdón
de la eterna beatitud

Todavía no hay ningún preso
seguramente nunca lo habrá
impunidad con gran peso
es el pueblo el que perderá

"... ¡de algo nos tendremos que podrir!..."
Pedro Darío Vergara ÁLvarez

Ofertas del Abasto de Misifú

Combo No.1: Un pollo, un paquete de caraotas, un cartón de huevos, anís estrellado.

Combo No.2: Un pollo, un paquete de caraotas, un paquete de arvejas, un cartón de huevos, una Pepsi, un litro de leche, anís estrellado y una cajita de *Platanam* –plátano verde con Lorazepam.

Combo No.3: Un pollo, cuatro latas de sardina, un kilo de mortadela, cuatro chorizos, medio cartón de huevos, una Pepsi, ajo, cebolla y ambientador en spray.

El Cuento de Perucho, el toro de la Ñema

Erase una vez, en las remotas tierras del Far Far Away, una señora conocida como La Abuela Ñema, una tierna viejecita que podía hablar con los animales, y en especial, con su toro Perucho; estaba muy viejo y no sabía qué hacer con él, le tenía mucho cariño y no quería sacrificarlo. Un día ella le dice a Perucho: "Torito ¿por qué estas tan triste? ¿Ves a aquella vaquita que está allá? ¿Por qué no vas y le haces un cariñito y así me dejas un becerrito antes que te vayas?

Perucho la vio con cara de odioso y le contesta: *"...con leche podrida ¿quién cría becerros?"* Y de pronto, como si le hubiese caído un rayo a Ñema, se le ilumina la cara, lleva a Perucho al establo... e inventó el yogurt...!?!? ¡Oops!

Ñema y Perucho vivieron felices para siempre.

> *"Los mismos perros que riñen por un hueso,*
> *cuando no lo tienen, juegan juntos."*
> Butler

Postura No.10
Desahuciar a la vieja Sanidad

"Un alma triste puede matarte más rápido,
mucho más rápido que un germen."
John Steinbeck

Sana sana

colita de rana
si no sana hoy
quien sabe pa` cuando sana

Módulos de Salud Primaria
fue la primera idea en su mente
aunque fue buena y accidentaria
nunca fue suficiente

Población en suma pobreza
habitaban en viviendas precarias
se multiplicaban con agudeza
enfermedades hospitalarias

Es que la gente vivía
con infraestructura miserable
donde la basura obstruía
hasta el paso de los cables

Sin ductos de aguas negras
ni tubería de agua potable
no se bañaba ni la suegra
con ese carato lamentable

Sin desagüe y con letrinas
las moscas estaban de fiesta
desperdicios de la cocina
se acumulaban hasta en la puerta

Cómo conseguían agua
si no era con las cisternas
con altos precios compradas
pa` pagarlas y echarle piernas

Malos olores y criaderos de gusanos
moscas zancudos y otros vectores
es un milagro el que esté sano
cuando respiras insanos vapores

Desgraciada proliferación
hasta de enfermedades erradicadas
pues no ponían a disposición
viviendas estructuradas

Después se preguntaban
qué era lo que pasaba
por qué se multiplicaban
las afecciones abarrotadas

Bronquitis neumonía y asma
gastroenteritis amibiasis y dengue
muchos ya estaban en la cama
porque tenían el merequetengue

Afecciones oculares y de la piel
y hasta las que estaban extintas
si no tenías ni pa` un rollo de papel
cómo hacías pa` la que venía sucinta

Tuberculosis y cólera
no se explicaba de donde venían
construir tenían flojera
para sacarlos de la agonía

Grandes hospitales especializados
eran como sueños irrealizables
si no daban ni algodón esterilizado
a un pobre módulo deplorable

Él decía que eso era heredado
como siempre culpando a los demás
catorce años apendejeado
y regalando dinero a los demás

Consultas médicas crecían
y él alegre con petulancia populista
si se les curaba la rocha que tenían
regresaban por diarrea vulcanista

Con soberbia arrogante
en acto de vil torpeza
con gente del otro comandante
dejó a los otros en pobreza

Bajo acuerdos de cooperación
creó un sistema de salud paralelo
arremetiendo contra la constitución
se agravó el abominable flagelo

Si no te anotabas en el partido
no tenias trabajo público
y si en la lista negra estabas metido
llorabas frente a todo el público

No se salvó ninguna especialidad
trayendo personal extranjero
aberrante traición y calamidad
del zoilo y bardo pajero

Desencadenaron marchas y protestas
aquellos despreciados galenos
viviendo con paga inmodesta
todavía curaban risueños

Trabajaban en el sector salud
y no tenían seguro médico
paradoja innoble de *Misifú*
de hacer miserable descrédito

Sin caja de ahorro ni horas extras
ni pago de bono nocturno
con la inflación campeando en la cabeza
los dejaron tristes y taciturnos

Ocasionó fugas masivas
de valiosos profesionales
inconstitucional su infamia lasciva
por implacables acciones inmorales

Pobre del extranjero personal
que traían de otra latitud
aguacalados sin opción vivencial
fue trata de blancas y esclavitud

Como cardumen enlatado
los trajeron por cooperación
dejando familiares apesadumbrados
fue desesperanza y resignación

Pobre gente con otras mañas
costumbres e idiosincrasia
con lastimosa sumisión extraña
se dejó meter toda esa infamia

"El que trabaja en salud
debe dar su vida por la patria"
fue la cruel inverosimilitud
de aquel sagaz vende patria

Otras lamentables consecuencias
traen las fugas de cerebros y talentos
sin aplicar las nuevas ciencias
viene el atraso y el descontento

Se paraliza la captación
de conocimiento científico
que promueve la investigación
y el desarrollo prolífico

Más y mejores medicinas
métodos y equipamiento
así como nuevas vitaminas
traen los nuevos conocimientos

Usar la nueva robótica
es del mundo capitalista
la intervención estrambótica
ya no la usa ni el exorcista

Pero aquel se atiende en la isla
por miedo al médico de aquí
saber de la enfermedad misma
el secreto no quiere compartir

Si fuera cierto el tejemaneje
¿por qué se atiende allá?
debería probar el caldo mequetrefe
que nos ha colocado acá

"Inclínenme, y si no pues, hospitalícenme...!"
Chacumbele

El viacrucis de los heridos y las preñadas

Fueron caldo de cultivo y de mafias

el desempleo y la informalidad
hervidero de inmundas acracias
y de extrema criminalidad

Cantidades enormes de heridos
por incidentes delincuenciales
algunos llegaban podridos
a emergencia de los hospitales

No había personal especializado
tampoco insumos ni equipo
seguir rodando apuñaleado
hasta que se moría el pobre tipo

En la puerta del puesto de socorro
muchos llegaban desangrándose
ni si quiera les quitaban el gorro
que estaba empapado en su sangre

Por guerra entre malas bandas
llegaban buscando alcohol
heridos fueron en la parranda
y salían tiesos en formol

Los panas de la pandilla
al occiso acompañaban
y mostrando su gran cuchilla
al personal amenazaban

252

"Cúralo rápido diablo
o te estoy matando a ti"
fue rutina del establo
donde no había ni cuchitril

Tomaban alguno de rehén
para ilesos poder salir
y a veces mataban sin desdén
por verle la cara al hostil

Jolgorio con foto dantesca
fue ver la fila de cadáveres
esperando la autopsia legulesca
de muertos quietos en carretales

Líquidos los muertos exudaban
y se churreaban hasta el piso
las moscas carnaval encontraban
sin que lo viera el ministro pajizo

Neveras de muertos no funcionaban
y se podrían desechos patológicos
nauseabundos vapores se infiltraban
en las salas de neonatos con cólicos

Con hedor pestilente y asfixiante
menos no podría estar el nosocomio
catástrofe sanitaria espeluznante
que a cualquiera manda pal` manicomio

Las mujeres embarazadas
fueron los pacientes turistas
con grandes barrigas adoloradas
paseaban buscando al parturista

Bebés tirados en la vía
no fue raro encontrarlos
con cordones umbilicales todavía
en basureros o rincones urbanos

Si por misericordia de Dios
lograban ingresar al hospital
traer gasas suturas y alcohol
debían para la atención rudimental

Ambulancias en el extranjero
regalaban por miles y por flotas
mientras al niño venidero
se atendía en taxi y con ventana rota

Políticos réprobos y detestables
hicieron de la salud una maldición
y nadie se hizo responsable
deberían ir presos por mala gestión

> *"Lo importante es el dinero;*
> *...la salud va y viene"*
> Les Luthiers

Resistencia Epidemiológica

La revolución de Chacumbele se extinguió, entre otras razones, por la aplicación de avanzadas medidas sanitarias, osea, estrategias de salud pública que erradicaron todo vestigio de trapos rojos impregnados con microorganismos chacumbiótcos.

La unidad de control epidemiológico de la *MUD – Medicina Ultra Decente-* realizó estudios de investigación epidémica bien profundos, y mediante pesquisas exhaustivas pre electorales, efectuó un enorme despliegue sanitario con la utilización de:

.- Mapas Infrarrojos Geosatelitales para la detección, ubicación y clasificación de población infectada por el Rotachacumvirus.

.- Cultivo de Exudado Cerebral (CEC)

.- Curva de Tolerancia Democrática (CTD)

.- Presión Electrofuriosa Gloso Culinérgica

.- Tetosteronemia Muco Umbilical (TMU)

.- Tomografía Axial Verrugotopográfica (TAV)

.- Citochacumzoarios en el Pupú Colectivo (CPC)

.- Tirocandangulina Glúteo Basal (TGB)

A partir de estas pruebas biológicas, se desarrollaron los más avanzados productos farmacológicos anti tiránicos: el Antígeno Chacuembrionario (ACHE) y la Vacuna Antimisifulística (VAM), y con el apoyo médico y científico del imperio, la Medicina Ultra Decente evolucionó en la *MUD 2.0 (Misifú`s Undeserved Dream).*

Si en la Academia Militar de Vergópolis hubiesen vacunado a los cadetes con el ACHE y la VAM, seguro que Chacumbele hubiese sido un tierno angelito cumpliendo con sus deberes cívico militares, haciendo tesis para ascender y esperando turno para formar parte de la ambicionada estructura del alto mando militar.

"Las culpas son para la mente
como las heridas para el cuerpo;
por mucho que intentes sanarlas
siempre quedarán cicatrices"
Francois La Rochefoucauld

Postura No.11
Vivir Viviendo Arrimao

"El laberinto no enseña dónde está la salida,
pero sí cuáles son los caminos
que conducen a ninguna parte"
Norberto Bobbio

Carreteras en mal estado

ahuecadas como quesillo
con jugosas obras del estado
les agrandaban los bolsillos

Los puentes se caen sin ser reparados
ineptos y flojos no quieren trabajo
quieren billete y ser contratados
antes que el tipo se venga pa` abajo.

Arena, cemento y cabilla
te pido para mi techo,
pero hablas pura pajilla
y me dejaste en despecho.

Expropiaste porque no había arena
y no aparecía la piedra
dejaste a todos en pena
¡Uy! me saca la piedra.

Casas en dos millones ofreciste
y esperanzas renacieron
solo mentiras dijiste
y mis cojones cayeron

Novecientas casas diarias
debías haber construido
para aliviar mi alma precaria
de hacerlo en el pozo embutido

Construyes casas afuera
de regalo a tus jala bolas
como si el dinero tuyo fuera
lo sacas en piñata y gandola

Montañas tupidas de barrios
es lo que adorna el paisaje
pobreza desborda en los atrios
tristeza, locura y pillaje

Cuando el clima se pone furioso
mi techo relincha y el agua gotea
mi casa se vuelve un pozo
y que se caiga es lo que me aterra

Censos legiones y misiones
mentes y cuerpos cansados
políticos habitan mansiones
no saben lo que hemos pasado

El rio se lleva mi casa
no hay otra sino refugio
diez años y el tiempo pasa
de me saquen de este artilugio

Desastres naturales
se ven en televisión
tormentas, tsunamis y huracanes
son mejores que esta revolución

Menos mal que es socialismo
la oferta que me hizo aquel
siempre al borde del abismo
la luz es lo que quiero ver

Cifras de entregas ambiguas
me atarugas con tantos mojones
no cambia la miseria antigua
ni que cambies de cojones

Ahora estas apurao
porque vienen elecciones
eres un pillo malaventurado
y perderás sin inflexiones

Alquiler y Rovolución

*"A mí me gusta un rancho,
pero bien hecho..."*
Chacumbele

Inmuebles que poseían

alquilar solo querían
llegar a viejo con monería
y la muerte esperarían

Pero es que en tierras comunistas
alquilar es una diablura
sacando leyes ladillas
se deja al dueño en bravura

La inflación pisa el bolsillo
como Tío Tigre a sus pelotas
por culpa de un tiranillo,
comunista hasta las bolas

Rebuscarse era la nota
alquilando un rincón
de pronto llegó la bota
que arruinó el pachangón

Era la cruel persecución
a muchos dignos propietarios
porque sátrapas en invasión
comenzaron el calvario

Ahora lo mío es casi tuyo
sin que te hayas lamido el amargo capullo
y esperas cuando me arrullo
para lanzar tu infame barullo

Degollante y despiadada
fue la fuerza aplicada
con esperanzas frustradas
de la injusticia iniciada

Es un amargo despojo
con matices de razón y justicia
que manadas de cuervos rojos
atropellan con vileza e inmundicia

A mí no me sacan de aquí
ni que venga el mismo mandón
quisiera tenerlo aquí
pa` zamparle un pataón.

"Si solo se dieran limosnas por piedad,
todos los mendigos habrían muerto ya de hambre."
Friedrich Nietzsche

Postura No.12
El Recule Energético

"...Hugo, ya chaves que están flías...!"
Miyuca Ketesaké
Comerciante Japonesa

Existen muchos eventos en el planeta, en el diario devenir de los terrícolas, que pueden causar a cualquiera enojo e incomodidades, como las colas de automóviles o una lluvia torrencial que desacelere el tránsito, pero no hay uno que cause más rabia que los apagones; en Vergópolis se producían tantas fallan de energía eléctrica que lo extraordinario era que hubiese luz continuamente. Los comercios, las industrias, los hospitales y hasta las fiestas se pajeaban con las inoportunas oscuranas. Es impresionante como la oscuridad saca a relucir las más recónditas y primitivas emociones humanas.

En los tiempos de Chacumbele, existía un frenético y generalizado deseo de incrustarle un zapato en el oscuro tabernáculo de su desfiladero de eyectoría fecal, cada vez que abruptamente se apagaban las luces. Insultos a gritos destellantes se escuchaban por doquier.

Un día, mientras yo compraba en una perfumería cuyos dueños eran chinos, hubo un apagón; sus diligentes empresarios se dispusieron cerrar las puertas y a prender las linternas, cuando de pronto se escucha una queja retumbante de una pálida y delgada mujer en el medio del pasillo: *"¡Que quiele él, dejalnos sin lial y sin lopa, y comé pula pelalina! ¡¡¡Chacumbele te tengo alechela!!!"*

Gracias al apoyo tecnológico de Cubonga se logró *dominar la naturaleza* con la Misión Lluvia. Con severas limitaciones económicas por la crisis global, Chacumbele dispuso de los recursos y de toda su ferviente voluntad para *doblegar a la naturaleza y hacer que lo obedeciera,* y de esa manera, intentó acabar con la crisis eléctrica y su racionamiento.

Después que hubo agua en exceso por el incesante flujo de lluvia, entonces la crisis continuó por la incursión de una zagás iguana que mordió los cables de distribución del Sistema Eléctrico Nacional; después, saboteos de la oposición, y luego el imperio.

¡Fiat lux!

Definitivamente que al Chacumandante no se le iluminaban ni las malas intensiones; para construir una escuelita invertían años y después no la mantenían, mucho menos construirían 5.000 escuelas bien equipadas y con toda la capacitación del personal académico y administrativo que eso implica. No gestionaban adecuadamente el suministro de alimentos para la población, por supuesto, importados, controlando simplemente el texto de una etiquetita que decía: *"Fecha de Elaboración: XX - XX – XXXX, Fecha de Vencimiento: XX - XX – XXXX" y* la comida se les podría. No construían hospitales de atención especializada, y los que había, no los dotaban de equipos, implementos y personal capacitado y bien remunerado. No tapaban los huequitos de las calles ni reparaban los puentecitos, ni siquiera en las localidades donde los gobernantes simpatizan con él. No promovían la cultura científica, como proceso de desarrollo consistente e inclusivo. No incentivaban el emprendimiento privado con todo su cargamento de innovación en altas tecnologías. Ni con empresas expropiadas ya instaladas y full equipadas fabricaban una maquinita de afeitar desechable, diseñada por ellos mesmos. Se les escapaba de las manos hasta el sufrido pago de salarios a los obreros de las empresas expropiadas, por mala gestión y corrupción. Realizaban malísima administración de los servicios públicos por desinversión, descuido, lujuria realenga e ineficiencia; además, el universo lo colocó en un país con una exuberante cantidad de recursos naturales como lagos y ríos vergatarios, dentro de los más grandes del mundo y no los aprovechaban para crear la infraestructura energética que países desarrollados tienen sin poseer la magnitud de éstos regalos naturales y con el país hecho pedazos, en medio del azote de un frenesí orgásmico y deleitoso, escurriendo su baba narcisista, se le ocurrió ordenar la construcción de una Planta de Energía Nuclear... osea, un cachivache radiactivo. Posiblemente fue un chiste y todo se malinterpretó... pero ¡tremenda chorreada nos echamos!

Carta del autor a Misifú

Epa Chacu; te saludo y te envío un caluroso abrazo vergopoliano y revolucionario y aprovecho la ocasión para hacerte el siguiente reclamo (menos mal que no te tengo cerca): Yo soy tu asesor, tu pana, tu amigo; envíame emails, mándame fotos por Fuckbook de los viajes de tu familia a Disneylandia y de los conciertos en Europa, mensajes de textos y todo lo que tú quieras, pero Güey ¿cómo vas a mandar a construir una Planta Nuclear? Si lo haces ¡Salgo despepitado cuan botellazo de meretriz amanecida para el otro lado del planeta; mínimo a 10.000 Km. de Vergópolis! ¿Con ese saco de pava que tú llevas guindado en el pescuezo y el respaldo curricular de tu caballería de bestias?... ¡nooo señor!

Te he presentado con mucho cariño una estrategia para destruir el país sin bombas atómicas; la diseñé con entusiasmo de párvulo cumpleañero, ignorando tus estúpidas veleidades comunistoides, y vienes a retribuir mi noble esfuerzo metiéndote en el peo nuclear, ¡NO SE VALE COÑO!; en mis cojones siento el ardor de la traición por tu deshonrosa actuación; espérate por lo menos a que practiques todas las tácticas del manual y te diviertas en el recorrido. Si tus excelentísimos ingenieros de la revolución tapan unos huequitos de una calle y vuelven a aparecer a los tres meses, imagínate operar una planta nuclear. Si llegase haber una fuga de líquidos o gases radiactivos en ella, se puede repetir lo ocurrido en Chernóbil, antigua URSS, produciendo una catástrofe de magnitudes épicas, antes de la aplicación total del manual; entonces, lamentablemente, tendré que pedirte me devuelvas el libro, sin derecho a réplica y sin que puedas reclamar la garantía.

¡UNA DE DOS CARAJO: O LA PLANTA O EL LIBRO!

Ojalá que de tu efímero cerebro brote una mejor idea para destruir esta vaina...

Encabronado me despido, no sin antes desearte que pierdas las elecciones...mardito...

Después de leer la carta, no sabemos si porque le remordió la conciencia o le dio culillo, pero desistió la construcción de la plantita.

"Tú serás el Tacamahaca, pero aquí te sientas"
La Poceta

El Cuento de Miyuka

Erase una vez, una chica llamada Miyuka Ketesake, comerciante japonesa casada con Ismael "Ratón" Pérez, un humilde terrícola que trabajaba con ella en un puerto, refrigerando la comida que importaba el gobierno. Todos los días fallaba la electricidad, por lo que no había calefacción. Un día, Miyuka estaba tiesa y lloraba por el frío y como *Ratón Pérez* siempre estaba de parranda, decidió montarle cachos con Huguito, un soldado que le *pintaba muchos pajaritos.*

Un día Huguito la visitó en el negocio y *Ratón* no estaba, se metieron en una de las cavas de alimentos -que todavía no estaban podridos-, le subió la falda y le agarró las nalgas, y ella le advirtió con angustia: *"Hugo, ya chaves que están flías!..."*. No sé en que paró el cuento, pero a la final, Hugo supo lo fría que estaba Miyuka.

X Cumbre Energética de Alto Nivel China – Vergópolis

Conversaciones de Misifú con el premier chino Chou Nhosoi Wuón

Chacumbele inicia la reunión asistido por su Ministro de Energía y Luz, Rafael Nilomírez.

— Estoy muy complacido de contar con su presencia señor Primer Ministro Nhosoi Wuón.

— Tú si ele –aventura el Premier asiático mientras se lima las uñas.

— ¿Yo qué mi señor?

— No, nala.

— ¡Ah, caray, mira Rafa, el Primer Ministro aprendiendo de nuestro sentido del humor! ¡Qué bueno, mi gran amigo! Como le decía al principio del inicio cuando comenzaba esta reunión, me complace que viniera a nuestra humilde morada para formalizar el Gran Magno Proyecto Energético Liberador mesmo, que beneficiará a millones de ciudadanos humildes del mundo, al pueblo pobre que fue oprimido, asaltado, esclavizado y subyugado por los imperios coloniales durante centenas de años y que nos permitirá la liberación definitiva del imperio que gobierna Parack Obaspalacama, negrito mosquita muerta que no es más que la continuación de *Mr. Danger*, y que si me descuido, se queda con mis reservas en oro y con mi queso también. Mi solicitud es básicamente su apoyo financiero para la realización de este ambicioso proyecto.

— ¿Y cuántos lólales tienes tú pa` eso?

— Bueno, su excelencia, lo que me pida...a excepción de las tierras de mi *patio trasero*...usted sabe...ya se las ofrecí a Fideo Elastro.

— Tlanquilo, honolable *Misifú,* tu *patio tlaselo* no vale ni pa un leflesco.

— Eh...bueno...El proyecto tendrá un costo de unos veintiocho mil millones de dólares –señala Chacu.

— OK. Yo te loy los liales, pelo filmas hipoteca le tus campos petlolelos pa que me lés petróleo pa tola la vida y balato, y yo te mando las maliquelas que tú quieles: computalolas, livilís, celulales y emepetlés.

— ¿Estás viendo Rafa, cómo se hacen los negocios? ¡Fuera el imperio y ya nos hubieran exprimido con condiciones impagables! ¿ah? Solo para hacer ganancias ¡Es que se olvidan de la humanidad! Si tenemos suficiente ¿por qué no hacer un gesto solidario de apoyo al planeta? ¡Ese es el capitalismo salvaje, Rafa! ¿Donde pongo la firma mesma su excelencia?

— Pol aquí... apúlate.

— Bueno, hecha la firma, se ha materializado el Gran Proyecto Energético Liberador ¿Y hacia dónde se dirige ahora, excelentísimo?

— Neglito Obaspalacama me espela en su casa blanquita, quiele compláme petlóleo. Fue bueno hacel negocio contigo Chacu. Tú eles como yo, tolo un Wuón.

"Amigo, el ratón del queso."
Anónimo

Postura No.13
Demonizar las sotanas

"El Diablo es optimista si piensa
que puede hacer peores a los hombres."
Karl Kraus

Por profundas adoraciones

han perecido civilizaciones enteras
por entidades espirituales y religiones
de poderosa arma anacoreta

Difícil de doblegar
es el poder espiritual
con escudo se quieren blindar
de toda amenaza inmaterial

Trasciende a la necesidad
al hambre y a la sed
a la agonía y a la precariedad
con alma dura como una pared

Con su histriónica envidiable
armó su convocatoria
auto sacrificio abominable
en infernales valles de victoria

A las íntimas fibras de carencia
llegaba con su verbo
estratagema de la clemencia
fue su sórdido acervo

Transpolar la ilusión espiritual
para arrestar del lumpen su mente
transfigurar la imagen del ritual
por la ignominia del pueblo reverente

Chacumbele se auto niveló
al Cristo revolucionario
imagen benevolente utilizó
y justificar sus dislates reaccionarios

Jesús revolucionario
Jesús guerrillero
Misifú revolucionario
Chacumbele guerrillero

De la Virgen hicieron imagen
cargando una ametralladora
con el niño en regazo de equipaje
fue indignidad calumniadora

Conmiseración inmoral
embadurnada de intemperancia
con insultos a dignatarios en coral
no se salvaron de la peste rancia

Después la culpa lo abrumó
pues su espíritu estaba en conmoción
pidió perdón y su culpa confesó
para no caer en condenación

Pero seguían en santería
con cardumen de ritos satánicos
sabrosa fue la brujería
y pacto con Diablo mesiánico

"¡Soy ateo, gracias a Dios!"
Luís Buñuel

Dios, El Diablo y Chacumbele

Estaba el Diablo en sus quehaceres diarios, estresado porque algunos países estaban bajando la tasa de crímenes; todavía mantenía un alto nivel de consumo de drogas pero no estaba satisfecho. Los asesinatos masivos en las escuelas eran muy infrecuentes y no hallaba cómo hacer subir la corrupción, las violaciones y los homicidios.

Después del éxito que obtuvo al crear la crisis financiera mundial, comprendía que muchos triunfos simultáneos eran de difícil consecución. El imperio estaba retirando las tropas en Afganistán y estaba de mal humor, por lo que se conformó, por los momentos, con los muertos de la primavera árabe, que le podían mantener una leve sonrisita en la cara.

Sin embargo, estaba muy feliz cuidando a la niña de sus ojos: Vergópolis. Contentísimo observaba como se mataban entre ellos mesmos: 120.000 homicidios en diez años y sin un tanquecito de guerra. Se desinteresó en Irak porque en Vergópolis eran más eficientes: en una semana en Bagdad podía haber 100 muertos, empleando 100.000 soldados, en cambio ese mismo número se hacía en Vergópolis entre un viernes y un sábado cualquiera con 10 o 15 malandros... ¡Uf, se los llevaban por los cachos! Además, con la corrupción del sistema de justicia, los secuestros y los robos, saltaba en una pata, pero todavía no conocía personalmente a *Misifú*.

Las noticias de la actuación de Chacumbele volaban por el infierno como las películas de Hollywood. *Misifú* era una estrella; todo el mundo hablaba de él.

Las diablas en la peluquería comentaban:

— ¿Te enteraste de lo último de *Esteban*?
— No ¿que hizo?
— Les dijo a los curitas que todos eran una cuerda diablos...
— Jajaja, tan bello. Ojalá lo traigan pronto... yo seré la primera en saltarle encima...
— ¡Chama tú si eres diabla! jajaja.

En los botiquines:

— Chamo yo le dije al hijo mío que si pasaba todas las materias lo iba a subí a Vergópolis de vacaciones pa` que conozca al pana Chacumbele.
— ¿De verdad pana? Pero tienes que ahorrá bulda ¿no?
— ¡No vale! Cuando vengan a dejá a alguno de los ministros, aprovecho el viaje de subida, jajaja; ese pana es bulda de solidario... y así el carajito se me distrae un poco. Vergópolis es como un palque diversiones, matamos a uno por aquí, robo por allá, secuestramos a unos mocosos con plata... ¡y nadie mete preso a nadie, y menos si eres rojo! ¿Qué tal?
— ¿De beldá pana?
— A vaina, no es muela... vamo a gozá un bolón... jajaja... y es que este Diablo de aquí esta peldiendo fuelza...
— Si vale, está bulda de quedao...

La secretaria del Diablo, leyendo la página de espectáculos de la revista Evil Vanity, le comenta a su jefe Belcebú:

— Ay doctor, quisiera que me dé un permisito el jueves que viene para subir a Vergópolis a ver una alocución de Chacumbele; el tipo es están sexy cuando insulta a la oposición que no me lo puedo perder... ¡Más fino!

— ¿Y cómo vas a hacer? ¿Dónde te vas meter los cachos y la cola? Le pregunta el Diablo.

— Eso no importa. Me disfrazo de foca, y como todos se visten de rojo ¿Quién se va a dar de cuenta? Sentadita allí le aplaudo todas las estupideces y paso una tarde divina...

Lucifer, ya celoso por todo lo que había oído hasta entonces, ordena a su ministro de comunicaciones se presente en su oficina:

— Mira *Risura*, quiero conocer a *Misifú* ¿Tiene cachos y cola también? ¿Qué es lo que hace para que hablen tanto de él?

— Si, su majestá...eh... bueno... no tiene cachos; lo que tiene es una verdurita... o más bien una frutica...y a decir verdad... le queda tan cuchi, jijiji- Comenta el ministro.

— Aaayy vale, ¿tú también? Te pareces al ministro ese de Chacumbele que sale por la TV ¿*Risitta* es que se llama?- Aventuró el Diablo.

— Disculpe doctor; pero es que el tipo... no es por nada... sabe bien lo que hace...es una estrella; fíjese que dividió al país entero; lo polarizó en clases y con su discurso promovió el odio y la violencia y...

— Si si si ok ok. Lo interrumpe Satán.- Ese gilipolla se la tira de malo... ¡ja! Lo quiero traer para acá... y lo voy a hacer yo personalmente; vamos a ver quien es quien.

Satanás se monta en su ascensor personal y sube hacia Vergópolis.

Al llegar, sale a una avenida por una alcantarilla; se asoma un poquito cuidando que no lo vean. Atisbó por una rendijita una cantidad espectacular de huecos; aguas negras corriendo por doquier, mendigos pidiendo limosna en las aceras, buhoneros sobreviviendo, malandros robando a la gente...y comenta:

— ¡Wao! No sabía que esto era tan bonito... el tipo como que es bueno de verdad...

¡PUFF! Desaparece.

Con un candelero, chispas y humo se le aparece a Chacumbele ¡PUFF! Abriendo su capa de par en par le dice:

— ¡Ajá *Misifú*! ¡Vine a buscarte!

Chacumbele pega un salto y grita con terror:

— ¡¡¡AAYY Dios mío... Satanás!!!
— Ay Dios mío nada... Después que has cometido tanta maldad y destrucción ¿vas a decir Dios mío? Ahora si estas chorreado ¿verdad? Mira pajarito, subí porque me tienen la oreja caliente de chismes, porque y que hay en Vergópolis un tipo que se quiere parecer a mí. Y yo te pregunto: ¿Cómo es la vaina pana? ¿Qué es lo que te pasa? ¡Veme la cara! ¿Tú como que quieres competir conmigo o qué? ¡El único Diablo aquí soy yo! Comenta

Satanás amenazadoramente.- Ahora te vienes conmigo para que sepas lo que es un infierno de verdad.

— Pero ¿cómo hago señor Diablo? No puedo dejar el país solo ¿Quién lo va atender?

— Eso no importa. Di cualquier excusa; deja a cualquiera encargado, que es lo mismo que no dejes a nadie. Mandas desde allá abajo apunta de Twitter... ¿no es lo que ya vienes haciendo?

— Está bien señor Diablo...usted es el que manda.

Satanás lo agarra por el cogote y ¡PUFF! desaparecen.

Mientras bajan por el ascensor, Chacumbele iba con los ojos pelados, viendo qué podía copiar. Se quedó impresionado cuando pasaron por el purgatorio...le pareció una belleza, y comentó:

— ¡Ay, yo quiero uno así!

— ¿Y pa` qué? Pregunta el Diablo.

— ¡Coño pa` meté a la oposición antes de las elecciones y quemarlos vivos!

— Jajaja, tú eres malo ¿no? Quédate quieto *Estebita*, si pasas la prueba lo tendrás. Estamos llegando...

Al llegar al mero centro del infierno, Satanás le da un tour, mostrándole las horribles torturas y agonías de las almas condenadas, pero Chacumbele ni se inmuta. El Diablo lo dirige hacia sus aposentos: una paila de lujo roja rojita, y le dice:

— Esteban Chacumbele de las Frías Candangas, aquí te dejo, en una de mis mejores Suites, para que no te quejes. Firma aquí este contrato entre tu y yo, en el que me comprometo a albergarte por dos meses y enseñarte las agonías por las que soy mas malo que tú. Mañana comenzaras a vivir como deben vivir los condenados... a ver si puedes superar eso.

¡PUFF! El Diablo se esfuma, pero comete un error: no le pone el cerrojo a la puerta del sartén y una cantidad ingente de diablitos y diablitas se atropellan en la suite para pedirle autógrafos a la estrella recién llegada. Toman fotos, lo entrevistan, se escuchan gritos y desmayos... y Chacumbele piensa: "¡...soy famoso hasta en el infierno mesmo! ¿ah?..."

Las diablas viejas conversaban:

— Es más gordito de lo que yo pensaba- Decía una.
— Y con más barriguita... ¿no y que había perdido el pelo?- Preguntaba la otra.
— Yo no sé chica... igualito me lo raspo... ¡jajaja! -Se ríen las dos.

A las cuatro semanas, el Diablo está en estado de shock, angustia y depresión; camina por su propio fuego lleno de pánico y tormento. Casi no sale de su budare; le cambió la voz y no dice groserías, y hasta se le aclaró la piel, tornándose rosadito.

Chacumbele entraba y salía del infierno como *Pedro por su casa*; proclamó un éxodo que lo dejó vacio; no había calor ni para asar una arepa. A todos los demonios se los llevó para la Tierra y los colocó en los ministerios, en el partido, en los colectivos y en la Asamblea Nacional.

Lucifer, en vista de su incontrolable desesperación, se dispuso realizar algo absolutamente bizarro y espeluznante: pedirle ayuda a Dios, así que se dirige a su oficina y le escribe al Señor de los Cielos:

Infierno, 04 de Febrero del 7.728.948
Año 2012 Después de Aquel
14 de la Revolución
Paila Number One

Estimado Papá DIOS;

Sé que los últimos tiempos no hemos tenido muy buena relación que digamos; he tratado de cumplir con mis obligaciones como Diablo y señor de las tinieblas: malo y despiadado como se me encomendó ser desde el principio de los tiempos.

A pesar de todos los obstáculos, es decir, el incremento de la fe que la gente ha desarrollado en ti y el crecimiento de la divulgación de las películas de terror (por lo que ya no asusto a nadie), me he mantenido fiel a mis convicciones y he sido consistente en mi trabajo de humanista, proporcionando a los terrícolas todos los placeres y exquisiteces mundanas que me piden, cosa que, modesta y respetuosamente, tú no les das, pero la vida del universo es dinámica, y al parecer, ningún lugar o dimensión, se escapa de los aleatorios efectos cataclísmicos que dinamizan tu voluntad.

Te quiero hacer una pregunta: ¿Dime qué cosa tan terrible pude haber hecho yo para merecerme tan horrible destino que has dispuesto para mi existencia? Como tú todo lo ves y nada escapa de tu observación, ya te habrás dado cuenta que cometí, ante tus ojos, el peor error de la historia del universo; ¿por qué me permitiste haber traído a ese carajo para acá? Me estoy refiriendo a ya tú sabes quién... al innombrable, al Diablo ese... la Misifú!

A todos mis demonios empleados fijos que gozaban de sus beneficios los mandó a renunciar y los puso de buhoneros en el limbo de las empresas, y que por que yo soy un capitalista salvaje. Montaron bares con Karaoke de Ballenatos al lado de mi paila y no me dejan dormir; también me expropió los terrenos de reserva para las almas del siglo XXII y XXIII; todos los fines de semana se asoma en el balcón de su paila tirando promesas por horas y después no me limpian el piso de todo ese desastre de basura que dejan, y hasta me expropió unas pailitas que tenía guardadas pal futuro, tu sabes, pa` dejárselas los niños ¿de qué van a vivir mis bebecitos que apenas les están brotando sus cuernitos, sus colitas y sus colmillitos? ¿Es que no te da lástima? Me dijo que las usaría para freír a los curitas y a la oposición.

También les hizo más promesas a las almas condenadas de las que yo pudiese haber hecho sobre la faz de la tierra en toda mi candente vida, que ahora parezco un angelito de esos que trabajan contigo (sin ofender, daddy).

Puso de moda la "candela socialista" para eliminar la meritocracia: antes, el más malo tenía más candela, ahora hasta los diablos mediocres tienen un volcán, porque vino con esa vaina de que "...ahora esta candela es de todos..." ¿ah? ¡Qué bolas tiene éste!

Quise cambiar mis cachos por verrugas a ver si recuperaba mi liderazgo, entonces los puse a remojar con bicarbonato pa` que se ablandaran... y nada; le dije a la bruja Cilia que me echara un maleficio para que me saliera al menos una...y no pudo. Yo tenía mis candelitas amarillitas, y el perro ése las tiñó de rojo con Wiki Wiki.

Papi me siento hasta violado; si, violada mi identidad y mi integridad. Ya no se quien soy ni donde estoy; ya no tengo ni el sublime recuerdo de haberle deseado mala suerte a alguien o haberle puesto una concha de cambur a una vieja; no puedo ni echarle una diminuta maldición a un terrícola antes de dormir porque me echo a llorar...estoy destruido.

Dios Santo, se están cambiando de sartén y me están dejando sólo; hasta mi mujer me dejó por él, porque y que ya el asunto lo tengo frío y no digo malas palabras ni embustes, en cambio él tiene la lengua que yo tenía cuando fundé mi infierno; me dijo que me tomara un tetero de Viagra con kerosene ¿tú sabes lo que es eso? ¡Qué falta de respeto!

Con mucha razón lo oí decir "...a ese Cardenal me lo voy a conseguir en el infierno..." Claro, el muy cínico ya había pensado venir aquí a expropiarme mi vaina que con tanto esfuerzo encendí, pero tienes que recordarle que expropiar es robar, y mi infierno no me lo va a poder pagar, porque no tiene precio.

Añoro los viejos tiempos de sana maldad, como cuando quemé a Troya, sonsaqué a Hitler para el holocausto judío y hundí al Titanic, tiempos que difícilmente volverán... a menos que hagas algo ya... ¡coño! Te pido por el amor de Dios... bueno...por lo que más quieras, llévate a ese diablo de aquí... ¡ya no lo soporto!

Desesperadamente;

P.D. No firmo porque ya no sé quién soy.

Respuesta de Dios a las plegarias del Diablo

El Cielo, 04 de Febrero del mesmo año
Año 2012 Después de mi Niño
14 de la Revolución
Nube Number One

Querido hijo rebelde;
En respuesta a la solicitud que habéis formulado, enviaré instrucciones mediante Oficio Celestial para que sea habilitada una carroza expresa, a través de la cual se realizará la transferencia del hospedaje del señor Esteban Chacumbele de las Frías Candangas hacia los santos aposentos del cielo en forma inmediata... para que dejéis el lloriqueo... no es para tanto.
Atentamente;
El Señor del Universo

P.D. Os enviaré un ángel representante del Sublime Ministerio de Economía con la nota del Punto de Cuenta para que registréis en vuestros pasivos los costos a que hallare lugar.

A *Misifú* lo trasladan al Cielo en contra de su voluntad, amarrado como un loco, y después de dos semanas allá, actuando por cuenta de su naturaleza, hizo el mismo desastre que en el infierno, por lo que Dios, echando rayos y centellas interpela al desituado caudillo.

— Os traje al Cielo a ver si cambiabais su actitud y os convertía en ángel...

Chacumbele lo interrumpe:

— 🎵 Yo soy así... es mi forma de ser... que te puedo decir... amor...

Dios:

— ¿Es que también os dais de gracioso? Una cosa es que os haya puesto con los terrícolas para que ellos aprendieran de misericordia y humildad y la otra es que vengáis aquí a joderme el Cielo... ¡vos no seáis pendejo! ¡Ahora os *Descielo!* (Que es lo mismo que el destierro, pero allá arriba). Pero, esperad, vos eres una de mis obras que no tiene retruque, es decir, no te puedo deshacer, entonces acudiré a la postrera y última línea de defensa...

Dios rompe el cristal de una cajita pegada a la pared que decía: *"Romped el cristal en caso de emergencia"*, y saca una cajita con siete pastillitas azules, y le da una a Chacumbele:

— Ingiere este pequeño alimento comprimido y hablamos en una semana...

Chacumbele se la toma y se retira a su nube. A las dos horas, sale corriendo para el baño con terribles cólicos y una diarrea insolente. Así pasa una semana, yendo al baño cada media hora; después, se presentó ante Dios como se le indicó.

— ¿Cómo os ha ido Sr. *Esteban*?

— ¡Coño Dios! ¿Cómo me va a ir? ¿Qué fue lo que me diste? ¡Por una semana viví en el baño mesmo!

— Ya todo pasará hijo; ahora tomad esta otra y venid a mi trono en una semana.

Chacumbele se traga su pastillita, y a la hora, comienza la fiesta; otra vez pal` baño. El asunto se repitió cada semana con el resto de las pastillitas. A la séptima y última semana, se presenta *Misifú* arrastrándose ante Dios; pálido como un cadáver, con ojeras de mapache y contemplación estoica, y con el cachivache trasero destruido, masculla unos silentes gemidos.

— Dios... piedad... piedad...

— ¡Sr. Esteban Chacumbele, me complace veros de nuevo! Permitidme explicarle: cada uno de los comprimidos que usted ha ingerido en las últimas siete semanas, corresponde a cada uno de los siete pecados que usted no deberá reincidir, y son los siguientes: La expropiación de bienes, la represión y persecución a opiniones contrarias, el hostigamiento a los medios de comunicación, el narcisismo, la ineptitud, vender la patria y ser mentiroso y feo -este último es de ñapa, jeje. En realidad son incontables tus pecados, pero si os doy más comprimidos ¡os mato!

— Pero ¿que tienen que ver esos pecados con mi trasero? Preguntó *Misifú* con voz temblorosa.

283

— Por una sencilla razón hijo mío: *¡¡¡ES PARA QUE NO OS OLVIDE MÁS NUNCA EN SU PUTA VIDA PARA QUÉ SIRVE EL BENDITO ORIFICIO QUE OS COLOQUÉ EN SU ESPALDA!!!* A ver, repita conmigo: PA – RA – IR – AL – BA - ÑO ¿si? Otra vez: PA – RA – IR - AL – BA - ÑO ¡¡¡NO PARA CAGAR A NINGÚN PAÍS... ¿¿¿AHORA HA COMPRENDIDO???

— Oh, si Dios mío: Pa –ra – ir - al – ba - ño... Buaaaaaaaá.
— Dejad el gimoteo y apresuraos para que toméis la carrosa de las 7:00pm para la Tierra... ¿o queréis otra pastillita?
— ¡¡Oh no, no, no, Dios mío no!!!
— Entonces, salid de mi vista y ni se os ocurra venid para acá de nuevo... Cuando os muera, veré qué coño hago con vos.
— Si, gracias diosito lindo... muá muá muá

El Diablo se enteró del castigo de Dios a Chacumbele y de inmediato le mandó un *pin*: "*...si me lo mandas de vuelta, me desinfierno...*" -osea, se va al exilio.

"Huye de las tentaciones,
despacio para que puedan alcanzarte"
Les Luthiers

La Resurrección

Como el Diablo no quería en definitiva que Chacumbele regresara al infierno nunca jamás, forever and ever, le manda un email para darle una idea:

De: satanás666@suplicio.com
Para: candanga001@chacumail.com

¿Cómo está señor *Esteban*? He visto la magnífica labor que ha estado realizando en Vergópolis y por lo que observo, como que volvió a sus andanzas ¿no? jeje... ¡siempre de insurgente! me he tomado el atrevimiento, muy respetuosamente, de darle esta idea para contribuir a su progreso:

Para las próximas elecciones presidenciales, pierda a propósito, es decir, déjese ganar. Como ya usted y sus querubines (los traidores que me saltaron la talanquera) han raspado la olla grandemente, el *Majunche* empezará su gobierno con el país arruinado, como quedó Europa después de la 2da. Guerra Mundial. Entréguele el coroto como si nada. Luego comenzamos a sabotearle la gestión, usted sabe, una bombita por aquí, otra por allá, quemamos fincas, volamos oleoductos, puertos, alcaldías, aterrorizamos a los pueblos fronterizos, secuestramos funcionarios... bueno, todas esas travesuras por los seis años siguientes. Para las próximas elecciones, como al *Majunche* no le habrá funcionado nada, ni habrá logrado lo que prometió, entonces usted se lanza pa` presidente y lo hacemos ganar, regresando al poder como la segunda venida del Mesías... la resurrección, y será adorado como nunca antes, per saecula saeculorum... ¿Qué le parece?

De: candanga001@chacumail.com
Para: satanás666@suplicio.com

¡Diablo! ¿Qué estás comiendo? ¡De repente estás inteligente... te estás pareciendo a mi mesmo ¿ah?... jajaja! Mira Diablito, vente a trabajar conmigo, tengo un cargo vacante en el Consejo de Estado, pa` que ayudes a José Vidente; el pobre viejo debe estar halándose los pelos... jajaja. Te pongo dos asistentes pa` que no trabajes tanto: a Hedía Encagua y a Meado Camello; de secretaria te coloco a Iris, que no hay cura en la Tierra que le saque los demonios a esa mujer, jajaja -sin ofender pana- y de mensajero te pongo a Walkid Macklaud, que ahorita los están enjuiciando, pero yo lo saco y te lo meto a ti... jajaja, y lo que Dios te paga pa` que estés en ese calderito ¡te lo triplico chico! y así terminamos con el imperio, con sus lacayos de la oposición y con los curitas de una vez por todas ¿Qué te parece diablura?

De: satanás666@suplicio.com
Para: candanga001@chacumail.com

Está bien señor *Misifú*, acepto su propuesta, pero no se olvide que acaba de lanzar la nueva Ley Organopónica del Trabajo, que con todo y que fue aprobada por usted como halada por los cabellos y por correspondencia, a mí también me tocan los beneficios... y mi retroactivo...

De: candanga001@chacumail.com
Para: satanás666@suplicio.com

Mira Diablo, te pusiste exigente; voy a bajar para allá para hablar contigo personalmente a ver qué chucha es lo que te pasa...

De: satanás666@suplicio.com
Para: candanga001@chacumail.com

¡No señor *Esteban*! ¡Perdón, perdón! Lo que usted quiera... pero por piedad ¡no venga! Mire, si quiere no me pague prestaciones sociales, déjeme guindao con el contrato colectivo como a las industrias básicas de Vergópolis; tampoco me pague ni salario ni cestatique, pero tenga la misericordia de no bajar... pa` que me alcance el yesquerito que me dejó mi abuelo de recuerdo hasta final de mes, porque una cajita de fósforo está tan cara que tuve que empeñar el tridente para poder encender una fogatica... por favor excelentísimo y amado señor Misifú... ¡no venga!

De: candanga001@chacumail.com
Para: satanás666@suplicio.com

Ok vale... deja el berrinche... date... te espero aquí.

"Aquellos que anuncian que luchan en favor de Dios
son siempre los hombres menos pacíficos de la Tierra.
Como creen percibir mensajes celestiales,
tienen sordos los oídos para toda palabra de humanidad."
Stefan Zweig

Postura No.14
El Arte de la Sumisión Vulgar

"...I love your revolution...!"
Halland Bolland

Cultura es la identidad de la sociedad

la percepción de múltiples patrones
desarrolla la creativa capacidad
y el arte en todas las direcciones

Diversidad perceptiva
es desempeño intelectual
y limitación inquisitiva
empobrecimiento cultural

Colores gentes y lenguas
hacen grandiosos artistas
hablar en una sola jerga
produce solo chamiza

Fotografía pintura y cine
escultura música y arquitectura
así toquen el vals de los cisnes
a revolución suena hasta la hartura

Factótum entrometido
que violaba el derecho cultural
hasta el arte quedó corrompido
con el más terrible cangrejal

El arte es la cultura patria
si va en sentido de la revolución
te tapujan de rojo los mandrias
que pierdes lo bello y su dirección

Gestas emancipadoras de siglos pasados
de próceres y heroicos personajes
ensayo creativo encajonado
de momias que van pal drenaje

Conductas ejemplares de insurrección
eran los personajes de la revolución
rebeldía, radicalismo y perturbación
para ser transmitida en radio y televisión

Si hay crítica directa o subliminal
no hay exposición de tu galería
te ven más como un criminal
por contrariar al régimen de porquería

Mucho fue el daño a los niños
meterlos en jaulas creativas
disfraces de arte y cariño
doctrina y basura agresiva

Es el deteriorar la capacidad para imaginar
también de crear innovar y comunicar
cuando obtusos desean adormitar
los sueños del creador poetizar

Museos teatros y academias
son espacios de libre contemplación
expropiación toma y pandemia
fue lo que trajo la revolución

Pasillos de organismos e instituciones
se adornaban con fotos de caudillos
eran las profundas inspiraciones
con los próceres del tiranillo

Cirque Du Chaveil

Mundo espectacular de ajetreo portentoso y mágico, de impresiones abracadabrantes y de sorpresas de infarto que no daban lugar a más pasmosa admiración, que a su vez mezclaba el fatalismo con la contrariedad y hasta con el fastidio y lo fatuo; fue la carnavalada tierra de Vergópolis, rincón geoprostituído singular que presentaba su decadencia circense como una gangrena rochelera.

Asombrando a propios y extraños con deleite de cosa exótica, su gobierno puso en escena fantásticas maromas que no tenían parangón. Con su despliegue de histrionismo atarugado de luces y lentejuelas, marchaban por el centro del adminículo todos sus protagonistas:

El presentador (¿Quién más podría ser?): Chacumbele

290

Los mandrakes: Giormanni y José Vidente.

Los equilibristas: Alí Consíguez Maraque, Mendigo Cabezas y Rafael Nilomírez.

Los forzudos: Iris Pasarella y Parek El Salami.

Los trapecistas: Meado Camello, Hedía Encagua y Arengóbulo.

Los domadores: Cocuisa Entrega Aldía y Embriogenia Sale.

Los malabaristas: Cocuisa Estrella Mohales y Cilia Flowers.

Los funambulistas: Aponte Aponte y Alcaray.

Los Acrobáticos: Nisabías Consíguez y Vharias Kárdenas

Los payasos, reencarnando a Gaby, Fofó y Miliki: Andrés Risitta, Mario Shimba y Valter Jalatínez.

Entre luces, gurrufíos y fuegos artificiales, Chacumbele introduce con una apoteósica entrada; con saltos mortales salen Meado, Hedía y Arengóbulo guindándose de los trapecios electorales a ver si consiguen una vainita. Cocuisa Estrella y Cilia agravan el abuso y la impunidad promoviendo el decreto de leyes inconstitucionales mientras Aponte Aponte y Alcaray hacen equilibrio para decidir hacia qué lado echan la paja. Iris y Parek realizan poses mostrando sus minúsculas armas para enfrentar a la criminalidad y aplacar el peo carcelario, pero muestran toda una artillería para reprimir las marchas, hostigar a la oposición y echar gas del bueno, acto que realizan simultáneamente con los magos Giormanni y José Vidente, que mientras esconden las reservas del presentador, ayudan a desaparecer las armas de los Pranes también. Saltando de una embajada a otra y de uno a otro ridículo cargo estaba Isaías

Consíguez porque no servía para nada, y Vharias Kárdenas, saltando y resaltando talanqueras según su conveniencia. Alí Consíguez maraquea la luz y Cabezas pone un colchón de plata y corriendo al centro del ruedo para atajar a Rafael que se lanza desde el poste de luz que se había apagado y no veía un carajo, y menos al tigre y al león del pueblo furioso y enfermo que esperaban a que el peliblancucho cayera dentro de sus fauces, cuyas jetas abiertas, Cocuisa Entrega y Embriogenia trataban de domar. Ninguno pudo solucionar las viviendas de los damnificados ni los huecos de la carpa por donde se metía el agua. El Topo Gigio, que era el artista invitado, se emparamó y se retiró a sacarse el queso; por otro lado, en acto de desesperación por la inundación, salen Chapoteando por una de las puertas Gaby y Fofó haciendo morisquetas bufoneras para hacer reír a las focas, mientras Miliki viene atrás secando el meado, que no es el de Camello sino el de Gaby, por reírse demasiado con su famoso y estrafalario *Jijijí*.

Y para cerrar, un estrambótico acto final saliendo todos al centro, incluyendo el presentador, en una meada colectiva a la constitución... y las focas... aplaudiendo hasta más no poder.

Adivina adivinador

.- ¿A qué pollo Chacumbele no dejó entrar a su propio corral para la conmemoración de un aniversario de la patria?

Al pollo con Cara de Bobo.

.- ¿En qué se parecen Lee Harvey Oswald y Joao De Guayabeira? En que los dos usaron balas locas. ¿Y en qué se diferencian?

En que Lee Harvey usó una y Joao vació el guacal.

.- Agua no pasa por mi casa, ni la electricidad por mi corazón ¿Dónde queda eso?

.- ¿Quién fue el que dijo que se iba a quitar el nombre si no erradicaba los niños de la calle?

.- ¿Quién juró por su madre y por su pellejo que el problema de la vivienda lo iba asumir como un asunto personal?

.- Que hacen Chacumbele con el equipo ministerial y toda la faramalla revolucionaria tomando un avión en un aeropuerto para irse y no volver jamás?
   Haciendo BIEN.

.- ¿En qué mes *Misifú* hablo menos en cadena nacional?

En febrero, porque tiene solo 28 días.

El Cuento de Chacunocho

Hace mucho tiempo, un viejo político retirado llamado Castreto, como se sentía muy solo, cogió una plasta de porquería de un baño de carretera y construyó un muñeco al que llamó Chacunocho.

— ¡Qué bien me ha quedado! –exclamó–. Lástima que no tenga vida. Cómo me gustaría que mi Chacunocho fuese un tirano de verdad.
Tanto lo deseaba que la bruja Cilia fue hasta allí y con su varita dio vida al muñeco.
— ¡Hola, padre! –saludó Chacunocho.
— ¡Eh! ¿Quién habla? –gritó Castreto mirando a todas partes.
— Soy yo, Chacunocho. ¿Es que ya no me conoces?
— ¡Parece que estoy soñando! ¡Por fin tengo un hijo!

Castreto pensó que aunque su hijo era una plasta, tenía que gobernar el país. Pero no tenía dinero, así que decidió vender petróleo para comprar a los jueces, militares y chulos de las adyacencias, y guardar el resto para convertirlo en oro.

Salía Chacunocho con los poderes públicos en la mano para doblegar al país y pensaba: Ya sé, reprimiré mucho para ser un buen tirano y todos me tengan miedo; venderé mucho petróleo y con ese dinero compraré una buena isla a Castreto.

— De camino, pasó por el Tribunal Supremo de Injusticia: ¡Entren, señores y señoras! ¡Vean nuestro teatro de títeres!

Era un teatro de muñecos como él y se puso tan contento que bailó con ellos. Sin embargo, pronto se dio cuenta de que no tenían vida y bailaban movidos por unos hilos que llevaban atados a las manos y los pies.

— ¡Bravo, bravo! –gritaba la gente al ver a Chacunocho bailar sin hilos.
— ¿Quieres formar parte de nuestro teatro? –le dijo Aponte Aponte al acabar la función.
— No, porque tengo que ir a insultar al *Mujunche*.
— Pues entonces, toma estas reservas de oro por lo bien que has bailado –le dijo el magistrado.

Chacunocho escupiendo improperios obscenos contra el flaco *majunche*, se averraca, porque a pesar de esto, el tipo estaba consiguiendo más adeptos cada día, y los que antes le admiraban, le estaban saltando la talanquera, cuando de pronto:

— ¡Vaya, vaya! ¿A dónde vas tan deprisa, jovencito? –preguntó Raúl, un gato muy mentiroso que se encontró en el camino.
— Voy a esconder éste oro que junto al petróleo que estoy colectando voy a comprarle una isla a mi padre.
— ¡Oh, vamos! –exclamó el zorro Putinski que iba con el gato–. Eso es poco oro para una buena isla ¿No te gustaría tener más?
— Sí, pero ¿cómo? –contestó Chacunocho.
— Es fácil –dijo el gato–. Si sumerges tu oro en el Mar de la Felicidad, crecerá una planta que te dará más oro, y el petróleo como savia brotará por montones de ella.
— ¿Y donde está ese mar?
— Nosotros te llevaremos –dijo el zorro.

Así, con mentiras, los bandidos llevaron a Chacunocho un lugar lejos de la ciudad, le robaron el oro y le ataron a una talanquera.

Gritó y gritó pero nadie le oyó, tan sólo la bruja Cilia.

— ¿Dónde perdiste el oro y el petróleo? ¿Cuántas casas ofreciste y construiste? ¿Cuántos niños sacaste de la calle? ¿Cuánta inflación bajaste?
— El Monstruo del Imperio se los llevó; ofrecí dos millones de casas y las construí todas, saqué a todos los niños de la calle y bajé la inflación a un dígito –dijo Chacunocho mientras le crecía la nariz.

Chacunocho se dio cuenta de que había mentido y, al ver su nariz, se puso a llorar.

— ¡Buaaaaaaaá!
— Esta vez tu nariz volverá a ser como antes, pero te crecerá si vuelves a mentir, pero te colocaré una verruga por si acaso–dijo la bruja Cilia.

Así, Chacunocho se fue a la ciudad y se encontró con unos niños que reían y saltaban muy contentos.

— ¿Qué es lo que pasa? –preguntó.
— Nos vamos de viaje a Tirán, la Tierra de la Opresión, donde todos los días son fiesta, no hay oposición y no existe la protesta ¿Te quieres venir? –argumentan Magmudcito, Danielito, Rafaelito, Cristinita y Huevito.
— ¡Venga, vamos!

Entonces, apareció la bruja Cilia.

— ¿No me prometiste negociar con la Comisión de los Derechos de los Pranes? –preguntó.

— Sí –mintió Chacunocho– ya he estado allí.

Y, de repente, empezaron a crecerle unas orejas de burro y una verrugota del tamaño de una papa. Chacunocho se dio cuenta de que le habían crecido por mentir y se arrepintió de verdad. Se fue a la comisión y luego a casa, pero Castreto había ido a buscarle al Norte, con tan mala suerte que, al tomar el avión, se lo había tragado el Monstruo del Imperio.

— ¡Iré a salvarle! –exclamó Chacunocho.

Se fue al Norte y esperó a que el Imperio se lo tragara también. Dentro vio a Castreto, que le abrazó muy fuerte.

— Tendremos que salir de aquí, así que encenderemos una protesta comunista, regalaremos comida, autos y teléfonos a todos los vagos para que el monstruo abra la boca.

Así lo hicieron y salieron volando muy deprisa hacia el Sur. El papá del muñeco no paraba de abrazarle. De repente, apareció la bruja Cilia, que convirtió el sueño de Castreto en realidad, ya que tocó a Chacunocho y lo convirtió en un tirano de verdad, pero le dejó de recuerdo la verruguita, para recordarle eternamente que no debe mentir.

"La cultura engendra progreso
y sin ella no cabe exigir a los pueblos
ninguna conducta moral".
José de Vasconsuelo

Postura No.15
Ruta hacia el Despeñadero

Entornos de miedos y complejos
e imitación de frustraciones
percepción que deja perplejo
hasta a el que viene a cantar canciones

Parece ciencia ficción
pero hasta el turismo puede afectar
badulaques copian la transgresión
en su cotidiano delectar

La conducta del tirano
así como sus modos y posturas
lo copiaban como virus malsano
los vasallos por salpicadura

El trato a los turistas extranjeros
fue macerado en displicencia y antipatía
daba vergüenza hasta en el aguacero
al sacudirlos con repugnancia y altanería

Merma de dádivas necesitadas
como otra vía de sustento
fue la consecuencia inmediata
del mental usagre y su portento

El desprestigio del mercado turístico
se incrementó por la horrenda vista
del barrio marginal característico
y trancas monumentales en autopistas

Fomentar las variables de miseria
mantenía la precariedad habitacional
con servicios de urbanidad chancletera
desmejoraba el turismo internacional

Negligente e irresponsable
fue el proceder del pigre gobierno
en acechos naturales inevitables
vida cotidiana en infierno

Por deslave e inundación
se expropió el hotel bonito
y así fuese por colaboración
en refugio se volvió el recinto

En la ruina cayeron los dueños
por los damnificados que no se iban
eso es lo quiere el gobierno
que quiebres y que le des la lavativa

La desinversión en infraestructura
mermó la oferta atractiva
de maravillas de arquitectura
para dejar su mente cautiva

*"Si los que aman el vino y el amor van al infierno,
mañana verás al paraíso liso como la palma de la mano."*
Omar Khayyam

Postura No.16
Acose de Sindicatos y Gremios

Lo que no lograba controlar
lo compraba o lo alquilaba
en su intento por hacer flaquear
el esfuerzo del que se organizaba

Promovía grupos internamente
para hacer flaquear a las empresas
sindicatos y medios conjuntamente
recibían el billete de su alteza

Primero fue el sindicato de la "ASOCAGO"
con gente armada y ociosa
después crearon "SIEMPRELACAGO"
con la misma intención perniciosa

Postura No.17
La Madre de las Batallas

*"Es fácil ser humorista
cuando tienes a todo el gobierno
trabajando para ti."*
Rodgers

He aquí la más difícil tarea que emprendió Chacumbele, ¡*la madre de las batallas!* –frase famosa de un tirano del medio oriente, al que sacaron de un hueco, le hicieron un lacito en el cuello y se lo entregaron a Doña Gravedad.

Desde que el planeta se formó hace 4500 millones de años, la vida en la tierra se ha extinguido en muchas ocasiones, pero siempre han quedado incólumes microorganismos y especies de animales y plantas que han logrado pasar las cataclísmicas pruebas de la evolución del universo; una de ellas ha sido la especie *Jodedorus Copulosicum*, del género *Pubis Piquiñum;* familia de los *Cojéculum.*

No importa cual haya sido la magnitud de las catástrofes; si fueron choques de asteroides, mojones comunales o cometas del ALBA –Atrofiados, Locos y Boludos Armados-; súper erupciones volcánicas o algún armagedón comunista que haya ocurrido en nuestro gran testículo azul, siempre sobrevive alguna bacteria jodedora buscando copular con cuanto virus se le atraviese; la folla y la chingadera en nuestro ADN es indestructible, por eso, es innegable que nuestra supervivencia se derive de nuestra infalible capacidad de adaptación, poniéndonos en cualquier posición.

Hemos pasado por todas las etapas evolutivas y no ha existido mala cara, insulto o insecticida que haya mermado nuestra facultad de causar piquiñas en las nalgas.

De bacterias pasamos a ser ácaros, pulgas y cucarachas –algunos colegas, lastimosamente, solo llegaron a ser ladillas-; nos gustaban los huequitos tibios y oscuros para protegernos de los predadores, a pesar de los ventarrones y deslaves. Después nos convertimos en gusanos; algunos nos lanzamos a presidentes y ganamos; otros casi ganan, si no hubiese sido por sus incontenibles ganas de reírse por todo.

Con el tiempo, nos salieron patas, colas, bocas y dientes; unos derivaron en lagartos y otros, cuando les afloraron los pelos, se convirtieron en ratas, que a causa de una depravación genética incontrolable, tumbaban gobiernos con una voracidad infernal.

Poco a poco la transformación dio lugar a los perros. Un día, uno le contó un chiste a otro, y aprendió a reír, naciendo la primera hiena. Después de estas, los burros, etapa que duró unos 2 millones de años. ¡Cómo disfruté ser burro! Con mis cinco patas, todas las especies me adoraban, sobre todo entre la una y las dos de la tarde. Después nos volvimos "burrallos", una especie de burro con caballo que podía hablar y usar condones. Luego, la evolución satisfizo una necesidad biológica con creatividad natural: nos transformamos en "burrallomellos" -burro con caballo y camello-, especie que logró desarrollar, además de las cinco patas, dos jorobas: una con whisky y la otra con agua y Alka Seltzer pal` ratón.

Cuando los océanos cubrieron la faz de la tierra, evolucionamos en delfines -de allí la simpatía de Flipper-. Más adelante, los mares cedieron espacios a la tierra seca y nos salieron brazos, manos, piernas, pies, boca pa` gritá y cabellos para halar.

Aprendimos a caminar, y posteriormente a correr detrás de todo lo que tuviera concavidad y pelo –donde había pelo, había alegría-, y surgió una gran diversidad de primates, como monos, chimpancés, orangutanes y gorilas, que, junto a las hienas, inauguraron la primera Asamblea Nacional. Tarzán conoció a Chita y se casó con ella, pero la mona no sabía hablar; solo chillaba y gritaba y él no le entendía; era más o menos lo que ocurría con el pueblo y Chacumbele, pero con más pelos.

Al mismo tiempo, convivían los dinosaurios, que tenían una insaciable predilección por nuestras carnes, por su alto contenido de nutrientes con efecto afrodisíaco; éramos la Viagra Jurásica. Los Chavosauros eran comunistas, y aunque no les apetecían nuestra sazón anatómica -ni para un consomé-, no paraban de perseguirnos, acosarnos y hostigarnos; por eso nos mantuvimos del otro lado de la talanquera. Otra familia prehistórica la conformaban los Demosauros, con variada colorimetría corporal: amarillos, verdes, blancos y anaranjados, pero como sufrían de MUD –Malapata con Urticaria Democrática- vivían discutiendo como atrapar a sus presas; a la final, un milagro de la evolución filtró a cinco de sus especies, y una de ellas, los Caprilosauros, por fin, devoraron a los menguantes Chavosauros convirtiéndolos en históricas páginas antropológicas.

Con todas estas adversidades salvajes, logramos atravesar las barreras evolutivas hasta llegar a ser los *Hummur Sapiens* que somos actualmente.

A causa de una epidemia de alopecia progresiva de los simios, surgieron Adán y Eva *(A&E)*, quienes vivían regocijados en la exuberante naturaleza, sin trabajar y sin stress. Como no habían importado el primer aparato de televisión, no veían novelas ni cadenas, por lo que pasaban todo el día cuchiplanchando: de la choza se iban para el rio; del rio para el árbol, y del árbol para el conuco.

Un día, Eva estaba ociosa y se fue a caminar hasta que llegó al borde del Edén, y en una matita, había un cartelito que decía: "Pibe, si saltás la talanquera, vos serás traidor a la patria. Tampoco comés del fruto de esta matita".

La mata era de yuca, y como Eva nunca había visto ese exótico fruto, lo observaba con entusiasmo y curiosidad. De pronto, de las ramas de la mata, salió una serpiente con una fruta extraña en la frente, luciendo una boina roja y vestida de verde oliva. Sacando y metiendo su lengüita bífida, le dice:

— Hola mi negra. ¿Qué haces por estos lares?

— ¡Fregando los platos, gafo! ¿Qué crees que hago? Estoy fastidiada. Mi marido esta durmiendo su siesta; se cansó de *chaca chaca* y me vine pa` cá. ¿Quién eres tú?

— Yo soy Chacuniflón; toca aquí.

— ¿Dónde? Le pregunta Eva con los ojos pelados.

— Aquí abajo... ¿las sientes?

— ¡Ay si! Son suavecitas...

— Son de *Teflón* cariño; por eso todo me resbala.

— ¡Ay, Adán no las tiene así! ¿Dónde las compraste?

— Después te digo niña.

Chacuniflón se desliza por el árbol, y se le enrolla en los hombros suavemente, metiéndole la lengüita en un oído.

— ¡Chico! ¿Qué haces? ¿Tú crees que yo soy de palo? Exclama la muchachita.

— Mira mulata, cómete mi yuca. –Le invita el bellaco despiernado.

— ¿Esa es tu yuca?

— Mmm ¡Ajá!

Al arrancarla de la mata, la inocente muchachita comenzó a tragarse la yuca de Chacuniflón; no aguantó la curiosidad.

Mientras Eva se zampaba su novedosa verdura, venía llegando Adán, con cara de pocos monos:

— ¿Qué coño haces aquí? ¡Tengo rato buscándote!

— ¡Hola amor! Te presento al Sr. Chacuniflón...y...mira...las tiene de teflón. ¿Qué tal?

— ¡Que teflón ni que almendra resbalosa! Vamos pal` conuco.

Pero la serpiente, antes de que se retiraran advierte algo, le ve el pipí a Adán y se orina de la risa. El indignado muchacho, arranca velozmente dos hojas de parra y le da una a Eva.

— ¡Toma, cúbrete con esto! y no quiero que hables más con el rastrero. ¡Ese carajo es comunista! ¿No ves la fruta que tiene en la frente?

— ¡Chico, no seas así! Tan bonita que le queda su fresita... ¡toma, come yuquita!

Mientras Eva le empuja la yuca a Adán, la astuta serpiente los interrumpe, haciéndoles una macabra proposición.

— ¡Pero bueno mi negro! ¡No te me alebrestes! Mira, ven pa`cá, óyeme bien; los invito a que salten la talanquera pa` que estén en mi gobielno. Led construyo novecientas chozas diarias, pa` que zarandeen pol toa la etelnidá y la negra no se me fastidie. Led prometo badtante agua y lú, pa` que no sufran de inseguridá. ¿Qué dicen esos tódtolos? Comía, rumba y bongó. ¡Gozaremos!

Eva, dando salticos y palmaditas, emocionada por la invitación, abraza a Adán y le dice:

— ¡Papi, nunca nos habían hecho tantas promesas! ¿Saltamos?

Adán, todavía con la yuca en la boca, le contesta:

— ¡No! ¡Ni se te ocurra! ¿No te basta con todo lo que te doy? ¡De este lado tenemos todas las frutas del reino, no tenemos que hacer filas y no se nos pudre la comida; tampoco hay apagones ni control de divisas!

— ¡Ok! ¡Ahora no te doy más de esto! Le grita Eva bien endiablada, haciendo un gesto señalador con el pulgar en dirección genital. Corrió a la talanquera y la saltó.

Adán, consternado, la persiguió saltando la talanquera también, y en un tropezón, la yuca se le atoró, y en el guargüero le quedó.

De pronto, con el estruendo de un relámpago incandescente, se aparece Dios, pero muerto de la risa.

— ¡Puummm! ¡Jajajaja! ¡Chacuniflón es bien cómico de verdad! Ahora y que novecientas chozas diarias... ¡ni yo en mis mejores tiempos de la creación! ¡Jajajaja! Pero habéis desobedecido los tres mandamientos que os he dado; si no cumplisteis tres ¿cómo carajo te doy diez?: el primero, *No hablaréis con A&E,* porque no conocen los pecados de la política... y las yucas no son fáciles de sacar. Segundo: *No hacer falsas promesas,* sin la supervisión de padres, madres o representantes del partido, y por último, *No interrumpirme mientras veo Asamblea TV,* y menos hoy, que es el capítulo fulminante donde Iris y María Purina se enfrentan a muerte! Por estas ofensas, os condeno a vivir rodeado de focas y lambe cholas, y además, a ser mentiroso, feo y pavoso por toda la eternidad. Ah! antes que se me olvide, como no os bastó con la verruga que os coloqué en el castigo anterior por pegarle a las mujeres, os condeno a podrir todo lo que toquéis; así que, cuidado cuando orinéis ¡Jajajaja!

Dios se esfumó dejándole a Chacuniflón un regalito eterno en sus manos. Ahora sé por qué dicen que fuimos hechos a su imagen y semejanza...exquisito sentido del humor.

Durante toda la historia, hemos recorrido el mundo dejando nuestra pisada en muchos eventos importantes, pero por razones religiosas, entre otras, nuestros pasos fueron borrados, manteniendo nuestra influencia oculta a la existencia humana. Imagine la posibilidad que exista una versión de la Biblia escrita por un jodedor... ¡se cae el Vaticano!

En el antiguo Egipto, los grandes faraones del Norte ordenaron la construcción de las más impresionantes obras de ingeniería; panteones y tumbas de magnitudes colosales; monumentos que parecen obras de extraterrestres, pero hacia el Sur, del otro lado la inmensa talanquera natural constituida por el rio Nilo, gobernaba Chakunkamón, que a pesar de ser el faraón más rico, más que cualquiera de los del Norte, poseía un reino sumido en la miseria, la anarquía y la corrupción. Fue un hereje comunista que tragaba las riquezas del pueblo con voracidad; erradicó los privilegios de los ricos para agigantar sus tesoros personales y los de su partido. Su ciudad fue sumergida en las tinieblas del crimen y el hambre desde el comienzo de su revolución fascista, evocando una propiedad colectiva cuya hipocresía tiránica aludía a una modalidad desconocida de esclavitud.

Tal era su apetito de poder, que cuando se enteró de lo que Moisés había hecho con su vara, se la expropió.

Chakunkamón pensó que si Moisés había convertido un rio en sangre, él lo transformaría en petróleo; si abrió los mares para que pasara el éxodo, él abriría las bóvedas de las reservas de oro y las piernas de las diputadas, pero tras la emoción de jugar con la vara todo el día, se descuidó y un guardia jodedor la sustituyó por un palo de escoba.

Chakunkamón confundido, les ponía el palo a las diputadas, y éstas ni se inmutaban; a las esposas del alto mando, y éstas seguían tragando; a la bóveda del Banco Federal, y no pudo con ese platal. Intentó diciendo "Ábrete Sésamo" y nada se abrió.

Frustrado por el infortunio de su palito, mandó a buscar a Moisés para interrogarlo. La milicia lo paró frente a su sillón de mando y comenzó la conversa.

— Mira viejito ¿Qué es lo que le pasa a mi palo?

— No digas "tu" palo; ese palo es mío, tú me lo robaste.- Dice Moisés sabiamente.

— Que robo nada pana, te lo expropié polque ese palo es del pueblo. ¡Palo, pantufla o muelte!...eh, eh... ¿Qué es lo que viene después? Le pregunta Chakunkamón a Hedías Sinagua, su fiel Vicepresidente.

— Eh...venceremos, viviremos, comeremos...lo que usted quiera su majestá.

— ¡Ponme el palo a funcioná o vamo a tené una bronca bestial! Grita Chakunkamón desaforado.

Moisés, con paciencia matusalénica piensa: -A éste bichito le voy a disparar una pescozada que le voy sacar la ortodoncia.

Mientras, de su túnica, saca una laja de piedra con unas inscripciones talladas.

— ¿Aguelo qué estas sacando de ahí? Pregunta el faraón con cierta desconfianza.

— Te mostraré el mensaje que me dio el señor. Estos son los Diez Mandamientos para quienes dirigen los pueblos del mundo:

1°. No Expropiarás. Deberéis respetar la propiedad privada.

2°. No Insultarás. Trataréis con respeto a tus opositores.

3°. No te adueñarás de los Poderes Públicos. Respetarás la independencia de los poderes.

4°. No hablarás gamelote.

5°. No... -en eso lo interrumpe Chacunkamón-

— ¡Coño aguelo todo es No, No, No! ¿Habrá algo que *Sí* pueda hacé?

¡PUMM! Se aparece Dios con una centella y le dice a Chakunkamón:

— Bueno chico ¿tú otra vez? Eres como un ataque de caspa; siempre vuelves a aparecer.

— Chamo, menos mal que viniste –Le dice Moisés a Dios, con suspiro de agotado- Ya no sé que hacer con esta bestia...

El Señor, con su omnipotente justicia y sentido del humor, interpela a Chakunkamón.

— He visto como vos ha corrompido la tierra delante de mí; he visto como la has llenado de violencia, miseria y prevaricación; tu carne ha corrompido todo camino del trozo de tierra que os he regalado, por lo que he decidido poner fin a tu inmundicia; hazte un arca de madera, donde dispondrás de aposentos y la calafatearas por dentro y por fuera y escribirás por fuera: "aquí yace exiliado Chacunkamón"; la harás de trescientos codos de longitud, cincuenta codos de ancho y treinta codos de altura. Una ventana harás en el arca a un codo de elevación, que será la Ventana de las Promesas, si es que encuentras algún bolsa todavía, y a su lado pondrás una puerta. El arca la harás de tres pisos. Yo enviaré un diluvio de aguas sobre la tierra, para destruir toda tu iniquidad y malsano espíritu, pero estableceré mi pacto contigo: cuando el arca esté acabada funcionará como sede del partido que deberás fundar, el *PSUV* o *Partido de Sobrevivientes Ulcerosos y Vilipendiosos,* del cual tú serás su presidente y meterás al arca una pareja de varón y hembra de serpientes, cocodrilos, murciélagos y toda clase de rapiñas y bestias venenosas, incluyéndote a ti como la principal, y reúne todos los containers de alimento podrido que yacen en los puertos y almacénalos en el arca, para que te sirva de sustento a ti y a ellos también. Una vez hecho todo esto, zarpa con el diluvio y desaparece de mi vista por lo menos quinientos años ¡carajo! Navega y navega y después hablamos...

En eso Chakunkamón lo interrumpe.

— Coño Dios, no e` pol criticá, pero ese mandao está repetio ¿Ese no fue el mandao mesmo de le pusiste a Noé? ¿Pa` qué yo lo voy volvé hacé? ¡Eso no se vale pana!

— Callad la jeta y apresuraos a construir la vaina antes de que te espernanque un bofetón con el palo de Moisés... ¡fuera de aquí!

Y fue Chakunkamón a construir su arca para desaparecerse por quinientos años... por lo menos. Mientras, Dios le comenta a Moisés:

— Y si supiera que no hay agua para otro diluvio... jajajajaja.

Hacia el año 300 A.C., cuando navegábamos por el Mar Mediterráneo, nos burlamos del cacho que le montó Helena del PPT a Chacunelao, hermano de Adamenón, rey de Barinnas, con Caprilis, hijo de Julyo, rey de Primero Justroya, para ser conocida luego como "Helena de Justroya".

Al percatamos de la verraquera que tenía Chacunelao por el chalequeo nuestro, corrimos a escondernos en Primero Justroya, a la que luego Adamenón, para salvar el honor de su cornudo hermanito, ordenó su invasión con miles de hombres, adoptando el artilugio aquel del equino de madera. Nuestra esperanza contra la furia de Chacunelao era Leoquiles, un ex gobernador del pequeño pueblo de Chankao, considerado uno de los mejores soldados, pero le inhabilitaron el talón y no podía dar patadas públicas, por no lamerle las cholas a Adamenón (de allí viene *"El talón de Leoquiles"*). Quisimos prestarle ayuda, pero en Primero Justroya no habían inventado la *MUD –Merthiolate para Untar con el Dedo-* y peló gajo.

Mientras Caprilis y Helena hacían campaña *casa por casa* en contra de Chacunelao, y los jodedores lo chalequeábamos, a Primero Justroya la quemaron. No fue por culpa de Helena como dice la historia; fue por culpa nuestra, pero no a propósito... que conste.

En el año 476 DC, en la ciudad de Vergaibroma, teníamos un show en el Culiseo, en el que nos burlamos de Rómulo Chacungústulo, emperador del sur; la comedia tuvo tanto éxito, que la gente asistía para no quedarse en sus casas viendo las fastidiosas promesas en *Cadena de Radio y TV*, su cotidiano pan y circo, sino que se aglomeraban para vernos a nosotros. La Asamblea Nacional ordenó al ministro Andrili Pizarrus clausurar el programa, por lo que fuimos encarcelados por las milicias. Todos los días nos daban de beber pócimas venenosas para que se nos olvidaran los chistes contra el emperador, pero el pueblo se levantó y salió a las calles a protestar para restituir nuestra faena humorística; la revolución del "Dentte Pelatto" había comenzado. Después de varios días de inagotable rechifla, de la frente de Chacungústulo, brotó un forúnculo; corriendo como un homúnculo, acudió al doctor Angulo, y éste, frotándole un ranúnculo con un sapuyulo, le sacó un tubérculo que le dolió hasta en el culo. Su ministro Aristóbulo, con cara de vernáculo, le miró el lamentable ángulo depuesto por los hérulos, casi en el dilúculo.

Así cayó el imperio Vergaibromano del sur: por humor y por culos, y no con disimulo.

En la edad media, uno de nuestros ancestros fue de visita a un castillo de Verganterra, y vio una espada clavada en una roca; el brillante metal tenía una inscripción: *Patria, Democracia y Libertad.* El curioso mamador, la tomó por el mango y la sacó, pero un vago de la milicia real que caminaba memorizando los insultos del rey, alarmó en desatada vocifera a los custodios del lugar. El incauto, creyendo que había cometido un crimen, le echó "pega loca", la colocó como estaba y enfiló desbocado hasta España. Aprovechando que Cristóbal Colón quería averiguar lo que había después de la rayita, se encaramó en una de las carabelas y viajó de polisón.

Después de varios meses navegando, escuchó por la radio que el viejo rey de Verganterra realizaría un evento público para sacar la espada, que según la leyenda, sólo sería sacada de la roca por aquel cuyo linaje y espíritu fuera realmente decente, honorable, respetuoso y progresista, convirtiéndose automáticamente en rey (y el soquete aquel salió corriendo).

Al lugar acudieron representantes de todos los partidos políticos, juntas comunales, diputados, y por supuesto, Chacurturo, un vasallo comunista que aspiraba ser rey. Éste intentó sacarla y no lo logró, y ante la chufla pública, denigraba con tosquedad: *"...esta espada me saca la piedra..."*

Chacurturo, frustrado y deprimido, pasó el resto de su vida emborrachándose en su mesa redonda roja rojita, delirando con los fantasmas de aquel tesoro metálico inmortal.

Dos siglos después y en otras latitudes, nos enteramos de la existencia de un misterioso personaje que habitaba en un tenebroso castillo en las tierras de Vergostinvania; se trataba del Conde Chacúncula.

Se dice que su crueldad fue ilimitada; chupaba con perversidad diabólica los fondos públicos y decapitaba la propiedad privada. Demonizó la iglesia, desgarró la educación y la salud, y hasta desahució la economía interviniendo el Banco de Sangre, y para extender su maldición fuera de sus fronteras, armó un grupo de jinetes malsanos y antipáticos mentados: *Castrojob, Daniehel, Raffa-El, Evobram y Magamut*, con los cuales podía desatar la gran batalla infernal de todos los tiempos en contra de su más poderoso enemigo: el imperio del negro *Ohquecama*.

Para investigar la certeza de los chismes que campaneaban por las calles, armamos una expedición contando con la presencia de varios jodedores especialistas en Chupología, advirtiéndonos que el conde salía por las noches y dormía por el día. Al llegar al castillo la puerta estaba abierta, porque él no creía en la inseguridad. Pasamos por el *Salón de los Espejos* y allí estaba, la tumba de Chacúncula. Al observarlo con un equipo de rayos X portátil, vimos que dormía acurrucadito, chupándose el dedito. Abrimos las ventanas y entró un rayo de luz solar que iluminó toda la habitación, pero el hombre tenía el sueño más pesado que un matrimonio obligado y no se despertaba. Con golpecitos en la tapa del ataúd le decíamos: *"¡Epa Chacu, dame un chupito aquí!"* Y nada. A la final tomamos una medida más drástica, le gritamos: *"¡¡¡Coño, nos invade el imperio!!!"* Chacúncula salió disparado del sarcófago, pero como había luz solar, se quemó y se desintegró. Ni me dio tiempo de decirle que *cayó por inocente;* que rabia; fracasó la entrevista. Si hubiésemos sabido que era tan susceptible con el negro *Ohquecama* le hubiese llevado protector solar SPF 5000 y su cachucha de beisbol.

Fueron tiempos monstruosos de miseria, hambre y violencia. Los homicidios sumaban viente mil al año; la chupadera indiscriminada desató una hemorragia social alarmante. La inflación encareció la vida a límites innombrables. Fallaba la energía, no había viviendas para satisfacer la creciente demanda y como todo se importaba, escaseaba la comida; así que los cinco jinetes alertados por la Comisión de Castración del *PSUV - Partido para Succionar Una Vainita-* del que fue presidente el Conde Chacúncula, pusieron en marcha un plan estratégico para ayudarse cooperativamente: *Castrojob* puso el chorizo; *Daniehel* puso la yuca, *Raffa-El* puso la Morcilla, *Evobram* puso los huevos y *Magamut* puso la torta, y como ninguno sembraba, se sacaron los frijoles entre ellos. Después le agregaron azufre, sulfato de amonio, ácido fosfórico, ácido sulfúrico, polietileno y 693 millones de dólares y así nació el Monstruo de Chacunstein.

En plena Batalla de Waterloo, un diputado llamó a Chacupoleón por el celular para pedirle fondos financieros, y el emperador, en vez de esperar a que terminara la campaña, se puso a buscar su teléfono por todos los bolsillos de su guerrera –de allí el famoso retrato con su mano dentro de ella-; y en ese descuido, el Duque de Radoskintom, gobernador de Mirandangham, arremetió con su ejército, haciéndolo capitular.

Durante la segunda guerra mundial, estuvimos en el ejército aliado que ocupó a Alemania antes de su rendición. Cuando vimos de cerca el bigotito de Chaculph Hitler, soltamos una carcajada en su cara, y se puso tan triste, que se echó a llorar. Su estado depresivo fue tal que no aguantó y se disparó en la cabeza, confirmando la hipótesis del suicidio; no fueron los rusos.

En los años sesenta, después del triunfo de la revolución cubana, vivimos escondidos en la Sierra Maestra, y como no vendían ni Marlboro ni Belmont, inventamos los *Habanos;* los vendíamos clandestinamente y estábamos en vías de crear sucursales en toda América, para convertirnos en una transnacional del tabaco. Fidel nos descubrió y ordeno la expropiación de la fábrica, quitándonos además, el derecho de la autoría del invento, por lo que tuvimos que salir exiliados remando hacia Miami –también inventamos las balsas-. Allí, creamos una organización anti comunista con periódicos, emisoras de radio y canales de televisión. Fastidiamos tanto a Fidel, que fue el primero que sufrió del mal de *SIDEJO LA ISLA –Síndrome de Inmunodeficiencia a la Jodedera-*, y como no tenía visa americana para irnos a buscar, le pidió apoyo a los rusos; ¿de donde crees que vino la majadera de los misiles?

En esa misma década, también estuvimos en el Vietcong, y jugamos a las escondidas con los americanos a través de los túneles subterráneos, pero los yanquis no interpretaron que se trataba de una chingadera y salieron corriendo.

El Muro de Berlín dividía a la Alemania en dos: la Alemania Occidental Democrática de los lisos, alegres y prósperos, y la Alemania Oriental Comunista de los arrugados, amargados y arruinados; toda la realidad de ambas naciones estaba dividida. Un día, un occidental le contó un chiste a un oriental a través de un hueco en el muro: "*...una nalga le dijo a la otra: señora, entre las dos va haber un peo...*" El guardia se rió tanto que todo lo que tenía arrugado se alisó; el chistecito se difundió prosperando a la deprimida Alemania Oriental. Una vez impregnada de cuchipandeo, risa y chingadera, el muro cayó y se unificó lo que había sido dividido. Actualmente, siguen siendo tiesos, pero divertidos.

El escroto helado que envolvía a Europa comenzó a entibiarse, culminando con ello décadas de guerra fría y humor adormecido. Inevitablemente, la piquiña saltó la talanquera de acero y llegó a la Unión Soviética; el cosquilleo púbico oculto bajo la vestidura marcial y el relajo de los fríos y entumecidos glúteos acabó desintegrándola, sucumbiendo finalmente ante la *Jodastroika*.

Años después, como voraz epidemia, la rochela se extendió por el norte de África y Oriente Medio, sacudiendo a Egipto, Túnez, Yemen, Libia y Siria.

Después de haberle expuesto toda esta travesía evolutiva, ¿se dais cuenta por qué es la madre de las batallas?

Habéis aprendido que:

— No podéis joder a todo el mundo, todo el tiempo y de la misma manera.

— Si vos ha nacido bolsiclón, ni que saltéis la talanquera. ¡Quédese allá!

— No mezcle las mujeres con la política; le clavaran la yuca.

— Un pelo de aquello hala más que una guaya.

— Para ser tirano, debéis tener genealogía ratera.

— Donde hay pelo, hay alegría; y donde hay petróleo...también.

— Para legislar, aúlle como un gorila y folle con una hiena.

— Si queréis extinguir una especie, inféstela con mala memoria.

— No es la manzana de Adán; es *la yuca de Adán*.

— Los jodedores tenemos linaje real.

— Cuando manejéis, no habléis por el celular, y menos con un diputado.

— No te riáis en la cara de un tirano, porque tendréis que coletear la sangre.

— No inventéis en comunismo; os expropian hasta el pensamiento.

— No subestiméis a los chinos; usan los huecos y *se cagan de la lisa*.

— La risa tumba hasta el concreto.

— Cara seria, culo rochelero; aunque cargue un fusil.

En resumen, el humor es invencible, crea vida y la multiplica, une al mundo y plancha las arrugas; es antioxidante, lipotrópico y diurético, y como es laxante y desintoxicante, derroca dictadores y aniquila a los tiranos.

Entonces, os recomiendo declinar esta batalla. No os copiéis de Chacumbele. Vos debéis olvidar joder a los jodedores, porque no hay nada en el jodido universo que joda a un jodedor, y quien saldríais más jodido, seríais jodidamente su jodida jodienda, teniendo que osar joder a otro jodido país. Mejor, os convido a unirse a nuestra cruzada internacional, pero si le apetecen los jodidos riesgos mortales y decidiréis batir en duelo a los jodedores, reserve vuestro sepulcro donde le parezcáis.

Capítulo 3

Apoyo Neuro Defecativo

1.- Taller Ano Lingüístico

El *TAL o Taller Ano Lingüístico* va incluido en este manual sin costo adicional y tiene por objeto fortalecer la impresión de las malas mañas en las redes neuronales y hemorroidales.

Tiene una duración de doce (12) semanas, conteniendo lo último en tecnología pedagógica: *"Aprendizaje Autodidactado"* (Versión colombiana) o *"SYS": Suck It by Your Self -Chúpelo Usted Mesmo-* (versión imperial). Es económico, de fácil ejecución y seguimiento, y no interfiere en sus actividades normales, lo que le va a permitir concentrarse eficientemente en su proyecto.

Instrucciones:

1º.- Compre una *docena de doce (12)* rollos de papel tualé (el de *toilette* también sirve; es más suavecito), y a cada uno le va a escribir lo siguiente:

1er. Rollo: "Respeto a los Derechos Humanos y a las Opiniones Contrarias"

2do. Rollo: "Decencia, Mesura, Valores y Buenas Costumbres"

3er. Rollo: "La Constitución, las Leyes y Reglamentos"

4to. Rollo: "La Economía, el Emprendimiento y la Propiedad Privada"

5to. Rollo: "Investigación Científica e Innovación"

6to. Rollo: "Competitividad"

7mo. Rollo: "Mejora Continua"

8vo. Rollo: "Ética y Responsabilidad"

9no. Rollo: "Criterio y Pertinencia"

10mo. Rollo: "Curas, Padres, Obispos, Reverendos, Rabinos y Pastores"

11er. Rollo: "Seriedad y Compromiso"

12do. Rollo: "Integridad Ciudadana"

2º.- Una vez identificado cada rollo, procederá a fregar su brecha vertical sacro lumbar con cada uno, por una semana, y mientras lo hace, debe decir en voz audible la cualidad que le toca a cada rollo; por ejemplo: *"Me limpio el culo con LOS DERECHOS HUMANOS Y LAS OPINIONES CONTRARIAS"*, *"Me limpio el culo con LA DECENCIA, MESURA, VALORES Y BUENAS COSTUMBRES"*, *"Me limpio el culo con la CONSTITUCIÓN..."* y así sucesivamente.

Cada rollo debe acabarlo en una semana, pero si alguna vez no lo termina, significa que no ha *obrado* lo suficiente para fijar la cualidad respectiva, y debe continuar hasta acabarlo, ya que esto se va a reflejar directamente en la malograda que le va a echar al país en cuestión.

Nuestros estudios clínicos demostraron que en promedio, un *chiquito* que se friegue por siete días continuos realizando la cantadita respectiva, excrementará más y mejor; mas fluido, rápido y abundante, lo que repercutirá efectivamente en el cambio de su actitud y la de sus seguidores: se volverán mas mierda.

Las investigaciones también arrojaron resultados muy positivos cuando el programa es ejecutado en forma conjunta a los *Salmos del Tirano*[MR] y a los *Chacutantras*[MR], duplicando su efectividad.

Contraindicaciones: culos mal educados o malamañosos (riesgo de sobredosis).

Efectos Colaterales: Las interacciones que se producen en el momento de la fregadita con la voz del enunciado, podrán manifestarse como efectos secundarios que variarán de persona a persona, lo que significa que deberá estar bien atento a la sintomatología que se presente. Hemos descubierto que en el 69% de los casos, con un margen de error pequeñito, afloran cualidades, defectos o virtudes que el mesmo participante desconoce. Por ejemplo, si en el transcurso del programa, en alguna ocasión que se esté limpiando el pucherito, la acción le produce escalofríos, se pone cariñoso o se llena de pasión, es muy probable que lleve oculta una genealogía de apetencia palomina, con un evidente fenotipo proctobondadoso, que tiende a confundirse con signos clínicos de otras patologías como el Síndrome de Regocijo Rectal (Happy Back Syndrome) o el mal de la Gula Glúteo Almorrana (GGA).

No hay que descartar la posibilidad de depravaciones infernales o influencias espíritus fantasmales en la que espectros y ánimas comunistas en espera de cupo en el purgatorio, anduvieran hurgando en los confines de su anatomía posterior. El gusto o el susto que manifestará su inseparable compinche del patio trasero será su guía, su señal; él se lo dirá.

En caso de que la emoción o el sentimiento sean muy intensos e interfieran con la ejecución del programa, se recomienda realizar la prueba de descarte TEBOA –Test del Burro con los Ojos Azules-: Agárrele la cara y véalo a sus ojos fijamente. Si lo que siente cuando se esté fregando el cuchitril coincide con lo que siente cuando le ve los ojos al burro, entonces, compre ese burro compadre, y siga con el programa; pero no se preocupe, ser papilonáceo será una cualidad que alimentará sus destrezas y contribuirá con su lista de habilidades para obtener su Máster Destructor.

2.- Salmos del Tirano

Al músico principal.
Plegaria pa' las Primarias

> *¡Oh, Chacumbele bendito,*
> *que sabio es este pergamino!*
> *gracias por el escritor erudito,*
> *que ilumina mis caminos.*
>
> *Me has formado en tu vientre,*
> *justo al lado del Cólum,*
> *esquivando la porquería que vierte*
> *de esa oposición del coñum.*
>
> *Aliméntame de tu pan dictado,*
> *porque no quiero caer en pecado;*
> *y aunque no haya ni pescado,*
> *en el poder me quedo enfrascado.*
>
> *Mis dulces reservas en oro*
> *del imperio quiero sacar*
> *y oyendo protestas en coro*
> *como sea las voy a palear.*
>
> *Compraré cosas de oligarcas,*
> *antes de vaciarse mis arcas,*
> *y aunque la culpa me estanca*
> *yo sí me compro mi tanga.*

Un pajarito me llama,
es Twitter que acecha mi alma.
¿será que el pueblo ya no me ama?
Ni las milicias me ponen en calma.

Tus palabras en mi lengua
doloroso y grande es el daño
que se escuchan a mil leguas
y no se repara en cien años

Ya no puedo lidiar con el miedo
y me abruma el culillo
por eso inepto me quedo
y me mancha el calzoncillo

Protégeme del gran imperio,
cuyos agentes tengo en mis predios.
Pon tus ángeles comunistas
a cuidar todas mis aristas

Dame la sabiduría
para esparcir mi porquería
mis chulos y generalía
tienen todo lo que querían,
y si no hay más coquetería,
seguro me abandonarían.

¡Oh Chacumbele meo,
yo ya estoy que me meo!
Opositores se están uniendo,
¡qué vaina la que estoy viendo!

Cuídame de la MUD,
que está agarrando actitud;
ya no estoy a plenitud
con mi gobierno echando pus.

Primarias están preparando,
y yo me escondo casi cagando;
pero así se llame Ledesma,
la arrechera será la mesma.

Tragándome el dinero
quedarme es lo que quiero,
en este estercolero
que gozo con mi cuero.

Vienen elecciones,
y me hago en pantalones,
terminar sin los cojones
volaría mis tapones.

Al músico principal.

Plegaria en Elecciones Presidenciales

¡Oh, Santo Chacumbele!
sálvame del Flaco Vitolo
que él y su cuerda de peleles
nos están dejando virolos

Ellos confían en el voto
más nosotros confiamos en ti
que nos quedemos con el coroto
y tomando agua de babandí

Si aparecieras de repente
ellos saldrán temblando
y yo cuando aparezco
de risa quedan meando

Los molí como polvo
en elecciones pasadas
con trampitas que remojo
ya no agarro mi tajada

Deseable y dulce es el oro
más que la miel de panal
pero si aquí se sienta el otro
me mandará pal` coñonal

El petróleo me quita el sueño
cuando sueño que no lo tengo
no darle a mis pedigüeños
me deja como un realengo

Quien mantendrá a mi viejo
con su pedazo de isla arruinada
ya está en el puro pellejo
y con las bolas muy asustadas

A nadie podré insultar
si el majunche es presidente
era mi deleite hostigar
al criticón y al disidente

Perdóname por la inflación
por no subirla como querías
ya no podía con la nación
lanzando hacia mí porquerías

Los huecos en las calles
ya no los puedo tapar
tápalos tú y haz que se callen
mis oídos me van a explotar

Le eché la culpa a la iguana
de dejar sin luz a todos
ni que los drogue con marihuana
creen el embuste que acomodo

Les prometía decenas de pendejadas
para tener la cosa aventajada
tengo a la gente encabronada
por mucha mentira engatusada

¡La cosa esta peluda
y no hay nadie quien me escuda!

Las marchas retumban,
protestas pululan,
las huelgas rezumban
y mis hordas reculan.

Chamo, dame una mano,
porque las mías
me tapan el ano.

3.- Los Chacutantras

Es una tradición milenaria de carácter esotérico que busca reintegrar los espíritus desorientados del individuo (*Misifudyu, Chakutriya*) en una única y pura conciencia de tirano, que en el comunismo sería la fuente original. Para alcanzar ese objetivo es necesario recorrer, en sentido inverso, el sendero de la manifestación, que es lo que se designa como *"La Retrovolución"*.

La primera versión de los *Chacutantras* fue creada por Lojo Bluto 5000 años A.C. para equilibrar sus energías narcisistas y embutirlas en una sola entidad megalomaníaca, concentrando todo su poder en el plano de su existencia fundamental.

La apertura a este estado de conciencia superior incluye el Acto Sexual, elemento sensorial que *El Tacamahaca* obvió para inclinarse por la orientación onanística de *Manueladha Yomismityu* desarrollada por *Botta Sakachisha*, rey Maluco quien fuera discípulo de *Hyris Trippa Heshavariya* y *Cilya Chuppamivara* antes que el hombre inventara la rueda.

Los Chacutantras tienen un poder tan grande que pueden llegar a cambiar el destino de una persona, como aconteció a Esteban Chacumbele, quien en tiempos originarios fue *Solddadhito Trankilidyo*, girando su destino hacia *Ablamusho Manghanzhón*. Su lapidaria identidad terrenal quedó constituida como: *Cha (Grandísimo), Cum (Hijo), Bele (De la Verga)*, con cuyos querubines del infra mundo llamados *Lakras*, que son los ministerios y el partido, concentraban sus ladridos cósmicos haciendo al mandilón literalmente indestructible.

Estos *Chacutantras* son una potente combinación de sonidos que si se repiten con fe, dedicación y perseverancia durante catorce años, extienden los efectos de la suprema beatitud *Misifuyera* hacia el año 2021 y más allá, no sólo superando el miedo a la muerte, sino venciéndola.

Para recitarlos, se utiliza un collar de *Mala Leche* de 168 pepas, que conforman los meses de los catorce años de cataclismo *Shiavetano*, contando cada una de las pepitas simultáneamente con el estruje de la Constitución Nacional por el *Chacra Ano Testicular (Zona de la Ñé)*.

Chacutantra Estimulante

De preferencia cantarlo por las mañanas, con el estomago vacio, para abstraer la energía y la frescura del ánimo dictador y comenzar bien el día.

Chacutantra Protector

Efectivo para crear un campo energético eterno contra los espíritus de la *Opositudyu Supositorium* y el *Capitalidyu de Obammanadha*.

La ejecución completa de *los Chacutantras* derivará en la Resonancia Etérea Universal que fluye en *Las Posturas* señaladas en la Estrategia Excremental. El recital debe ser enunciado riendo, cantando o llorando y debe colocarse un dedo índice en el ombligo y el otro en la frente –donde debería ir la verruga cuántica-. La frecuencia de las ondas tántricas vibrarán en los confines del universo derrumbando cualquier obstáculo o conspiración opositora imperial; la flatulencia enardecida pulverizará las intenciones electorales de la oligarquía... eternamente.

4.- El Chacuróscopo

Acuario (Enero 21 / Febrero 19)

Te hacen una propuesta maravillosa de un Golpe de Estado en la que tienes grandes posibilidades de tener un liderazgo importante en la región. Te conectará con la misión de tu existencia.

Dinero: El precio del petróleo sube y obtendrás ingresos extras que podrás distribuir con los chulos. No le des tanto al viejo, que ya le has dado suficiente, aunque el hermano te pida más. Pérdida monetaria por no ser efectivas las amenazas a los *opositores majunches* en las elecciones primarias.

Amor: Estas cansado de Manuela, esa irreverente chica con la que has estado por mucho tiempo. Amenaza de ruptura por un cacho inminente con un recién llegado.

Salud: Insomnio que no puedes controlar. Inventos por ociosidad ocupacional amorosa e intentos alarmantes de satisfacción por otras vías. Renuevas tu imagen afeitándote coco pelado. Tomas conciencia de la brevedad de la vida y por eso te embaucas en proyectos desmedidos y utópicos.

Colores de la Suerte: Rojo rojito.

Números Energéticos: 07, 10, 12. No juegues la lotería con esos números. No salgas a la calle el día del año que los contenga; si es posible vete pa` la isla ese día.

Consejos del Chacunólogo: Aprovecha la energía de la luna en el imperio, que los aletarga en su empeño por tumbarte. Escápate para la *isla* y revitalízate, que lo que viene en los próximos meses es *candanga*.

Piscis (Febrero 20 / Marzo 20)

Un viaje repentino al medio oriente obliga a cancelar tus compromisos con los chulos, para planificar una aventura que será trascendental para tu imagen como líder del país y de la región, así como para la continuidad de tu mandato.

Dinero: El Estado en franca riqueza. Expropias cuanto hueco veas desocupado y galpones de empresas con empleados y todo, para construir las viviendas que prometiste y te das cuenta de que se te acaban los reales.

Amor: Escríbele a tu amor, deja el orgullo; de esa manera sabrá de tus sentimientos e intenciones, que son reales, y que pueden desatar un maravillosos idilio.

Salud: Hacer la dieta del pavo: un muslito para acá, el otro para allá y burululú.

Colores de la Suerte: Rojo con blanco. Ordena pintar con esta combinación todas las viviendas dignas.

Números Energéticos: 04, 02 ,92. De golpe te renuevan las ganas.

Consejos del Chacunólogo: La luna nueva del 21 de mayo adormecerá a la CIA, por lo que deberás aprovechar de realizar un viaje calladito al medio oriente.

Aries (Marzo 21 / Abril 20)

Un altercado que dejará doce muertos en la frontera hará que realices unos acuerdos apresurados y de última hora. La Luna en tu trasero hizo que se les subiera el pendejo a quienes vigilaban; quienes debieron estar ocultos no lo estuvieron, por lo que deberás dar unas jaladas de orejas masivas.

Dinero: Transferencias monetarias urgentes para la *isla* (porsia). No pagues deudas, ni prestaciones sociales, ni firmes contratos colectivos. Gastas demasiado en viajes. Basta de Disney World y conciertos en Europa (diles a los niños).

Amor: Los monocucos asisten a feria de comida; está que llega un transatlántico con miles de toneladas de pollo y caraotas. Los cerocucos van a la misma feria pero tienen que hacer filas. Como este signo tiene cachos, La luna te hace muy susceptible de que los monten; cuidado.

Salud: Barriga y cachetes *en crecendo*; más sexo y menos habladera. Diarrea electoral en evolución, que se agravará en los próximos meses. Más hechos y menos promesas. Exfóliate las nalgas, que de tanto tiempo sentado te están saliendo ronchas.

Colores de la Suerte: Rojo con Rojo.

Números Energéticos: 12, 10, 07. Ten mucho cuidado con este trío, porque lleva una carga energética bien importante y te puede ocasionar un stress monumental. El Sol en tus cojones hará que hiervas de indignación, y con Plutón en la mollera se te bajarán los humos.

Consejos del Chacunólogo: La Luna del 25 de Mayo en Cáncer será perfecta para que te conectes con alguien con el que quieres tener un *Jujú* desde que llegó.

Tauro (Abril 21 / Mayo 20)

Noticias del extranjero conmocionaran tu rutinario estilo de vida. Echaderas de paja tanto desde afuera como desde adentro; protégete con un collar de teflón, guabina y clara de huevo pa` que te resbalen los pajazos.

Dinero: Inversiones importantes con chinos y rusos le traerán prosperidad a tu partido, que causaran pruritos de envidia en tu círculo de pedigüeños.

Amor: Vuélvele a escribir a ese amor de otoño para que no se vuelva utópico ¿Qué se habrá hecho?

Salud: Tembleque de piernitas avizora cambios de hábitos sexuales. No hagas nada parado, es decir, de pie; ni solo ni acompañado.

Colores de la Suerte: Rojo con amarillo. Vístete con ellos y volarás como un turpial.

Números Energéticos: El 69 es bueno pero si te paras de manos, y el 71 también, que es como el 69 pero bondadoso.

Consejos del Chacunólogo: Por estar persiguiendo banderitas rojas, cuidado si te coge el toro.

Géminis (Mayo 21 / Junio 21)

Cambios de última hora acelerarán el ritmo de tu vida. Fotos y videos de una marcha de un tal *majunche* te crisparan los pelos para cargarte de adrenalina y te alentarán para la lucha con todos los hierros... con un poco de culillo, claro.

Dinero: Compras nerviosas de armamento y construcción de viviendas hasta en las nubes.

Amor: Por fin tu amor hace contacto. Hazte el importante y no demuestres tu interés, así te estés muriendo por dentro. Aprieta la boca cuando él te hable, y las nalgas cuando tú le hables, para que no se te escape nada imprudente.

Salud: Protege tu sistema digestivo con *Platanam –Plátano verde con Lorazepam-* y mucho tilo mijo, porque esa diarrea no es por el choripan del otro día... tú sabes el por qué de tu chorrillo.

Colores de la Suerte: Rojo con verde. Envístete de la alegría brasilera y baila samba.

Números Energéticos: 27, 11, 92. ¡Qué tiempos aquellos...!

Consejos del Chacunólogo: No *comas casquillo* de fotos ni videos con bululú exorbitante y exagerado de gente en las marchas de la oposición; acuérdate que existe Photoshop.

Cáncer (Junio 22 / Julio 21)

Pide al cosmos tus más íntimos deseos. Tus anhelos serán escuchados por que el universo se encuentra en la era de la ubre sideral.

Dinero: Prestas cantidades de dinero enormes y no te pagan. No lo esperes, porque no te pagarán. Inversiones como barril sin fondo. Más endeudamiento público para pagar tus gastos de tocador.

Amor: El vecino ahora sí quiere hacer una cita contigo. Hazte el duro. Podría pensar que eres fácil, y aunque sea verdad, no lo demuestres. Envidia de chulos cerocucos al verte tan feliz. Protégete con un anillo de *Cucaramacara* para alejar la energía de la gula envidiosa.

Salud: Sensibilidad a todo lo que es negro: a los guardaespaldas, al futuro y al imperio; tápate los oídos cada vez que *Obaspalacama* hable de ti. Sigue la diarrea. Tratamiento alternativo: tapón de corcho con pega loca.

Colores de la Suerte: Vístete de rojo con negro, pero cuidado te confunden con un sofá, por lo gordo que estás.

Números Energéticos: 12, 04, 02. Este trío te traerá recuerdos con emociones encontradas.

Consejos del Chacunólogo: El que no llora, no mama, así que llore mijo pa` que le den; usted no sabe cuando están para darle.

Leo (Julio 22 / Agosto 22)

Cierta sensación de soledad se esgrime en tu interior. La oposición ya no te para bolas y ni siquiera tu partido. El imperio se ha concentrado en amenazas reales y más importantes que de tus alaridos de mono en celo.

Dinero: Buen momento para abrir otro fondo con los chinos y/o rusos. Inventa cualquier proyecto mega estratégico para que te crean; con eso terminarás de financiar la campaña… y la huída también.

Amor: Bájate de la mula con tu vecino recién llegado; ya no hay más que hacer. Dale lo que él quiere, no esperes más. La comunicación en pareja abre puertas insospechadas. Si pierdes las batallas que se avecinan, sentarte no podrás pero por lo menos sonriente estarás. Los monocucos inician nivel más agresivo de adoctrinamiento de la revolución. Los cerocucos compren crema socialista pa` las manos.

Salud: En esta época del año te cae bien una gracita de más. Come más morcilla, chicharrón y chinchurria; el chorizo también te caerá bien, entero o al estilo alcancía. Vete pa` la isla y toma whisky todo el día a la orilla de la playa y cuchiplancha con todo el que se te atraviese; la vida es una mijo... y deja el stress de las elecciones.

Color de la Suerte: Rojo pelao.

Número Energético: 04. Ponte en cuatro, que está de moda y regocíjate en el espíritu de la libertad y el amor. Es el número del día de tu golpito, del mes del pseudo golpe, de las estaciones del año y los puntos cardinales.

Consejos del Chacunólogo: Ojalá que reencarnes en gallina, para que cuando te lleven pa` un sancocho te pelen la yuca y el ñame.

Virgo (Agosto 23 / Septiembre 22)

Marte está alebrestado y te llama para la guerra. Después de que metes la pata bien metida no puedes esperar que la novela de tu vida se acabe como las de Corín Tellado; alguien te lanzará como mínimo un peñonazo o una mentada de madre. El sol retrógrado en el cogote influirá con cierta inclinación por cambiar tu conducta porque rondará por tu mente un profundo culillo que te hará reflexionar acerca de tu destino y el de tus seres queridos, pero como tu ego narcisista es más potente que tu voluntad, conservarás tu onanismo característico para también influenciar a tu descendencia.

Usa un amuleto de pepa de aguacate en supositorio para que te protejas de los humoristas, que son mayor amenaza que el imperio mesmo.

Dinero: Ingresos extras por otra subida repentina del precio del petróleo. Aprovecha y hazle regalitos especiales a los chulitos. Ahorro para viaje de contingencia.

Amor: Una carta te exaspera el ánimo y el humor. Posiblemente de tu vecino recién llegado. Despecho en proceso que te desorientará y te desenfocará de tus objetivos existenciales.

Salud: Hacer la dieta de la empanada socialista: después de hacer filas desde las cuatro de la mañana para comprar la carne, duermes con ella adentro.

Colores de la Suerte: Rojo con blanco.

Números Energéticos: El cero. Cero en salud, cero en seguridad, cero en educación, cero en viviendas y cero de aquello ¡Mijo tás raspao!

Consejos del Chacunólogo: Posible reencarnación en burra; prepárate. Toma mucho antiácido y guarapo de anís estrellado pa` los gases, con tilo y valeriana pa` los nervios; Ah, y te compras un potecito de vaselina... porsia.

Libra (Septiembre 23 / Octubre 22)

Época de cambios cataclísmicos. Los astros encabritados se alinearán y te bambolearán la retrechería colocándote en la vergüenza inmisericorde de las penumbras del retrete cósmico: Saturno se sitúa retrógrado para irritarte el canal zodiacal con sus anillos. El centauro de Sagitario te clavará la flecha por donde el sol no te pega. Tauro te coge con los cachos mientras los morochos de Géminis te sujetan los brazos. Mientras Virgo busca donde eres virgen, Escorpio te clava la puya y te envenena el trasero, Cáncer te prensa las pelotas con las tenazas, para que

Libra, al pesarlas, no tenga mucho trabajo. Cuando creas que todo se ha acabado Leo te mea, Aries te caga y Piscis de deja hediondo a pescado.

Dinero: Buen momento para comenzar a raspar la olla; no le dejes ni el *quemaíto* a los majunches. Pide más créditos a los chinos y a los rusos y no pares de amamantar a los chulos.

Amor: Al perder tu *carnita salada*, lo que te queda es llamar a tu fiel amiga Manuela otra vez y reconciliarte. Los chulitos también pueden ayudar.

Salud: Pañales desechables para la diarrea crónica y sábanas matrimoniales para las lágrimas.

Color de la Suerte: Rojo con gris.

Números Energéticos: 7.000.000... por el buche.

Consejos del Chacunólogo: Déjate de *Yo con Yo*; ya te has mimado demasiado. Deja el egoísmo y atiende a los demás, si es que encuentras a alguien que te soporte.

Escorpio (Octubre 23 / Noviembre 21)

Cabeza agachada y pico cerrado, tan cerrado que casi se te olvida el idioma.

Dinero: Se amplían los horizontes monetarios. La Luna llena en el oro te indicará por donde sacarlos.

Amor: La tendencia hacia los celos puede propiciar rigidez de todo, menos de lo que te interesa, sobre todo en las nuevas relaciones. Si no te relajas y olvidas el pasado, te cerrarás a que te *echen los perros* de nuevo.

Salud: Una buena manera de mitigar los efectos del cansancio y del estrés electoral, es pasar más tiempo con la naturaleza, así que emprende un viaje a África y haz que te persiga un rinoceronte en celo. Busca un nido de avestruces e inscríbete en un curso para que aprendas a esconder la cabeza.

Color de la Suerte: Gris. El rojo se acabó.

Números energéticos: 53... %.

Consejos del Chacunólogo: La terapia de silencio le hace bien al alma despechada y frustrada.

Sagitario (Noviembre 22 / Diciembre 21)

Dinero: Contrata a los mejores magos del mundo para que desaparezcan el oro de las reservas, los fondos depositados en bancos nacionales, los fondos chinos, rusos y de donde sean... y a ti también.

Amor: No hay tiempo de pensar en pendejadas; ya tienes a Manuela y confórmate.

Salud: Contacta a los chinos para que te conecten un cohete en el culo, porque no hay tiempo para quejarse de nada.

Color de la Suerte: Gris bien oscuro.

Números energéticos: 52%... para no ser tan optimista.

Consejos del Chacunólogo: Muy bien aspectado para emprender carreras, huídas, largadas y despepitadas en los próximos meses.

Capricornio (Diciembre 22 / Enero 20)

Retiro. Jubilación en puerta. El Mar de la Felicidad te espera... y no regreses más.

Dinero: A los fondos ya se les ve el piso; solo hay eco. Con lo que tienes pueden vivir tú, tus allegados y tus generaciones por siete vidas enteras. No más preocupaciones.

Amor: Despecho crónico en el amor y la amistad. Manuela se pone fastidiosa y no llega el nuevo amor. Chulos te dan la espalda y no precisamente por placer. Ellos esperan por otro que salga del closet.

Salud: La irritabilidad, el insomnio, la vergüenza y la frustración pueden causarle serios inconvenientes a tu salud y hasta empeorarte de lo que tenías... si es que realmente estabas enfermo. Relájate; con ese platal ¿De qué te vas a preocupar?

Color de la Suerte: Negro

Números energéticos: Ninguno. Pregúntale al Diablo si queda alguno disponible.

Consejos del Chacunólogo: Lo hecho, hecho está y ni que te arrepientas te vas a salvar de la paila. Entrega la vaina y deja el fastidio. Acuérdate que las travesuras de *lesa humanidad* no prescriben... es solo un detallito.

Ceremonia para reafirmar el aura fatídica

Colocar en el suelo un coleto previamente humedecido con orine de mono comunista. Rocíele marihuana carcelaria y cucaína de Walkid. Échele unos puñitos de paja de Aponte Aponte y Alcaray con extracto de amenazas de Henry Rapel Singa, un chorrito de jijí de Andrés y finalmente péguele un grito y asústelo con una foto de Iris. Enróllelo y fúmese ese coleto mientras chasquea los dedos diciendo: *"¡Fuera Majunche, fuera Majunche!* y como complemento de protección energética, en el centro de *Looking Flower*, guinde un plátano negro, bien maduro con una inscripción en tinta roja que diga: *"Míquiti que me voy."*

"Los pueblos sin memoria
están condenados a repetir su historia"
Sartre

5.- El Sancocho de Misifú

Ingredientes

- ☐ Yuca y ñame de la Nueva Ética de la Inclusión y Corrupción Endógena

- ☐ Un saco de polvo de la Suprema Anarquía Social

- ☐ Catorce años de Autocracia Protagónica

- ☐ Un tronco del nuevo Modelo Improductivo

- ☐ Un puño de Represión a la Oposición

- ☐ Ciento Ochenta Mil Toneladas de Alimento Podrido

- ☐ Albóndigas para la Nueva Orgía Internacional

- ☐ Frijoles de Indecencia (al gusto)

- ☐ Un metro de chorizo de Iniquidad

- ☐ Agua de Lago con Lemnáceas

- ☐ Veinte Mil Homicidios de Potencia Energética

- ☐ Ñemas Misioneras (al gusto)

- ☐ Un tubo de Crema Inepta

Preparación:

Eche el polvo de la Suprema Anarquía Social a sofreír en una palangana roja con el aceite de zoquete previamente calentado a Veinte Mil Homicidios de Potencia pero que no se marchite; simultáneamente, ponga a salcochar en una isla arruinada la yuca y el ñame de la Nueva Ética de la Inclusión y Corrupción Endógena y remuévalo de vez en cuando con un dictador duro (si es blando se pasman); coloque las Albóndigas de la Orgía Internacional con las Ñemas Misioneras en una asamblea mediocre y amáselas hasta que cambien de color agregando el agua infestada poco a poco hasta que se produzca un caldo homogéneo. Saque la yuca y el ñame y métaselas a la asamblea junto con las albóndigas y las ñemas. Luego, sobe el tronco del Nuevo Modelo Improductivo con la Crema Inepta y enséñeselo al caldo; como es duro y aromático sirve para que se ponga colorao y vaya agarrando olorcito. Pegue el puño de Represión a la Oposición, incorpore los frijoles de Indecencia y meta el metro de chorizo de Iniquidad meneándolo suavemente al principio y después con fuerza durante los catorce años de Autocracia Protagónica, condimentando con insultos y farfullas al gusto.

Sírvalo acompañado de las Ciento Ochenta Mil Toneladas de Alimento Podrido con aplausos de focas insurgentes.

Para 30 millones de personas. Si le echas más agua, alcanza pa` los chulos también.

Capítulo 4
Bajar la Palanca

1.- Indicadores de Gestión y Control de Calidad

El éxito del proyecto dependerá de la rigurosidad con que se apliquen los preceptos, por lo tanto, deberá realizar mediciones periódicas para el aseguramiento de la victoria.

Si no entiende tantos garabatos, corte estas páginas por la línea punteada o arránquelas y guíndelas en el baño con un alambrito...seguro les encontrará utilidad.

Tomando en consideración las ecuaciones señaladas en la Postura No.6:

$$1 \text{ Jajaja} = Mc / (4Fx12AxPueblox10^{5000 \text{insultos}}x2Dx3^{\text{referendum}}) + (\text{socialismoXXI}+\text{comunismo}/\text{disfraz}) + (\text{Pueblo} \times 12\text{años}/\text{pupú} \times 10^{\text{porquénotevas}})$$

Entonces:

$$(F + A + C + R) = \text{Un Mega Jajaja} \times 50 \text{ años} \times \text{Fracaso} \times 10^{\text{infinito}}$$

Mientras:

$(H + R + CH + F)$ y $(F + A + C + R)$ = *"la misma cosa"*; ecuación probada históricamente que evolucionó de:

Fideo Elastro = Chacumbele

El Control de Calidad consiste en verificar que $(H + R + CH + F)$ siempre tienda al infinito, donde:

H = Horror + Hambre + Haraganería + Harakiri + Hecatombe + Hedor + Herejía + Histeria + Homicidios + Hostigamiento + Hostilidad + Humillación + Hurto del Tesoro Nacional

R = Ruina económica + Rancia verborrea + Rabia + Rencilla social + Rencor histórico + Represión al opositor + Repugnancia clasista + Revanchismo irreverente + Retórica ideológica atropellante + Robo + Rufianería + Ratería + Raquitismo empresarial + Rufianería populacha

Ch = Chapucería + Chabacanería + Chancletería + Charranería + Chusmaje + Chulería

F = Fanfarronería + Fantochería + Farfulla + Falsedad + Fatalismo + Fetidez + Fetichismo + Fiasco + Filibusterismo + Flojera + Fornicación + Fratricidio + Fraude + Frialdad + Fustigación

El Patómetro y el Tortómetro

Estos instrumentos miden el grado de equivocación, avería, arruinamiento o destrozo en la ejecución las actividades posturales.

El Patómetro consiste de una figura o silueta de un piecito, dividido en cuatro partes, colocado al lado de cada *Postura*, que usted deberá rellenarlo señalando la medida de ejecución de la mencionada actividad.

Así mismo, el Tortómetro o Plastómetro Odovolumétrico, está dividido en cuatro secciones. Puede utilizar cualquiera de las dos indistintamente porque proveen la misma información; la diferencia es el diseño del despliegue informativo para la toma de decisiones.

Una vez ejecutada la *Postura* respectiva, esta es verificada sumando cada uno de los atributos de cada variable que compone la ecuación anterior. La medición indicará una cuarta parte, media, tres cuartas partes o ejecución completa de la variable. En el Informe de Gestión colocará, por ejemplo:

Con el Patómetro:

- **¼:** Le Metí los cayos a la Educación

- **½:** Medio la Metí en la Educación

- **¾ :** Me falta el Talón con la Educación

- **Toda:** "Metí la Pata con la Educación"

Con el Plastómetro:

- **¼ de Tolete:** "La puse un poquito"

- **½ Tolete:** "La medio puse"

- **¾ de Tolete:** "Me falta una ñinguita"

- **Gran Tolete o Toletote:** "Puse la Torta con la Educación"

2.- La Franquicia: Guía de Exportación

- ☐ Eliminación de las normas que limitan el período presidencial

- ☐ Erradicación de la independencia de poderes

- ☐ Purga y compra de las Fuerzas Armadas

- ☐ Purga y compra del Poder Judicial

- ☐ Desmantelamiento de los Medios de Comunicación

- ☐ Expropiación de tierras y empresas

- ☐ Endeudamiento voraz

- ☐ Narcotráfico

- ☐ Hospedaje de terroristas

- ☐ Corrupción y flagrancia delictiva

- ☐ Impunidad

- ☐ Desacato a las leyes internacionales de los derechos humanos

- ☐ Retiro de organizaciones regionales y mundiales

- ☐ Hostigamiento y represión a la disidencia y a la protesta

- ☐ Fraude electoral

- ☐ Mano dependencia (*Cerocuco*)

3.- Consummatum Est

"Seis cosas aborrece Jehová, y aún siete que le son abominables:
Los ojos altivos,
la lengua mentirosa,
las manos que derraman sangre inocente,
el corazón que maquina pensamientos inicuos ,
los pies que corren presurosos para el mal,
el testigo falso que dice mentiras,
y el que siembra discordia entre hermanos".
Proverbios 6:16-19

Hay dictadores cómicos, pero tan cómicos, que a veces no sabemos si es que quieren competir con nosotros los humorófagos o nos tienen envidia; no sabemos si reír o llorar; o llorar de la risa, lo que redunda en una especie de confusión emocional, enredo cósmico o flatulencia cuántica, sobre todo cuando el destino de millones de personas está en manos mocarreras y mentes maltrechas, de las que no brota un ápice de progreso.

Sea cual fuere el estilo que usted quiera asumir, tenga presente que los *tiranofashion o la tiranomanía* que había en el mundo, se está extinguiendo. Los nuevos medios y redes sociales han creado las condiciones o facilitado las circunstancias para que se desaten revoluciones civiles que conducen a procesos democráticos de alternancia gobernativa y la adopción de mejores estilos de vida. La gente que habita en difíciles entornos dictatoriales se ha dado cuenta que sí es posible convivir en respeto, libertad y paz; tener acceso libre a la información y a la tecnología; al libre credo y a la diversidad de pensamiento. También ha visto que ya no se justifican los extremismos religiosos ni ideológicos porque no se traducen en calidad de vida. Esos pueblos están cansados de vivir al margen del progreso mundial y con preceptos milenarios de poder que sus demagogos dictadores han utilizado por centenas de años para someter sus conciencias y mantenerlos con la bota en la nuca y la nariz en la tierra.

Actualmente es inevitable el efecto globalizador de las comunicaciones y la influencia occidental implícita, de las que se derivan las imitaciones de *buenas prácticas* y patrones culturales malos y buenos, pero los pueblos pueden asumir roles soberanos en vías de materializar procesos evolutivos sin caer en indignas posiciones de sumisión y coquetería doctrinaria.

Dicho esto, le sugiero que no pretenda aplicar el manual en las regiones donde ya se están gestando procesos *Anti Tacamahánicos*, porque se lo van a espetar por su intrincado vértice donde no es posible la fotosíntesis.

"No se codicia lo que no se ve."
Dr. Hannibal Lexter
Psiquiatra come gente

Al aplicar este manual, se va a meter en camisa de once varas. Tenga en cuenta lo siguiente:

Si sigue el curso de acción en sintonía con los preceptos tirano - históricos de *Misifú*, va tener un montón de gente buscándolo para pedirle cuentas, sobre todo, aquellos a quienes usted defraudó y engañó, entonces no puede esperar que todo termine color de rosas. *"El que mata a plomo no puede esperar morir sombrerazos"*, dice el refrán popular, porque no importa lo que hagáis en tu tierra, con suficientes razones históricas y válidas;

justificables o no; si sembráis odio, este regresará y ni el diablo, con todas sus entidades espirituales a quienes el señor *Misifú* convocó, lo van a salvar de un pueblo arrecho. (Hablando del Diablo, ese señor esta de lo más estresado evaluando otras modalidades destructivas, como para ocuparse de un nuevo resbalón comunistoide).

No se puede enfrentar al pueblo contra su pueblo. Si no existen acuerdos, respeto y la armonía derivada del equilibrio de intereses, cualquier acción queda suspendida en el limbo de los sueños, destruyéndose en sí misma, quedando sólo esfuerzos placébicos de intenciones mal formadas.

Así que, le doy mi última recomendación: mientras ejecuta el proyecto, tenga arregladas unas maletitas y un avión full de gasolina, comida y por su puesto varios millones de dólares, por si se presenta un verguero. Si eso llegara a ocurrir, huya para donde uno de los chulos amigos suyos y no asome la cabeza ni para respirar; desaparezca, disfrácese o hágase una cirugía, no porque lo vayan a agredir físicamente, sino para que no sea víctima del mayor chalequeo presidencial habido en la historia de la humanidad. Si necesita más dinero en el futuro, no se preocupe, porque sus carroñeros se habrán encargado con antelación de sacar la mayor cantidad posible para usted y para el jala bolas que lo va a recibir en el aeropuerto.

De usted dependerá si decide acostarse en un chinchorro a la orilla de un rio o si querrá continuar destruyendo el país en alguna montaña escondido como una rata, armando y movilizando una guerrilla para pretender la realización de su sueño, que no es otra cosa que la diseminación mundial de su vicio escatófago. Si se cumplen todas estas premisas, inducidas por las mismas circunstancias que hicieron fracasar a

Chacumbele, entonces, deberá emprender la huída, gateando con el rabo entre las piernas, porque el mundo ya no es el mismo.

¡Che no llores; no te pongas así! No seáis tan duro contigo. No te puedes quejar: te di el método, apoyo ano lingüístico, soporte espiritual de los más avanzados y hasta un sancocho antes de que bajaras la palanca del retrete, y todos entendemos la imponderable influencia que ejerce el poder y el dinero sobre los hommo sapiens y su capacidad para retorcer la frágil mente humana; quédate tranquilo, que el Diablo SÍ te va a recibir si aplicas el manual. En estos días leí en un diario local que ya comenzó la ronda de cesiones en el infierno para deliberar cual será la ubicación de la paila que le van a asignar a *Misifú* ¿y sabes qué? Si sigues su ejemplo ¡Lo vas a acompañar! ¡Ya tienes tu lugar seguro!

Cuando la pelona los vaya a buscar, vivirás el regocijo eterno de posar las nalgas en el mejor sartén que podéis haber imaginado: ¡calentito y rojo rojito!

Ya nos hemos ganado un merecido descanso
de este régimen vulgar y confiscatorio
lo que queda es disparar el metatarso
hacia su cuadrante postero expulsatorio

*"Enfrentar a un pueblo contra su propio pueblo,
es la peor de las torpezas que líder alguno puede cometer.
Tarde o temprano ese odio regresará y cobrará sin misericordia".*
Oswaldo R. González

Chacumbele

Autor: Alejandro Mustelier

Como la mujer de fuego
Oh mujer de cabaret
vas en busca de tu amante
que ayer noche se te fue.

Yo no puedo detenerte
por qué llamar la atención
Tengo ganas de prenderte
sin poner mi corazón

Parrandeando por las calles
de la Habana noche y día
no te acuerdas caramba
refunfuñando de ayer noche se mató

Chacumbele que ya estaba aburrido de sufrir
Él mismito se mató
Pobrecito Chacumbele
Él mismito se mató

Reseñas biográficas de los autores de las frases

Extractos biográficos para el gozo informativo y el curiosidio, consultados en *Wiki pedía,* www.biografíasyvidas.com y en los oscuros y ociosos mundos de la imaginación del autor

Anonimus: Estuve investigando acerca de este personaje y después de meses de búsqueda apareció Pepe, un gallego que medio oyó el asunto y dijo lo siguiente: *"...no sé quien joder dijo eso; de la risa que me ha dao me he meado hasta las pantuflas. El chisme que me han echao, es que al gilipollas a quien han mandao a callá, quedó con cara de pija muerta."* Es el mismo autor de frases desesperadas como: "Cállate ya", "Calleje la jeta", "Cierre el pico" y "Shut up mother f...", traducidas a cincuenta idiomas y dialectos.

Antonio Gala: 2 de Octubre de 1930. Su nombre de pila fue *Antonio Ángel Custodio Sergio Alejandro María de los Dolores Reina de los Mártires de la Santísima Trinidad y de Todos los Santos.* Dramaturgo, poeta y novelista español. Gala es un autor de gran éxito entre los lectores en cualquiera de los géneros que cultiva: teatro, columnismo, novela o lírica. Su estilo abunda en imágenes y recursos líricos, y es muy elaborado en lo formal, pero no le faltan detractores por sus críticas a personajes de la actualidad o a personajes históricos. La llegada de Antonio Gala a la novela fue tardía, pero obtuvo un éxito de público arrollador con novelas como la histórica *El manuscrito carmesí* y *La regla de tres* así como *La pasión turca*, adaptada al cine por el conocido director español, Vicente Aranda. El *Águila bicéfala* es una colección de artículos sobre el amor. Destaca también en el campo del relato corto con libros como *Los invitados al jardín* (2002). Sus memorias *Ahora hablaré de mí* (2000), son entretenidísimas y se hallan escritas con un gran sentido del humor.

Bernabé: La Sagrada escritura lo presenta como un apóstol y como San Pablo, considerado por la Iglesia en la categoría de los doce aunque no sea ninguno de ellos, originario de Chipre, fue un judío que pertenecía a la tribu de Leví, vivió durante el siglo I. Su nombre original era José. Los apóstoles lo cambiaron por el de Bernabé, que significa *Hijo de la Exhortación*, aunque según San Lucas significa *el esforzado, el que anima y entusiasma*. El Bernabé al que se refiere este manual es distinto a ese; se refiere al Bernabé que recibió de Borondongo y por eso le dio a Muchilanga. En la leyenda *Misifuyera*, fue rey de Colonoscopia y existió como el súmmum mortificador de Borondongo, padre putativo de Chacumbele.

Bobbio, Norberto: (Turín, Italia, 18 de octubre de 1909 – 9 de enero del 2004). Fue un jurista, filósofo, y politólogo italiano. Tanto en sus enseñanzas como en sus muchas obras, tales como *Politica e cultura* (Política y cultura, 1955), *Da Hobbes a Marx* (De Hobbes a Marx, 1965) y *Quale socialismo?* (¿Qué socialismo? 1976), Bobbio ha analizado las ventajas y desventajas del liberalismo y del socialismo, tratando de mostrar que quienes defienden ambas ideologías basan sus actividades en el respeto al orden constitucional y en el rechazo a los métodos antidemocráticos.

En filosofía, su pensamiento experimentó cambios determinantes, pasando de una posición inicialmente cercana a los planteamientos de la fenomenología y del existencialismo (que se puede datar entre 1934 a 1944) a una toma de postura cercana al empirismo lógico y la filosofía analítica. Abandonará la fenomenología pues aprecia en ella una suerte de teorización de la doctrina de la "doble verdad" y por ello un retorno a la vieja metafísica. También abandonará el existencialismo, denunciándolo por antipersonalista y apolítico. Llamado por muchos el «filósofo de la democracia», en materia política Bobbio tendió siempre a la defensa de tres ideales autoimplicativos que él mismo reconoció expresamente: *democracia, derechos del hombre y paz.*

Bolívar, Simón: Simón José Antonio de la Santísima Trinidad Bolívar y Palacios Ponte y Blanco, mejor conocido como **Simón Bolívar**, (Caracas, 24 de julio[3] [4] de1783 — Santa Marta, República de Colombia, 17 de diciembre de 1830) fue un militar y político venezolano de la época pre-republicana de la Capitanía General de Venezuela; fundador de la Gran Colombia y una de las figuras más destacadas de la emancipación americana frente al Imperio español. Contribuyó de manera decisiva a la independencia de las actuales Bolivia, Colombia, Ecuador, Panamá, Perú y Venezuela.

En 1813 le fue concedido el título honorífico de *Libertador* por el Cabildo de Mérida en Venezuela que, tras serle ratificado en Caracas ese mismo año, quedó asociado a su nombre. Los problemas para llevar adelante sus planes fueron tan frecuentes que llegó a afirmar de sí mismo que era "*el hombre de las dificultades*" en una carta dirigida al general Francisco de Paula Santander en 1825. Participó en la fundación de la Gran Colombia, nación que intentó consolidar como una gran confederación política y militar en América, de la cual fue Presidente. Bolívar es considerado por sus acciones e ideas el "*Hombre de América*" y una destacada figura de la Historia Universal, ya que dejó un legado político en diversos países latinoamericanos, algunos de los cuales le han convertido en objeto de veneración nacionalista. Ha recibido honores en varias partes del mundo a través de estatuas o monumentos, parques, plazas, etc. Así mismo, sus ideas y posturas política-sociales dieron origen a una corriente o postura llamada Bolivarianismo.

Borges, Jorge Luís: Jorge Francisco Isidoro Luis Borges (Buenos Aires, 24 de agosto de 1899–Ginebra, 14 de junio de 1986) fue un escritor argentino, uno de los autores más destacados de la literatura del siglo XX.

Publicó ensayos breves, cuentos y poemas. Su obra, fundamental en la literatura y en el pensamiento universales y que ha sido objeto de minuciosos análisis y de múltiples interpretaciones, trasciende cualquier clasificación y excluye todo tipo de dogmatismo. Es considerado uno de los eruditos más grandes del siglo XX, lo cual no impide que la lectura de sus escritos suscite momentos de viva emoción o de simple distracción. Ontologías fantásticas, genealogías sincrónicas, gramáticas utópicas, geografías novelescas, múltiples historias universales, bestiarios lógicos, silogismos ornitológicos, éticas narrativas, matemáticas imaginarias, thrillers teológicos, nostálgicas geometrías y recuerdos inventados son parte del inmenso paisaje que las obras de Borges ofrecen tanto a los estudiosos como al lector casual, y sobre todas las cosas, la filosofía, concebida como perplejidad, el pensamiento como conjetura, y la poesía, la forma suprema de la racionalidad. Siendo un literato puro pero, paradójicamente, preferido por los semióticos, matemáticos, filólogos, filósofos y mitólogos, Borges ofrece —a través de la perfección de su lenguaje, de sus conocimientos, del universalismo de sus ideas, de la originalidad de sus ficciones y de la belleza de su poesía— una obra que hace honor a la lengua española y la mente universal. Ciego a los 55 años, personaje polémico, con posturas políticas que le impidieron ganar el Premio Nobel de Literatura al que fue candidato durante casi treinta años.

Borondongo: Según nuestra querida Celia, fue Borondongo el que le dio a Bernabé, y eso fue porque Songo ya le había dado a Borondongo. Fue rey de la mitológica tierra de Vergópolis, productora de la *Jalea Negra.*

Buñuel, Luis: Luis Buñuel Portolés (Calanda, Aragón, España 22 de febrero de 1900 – Ciudad de México, 29 de Julio de 1983). Fue un director de cine español naturalizado en México. La gran mayoría de su obra fue realizada en México y Francia y es considerado uno de los más importantes y originales directores de la historia del cine. Durante toda su vida, Buñuel fue un rebelde, hasta el último momento estuvo luchando contra sí mismo. Su interior le dictaba unas normas sobre la muerte, la fe, el sexo... que su conciencia no podía aceptar. Esta dualidad le marcó desde su más tierna infancia. Buñuel rompió barreras luchando a favor de la libertad. Si siempre le había obsesionado la muerte, en los últimos cinco años de su vida, sordo, con poca vista, con alguna operación que otra, dejó de ver cine, televisión y apenas cogía un libro, con excepción de *La vejez* de Simone de Beauvoir, que leía y releía. Pensaba en su muerte y en el fin del mundo, bromeaba con los demás acerca de su vejez. En su obra autobiográfica *Mi último suspiro* Buñuel destaca la importancia que el cóctel tuvo en su proceso creativo. Con todo, hay que indicar que no se trata ni de una apología del alcohol, ni de una forma de camuflar hábitos etílicos, ya que el director no tenía ningún tipo de dependencia. Sin embargo, conviene indicar este aspecto en la vida y obra del artista porque refleja una forma de entender la vida y un apego a hábitos propios de las grandes urbes contemporáneas, algo que, sin duda, resulta importante en su trabajo. El cóctel favorito de Luis Buñuel era del Dry Martini e incluso creó un cóctel de cosecha propia que llamó el Buñueloni.

Burundanga: Acrónimo de escopolamina, una molécula con actividad anticolinérgica prominente, que tiene efectos de alteración de la memoria y sobre el estado de consciencia. También tiene usos médicos como antiespasmódico y midriático. En la cultura popular suele afirmarse que la Burundanga se usa para doblegar la voluntad de las personas, sobre todo maridos cerriles y chúcaros. Al parecer, también causa hinchazón en los pies, como le aconteció a Muchilanga. Mentan las malas lenguas, que como Rey de Equatanga, era pachucho con su seguridad, y un día, en una protesta de los guardias de la tribu, lo pusieron a tragar gas lacrimógeno... y del bueno.

Butler, Samuel: (8 de febrero de 1612 - 25 de septiembre de 1680). Poeta inglés. De todas sus obras características de la literatura de la Restauración inglesa, destaca *Hudibras*, un largo poema satírico y burlesco sobre el puritanismo. Primero fue clérigo y más adelante juez de paz. Antes de dar a conocer sus investigaciones sobre poesía, quedó ligado a la casa de la duquesa de Kent, quien le dio la libertad de dedicarse enteramente a sus estudios; más tarde ocupó un empleo en casa de Samuel Like, puritano y partidario de Oliver Cromwell. Con la llegada de la restauración, se convirtió en secretario del Lord-Presidente de Gales; en esa época se casó también con una viuda de nombre Herbert. En 1663 se publicó la primera parte de *Hudibras* y las dos siguientes lo hicieron en 1664 y 1678. Carlos II de Inglaterra se declaró un admirador de la obra y ofreció a su autor una pensión. Butler colaboró con George Villiers en la creación de *The Rehearsal*, pieza satírica que ridiculizaba el drama heroico. A pesar de la popularidad de *Hudibras*, Butler no recibió el favor de la corte y murió en 1680 en la pobreza. Está enterrado en la abadía de Westminster.

Chacumbele: Chacumbele es una vieja guaracha cubana, exactamente de 1941, escrita por el compositor Armando Mustelier, inspirado en un personaje real, un policía que vivió a principios de siglo en la ciudad de la Habana en Cuba. Encontramos dos versiones, una en la que el personaje Chacumbele se suicidó y otra en la que fue asesinado. En la primera, el policía es engañado por su mujer y agobiado por el dolor de la afrenta, se suicida con su revólver de reglamento. La letra de la canción, no despeja de dudas, pues no alude en si al hecho del suicidio, pero sin embargo reza que Chacumbele "que ya estaba aburrido de sufrir, él mismito se mató". La otra versión, por cierto la más difundida, cuenta que Chacumbele era un policía parrandero y mujeriego, y su mujer era extremadamente celosa y posesiva. La dama en cuestión, se entero que su amado infiel, estaba con otra y como se lo había jurado en varias oportunidades, armada de un filoso cuchillo, lo buscó por las calles de la Habana y lo asesino a puñaladas. En este caso el estribillo "el mismito se mato" alude a la persona que con sus malos actos se busca la muerte. Esta historia apasionante, se hizo popular gracias a la guaracha, interpretada por Míster Babalú Miguelito Valdez, por Rolando La Serie y Celia Cruz, entre muchos, que la hicieron famosa y convirtieron al pegajoso estribillo en una frase popular. (Extracto de artículo publicado en Magazine Digital –magazine.com.ve- Edición No. 265).

El Chacumbele al que se refiere nuestro manual es parecido al que resucitó el insigne economista, político y periodista venezolano Teodoro Petkoff, sólo que el Chacumbele de él es de verdad y el nuestro... ficción y coincidencia.

Churchill, Winston: Sir Winston Leonard Spencer-Churchill (Palacio de Blenheim, 30 de noviembre de 1874 – Londres, 24 de enero de 1965) fue un político y hombre de estado británico, conocido por su liderazgo del Reino Unido durante la Segunda Guerra Mundial. Es considerado uno de los grandes líderes de tiempos de guerra y fue Primer Ministro del Reino Unido en dos períodos (1940-45 y 1951-55). En primera línea política durante 50 años, Churchill ocupó numerosos cargos políticos y de gabinete. Notable hombre de estado y orador, Churchill fue también oficial del Ejército Británico, historiador, escritor y artista. Hasta la fecha es el único Primer Ministro Británico que ha sido galardonado con el Premio Nobel de Literatura, y fue nombrado ciudadano honorario de los Estados Unidos de América. Según la fundación Nobel, se le concedió por *su maestría en la descripción histórica y biográfica, tanto como por su brillante oratoria, que defiende exaltadamente los valores humanos*". El 15 de enero de 1965, Churchill sufrió un segundo ataque cardiaco que le ocasionó una severa trombosis cerebral. Falleció nueve días después, el 24 de enero de1965, el mismo día que había fallecido su padre 70 años antes Por petición de Churchill fue enterrado en la tumba de la familia en la iglesia de Saint Martin, Blandon, cerca de Woodstock y no lejos de su lugar de nacimiento en Blenheim.

Cilia Flowers: Cantante y actriz, autora de los éxitos musicales *"Hugo, si tu boquita fuera de arroz con leche" y "Este micrófono es mío, pecadora"*.

Deng Xiaoping: Teng Hsiao-P'ing o Deng Xixian. Dirigente político de la República Popular China (Xiexing, Sichuán, 1904 - Pekín, 1997). Hijo de un terrateniente, Deng recibió una educación moderna, que completó con estancias en París y Moscú. Deng se distinguió pronto como un líder moderado y pragmático, frente al radicalismo auspiciado por Mao en los años del *Gran Salto Adelante* (1958-61); contra el dogmatismo ideológico maoísta lanzó su famosa sentencia de "gato negro o gato blanco, poco importa si caza ratones." Deng se impuso en esa lucha por el poder y se convirtió en el nuevo *hombre fuerte* de China (1977). Tras eliminar del aparato del Estado a los continuistas, inició una audaz política de reformas bajo el lema de las *cuatro modernizaciones* (agrícola, industrial, científico-técnica y de defensa), pero su aperturismo no se extendió al terreno político, manteniendo la dictadura del partido único, la restricción de las libertades y la represión de los disidentes, obligado a retirarse al mismo tiempo que los demás dirigentes de su generación y situando en los puestos clave a un grupo de hombres de su confianza; pero, desde su retiro, siguió controlando la política china hasta su muerte.

El Mocho Manuel: Psiquiatra miembro del colectivo *"No Mais Manuella"*, que promueve la erradicación de la mano dependencia. Esta fundación realizó una alianza estratégica con Piccollina Tello Destrozzo.

Fellini, Federico: (Rímini, 20 de enero de 1920 – Roma, 31 de octubre de 1993) fue un director de cine y guionista italiano. Es universalmente considerado como uno de los principales protagonistas en la historia del cine mundial. Ganador de cuatro premios Óscar por mejor película extranjera, en 1993 fue galardonado con un Óscar honorífico por su carrera. Durante casi cuatro décadas –desde *El jeque blanco* en 1952 hasta *La voz* *de la luna* en 1990– y dos docenas de películas Fellini realizó un retrato de una pequeña multitud de personajes memorables. Decía de sí mismo que era *"un artesano que no tiene nada que decir, pero sabe cómo decirlo"*. Su obra es ampliamente considerada como única e inolvidable, llena tanto de asperezas como de sátira, y veladas de melancolía.

Francois La Rochefoucauld: Francisco VI, duque de La Rochefoucauld (15 de Septiembre 1613, París 17 de Marzo 1680). Escritor, aristócrata y militar francés, conocido, sobre todo, por sus *Máximas*. La Rochefoucauld pasó sus años de retiro escribiendo sus *Memorias* que fueron publicadas, clandestina y parcialmente, en 1662, en Bruselas por los Elzevires. Su publicación causó un tremendo revuelo y muchos de sus amigos se sintieron profundamente ofendidos por cuanto afectaban a su reputación, aunque él se apresuró a negar que éstas fueran auténticas. Tres años más tarde publicó sus *Reflexiones o Sentencias y Máximas Morales*, clásico de la aforística universal, que le situarían, de golpe, entre los más grandes escritores de la época. Poco después empezó su amistad con Madame La Fayette que duró hasta el fin de sus días.

Franklin, Benjamín: (Boston, 17 de enero de 1706 - Filadelfia, 17 de abril de 1790). Fue un político, científico e inventor estadounidense. Fue uno de los Padres Fundadores de Los Estados Unidos. Se tiene mucha información sobre la vida y los puntos de vista de Franklin, debido a que a los 40 años comenzó a escribir su autobiografía (supuestamente para su hijo). Ésta fue publicada a título póstumo con el título de *La vida privada de Benjamín Franklin*. La primera edición vio la luz en París en marzo de 1791 (Mémoires De La Vie Privée), menos de un año después de su muerte, y en1793 estaba disponible la traducción al inglés (The Private Life of the Late Benjamín Franklin). Franklin fue un prolífico científico e inventor. Además del pararrayos, inventó también el llamado *Horno de Franklin* o *Chimenea de Pensilvania* (1744), metálico y más seguro que las tradicionales chimeneas; las lentes bifocales, para su propio uso; un humidificador para estufas y chimeneas; uno de los primeros catéteres urinarios flexibles, para tratar los cálculos urinarios de su hermano John; el *cuenta kilómetros*, en su etapa de trabajo en la Oficina Postal; las *Aletas de Nadador* y la *Armónica de Cristal*. Estudió también las corrientes oceánicas calientes de la costa Este de Norteamérica, siendo el primero en describir la corriente del golfo.

Friedrich Nietzsche: Friedrich Wilhelm Nietzsche (Röcken, cerca de Lützen, 15 de octubre de 1844 – Weimar, 25 de agosto de 1900) fue un filósofo, poeta, músico y filólogo alemán, considerado uno de los pensadores modernos más influyentes del siglo XIX. Realizó una crítica exhaustiva de la cultura, la religión y la filosofía occidental, mediante la deconstrucción de los conceptos que las integran, basada en el análisis de las actitudes morales (positivas y negativas) hacia la vida. Este trabajo afectó profundamente a generaciones posteriores de teólogos, filósofos, sociólogos, psicólogos, poetas, novelistas y dramaturgos.

Meditó sobre las consecuencias del triunfo del triunfo del secularismo de la Ilustración, expresada en su observación "Dios ha muerto", de una manera que determinó la agenda de muchos de los intelectuales más célebres después de su muerte. Nietzsche recibió amplio reconocimiento durante la segunda mitad del siglo XX como una figura significativa en la filosofía moderna. Su influencia fue particularmente notoria en los filósofos existencialistas, críticos, fenomenológicos, postestructuralistas y postmodernos y en la sociología de Max Weber. Es considerado uno de los tres "Maestros de la sospecha" (según la conocida expresión de Paul Ricoeur), junto a Karl Marx y Sigmund Freud.

Gandhi, Mahatma: (Porbandar, India británica, 2 de octubre de 1869 – Nueva Delhi, Unión de la India, 30 de enero 1948). Fue un abogado, pensador y político hindú. Desde 1918 figuró abiertamente al frente del movimiento nacionalista indio. Instauró métodos de lucha social novedosos como la huelga de hambre, y en sus programas rechazaba la lucha armada y predicaba la ajimsa (no violencia) como medio para resistir al dominio británico. Pregonaba la total fidelidad a los dictados de la conciencia, llegando incluso a la desobediencia civil si fuese necesario; además, bregó por el retorno a las viejas tradiciones indias. Mantuvo correspondencia con León Tolstoi, quien influyó en su concepto de resistencia no violenta. Se destacó la Marcha de la sal, una manifestación a través del país contra los impuestos a los que estaba sujeto este producto. Su influencia moral sobre el desarrollo de las conversaciones que prepararon la independencia de la India fue considerable, pero la separación con Pakistán lo desalentó profundamente. Sobre economía política, pensaba que ni el capital debería ser considerado más importante que el trabajo, ni que el trabajo debería ser considerado superior al capital, juzgando ambas ideas peligrosas; lo que debería buscarse es un equilibrio sano entre estos factores, ambos considerados igual de valiosos para el desarrollo material y la justicia, según Gandhi. Encarcelado en varias ocasiones, pronto se convirtió en un héroe nacional. En 1931 participó en la Conferencia de Londres, donde reclamó la independencia de la India. Se inclinó a favor de la derecha del partido del Congreso, y tuvo conflictos con su discípulo Nehru, que representaba a la izquierda. En 1942, Londres envió como intermediario a Richard Stafford Cripps para negociar con los nacionalistas, pero al no encontrarse una solución satisfactoria, estos radicalizaron sus posturas. Gandhi y su esposa Kasturbá fueron privados de su libertad y puestos bajo arresto domiciliario en el Palacio del Aga Khan donde ella muere en 1944, en tanto que él realizaba veintiún días de ayuno.

Halland Bolland: Cineasta Norteamericano. 1946. Ha sido director de por lo menos una docenas de éxitos mundiales, entre los que se destaca su último documental *"I like your Revolution"*, para el que consiguió el financiamiento para su realización cuando andaba paseando por Vergópolis. Conoció a *Misifú* en un potrero y éste le brindó una arepa de mollejas con queso; el gringo, degustando el exquisito manjar, exclamó: ***"...I like your revolution...!"***. El mandilón quedó con una estupefacta alegría que le regaló 60 millones de dólares de un sopetón para que comenzara a filmar la vaina. Posee también otras películas ganadoras de innumerables premios, como "Natural Born Dick Suckers", "Born on July Twenty Eighth", "HCF" y "Where`s My Misunderstood Tyrant?". Actualmente vive retirado en el estado de la Florida, EUA, percibiendo los extraordinarios dividendos que le proporciona la interminada peliculita.

Hazlitt, William: (10 de abril de 1778 – 18 de septiembre de 1830) fue un escritor inglés célebre por sus ensayos humanísticos y por sus críticas literarias. Se le ha considerado como el crítico literario inglés más importante tras Samuel Johnson. De hecho, los textos de Hazlitt y sus reflexiones sobre las piezas y los personajes de Shakespeare sólo han sido igualados por los de Johnson en cuanto a profundidad, penetración, originalidad e imaginación. Fue un escritor inglés célebre por sus ensayos humanísticos y por sus críticas literarias. Se le ha considerado como el crítico literario inglés más importante tras Samuel Johnson. De hecho, los textos de Hazlitt y sus reflexiones sobre las piezas y los personajes de Shakespeare sólo han sido igualados por los de Johnson en cuanto a profundidad, penetración, originalidad e imaginación.

Horacio: Quinto Horacio Flaco (en latín *Quintus Horatius Flaccus*) (*Venusia*, hoy Venosa hoy Venosa, Basilicata, 8 de Diciembre del 65 A.C. – Roma 27 de Noviembre del 8 A.C. fue el principal poeta lírico y satírico en lengua latina. Fue un poeta reflexivo que expresaba aquello que deseaba con una perfección casi absoluta. Los principales temas que trata en su poesía son el elogio de una vida retirada (*beatus ille*) y la invitación de gozar de la juventud (*carpe diem*), temas retomados posteriormente por poetas españoles como Garcilaso de la Vega y Fray Luis de León. Escribió además algunas epístolas (cartas), última de las cuales, dirigida a *los Pisones*, es conocida como *Arte poética*.

José de Vasconcelos: José María Albino Vasconcelos Calderón (Oaxaca, 27 febrero de 1882 – Ciudad de México, 30 de junio de 1959). Fue un abogado, político, escritor, educador, funcionario público y filósofo mexicano. Autor de una serie de novelas autobiográficas que retratan detalles singulares del largo proceso de descomposición del porfiriato, del desarrollo y triunfo de la Revolución Mexicana y del inicio de la etapa del régimen post-revolucionario mexicano que fue llamada *construcción de instituciones*. Fue nombrado Doctor Honoris Causa por la Universidad Nacional de México y por las de Chile, Guatemala y otras latinoamericanas. Fue también miembro de El Colegio Nacional y de la Academia Mexicana de la Lengua. Llamado además *el Maestro de América*.

Karl Kraus: (28 de abril de 1874 – 12 de junio de 1936). Fue un eminente escritor y periodista austríaco conocido como satírico, ensayista, aforista, dramaturgo y poeta. Generalmente es considerado un escritor satírico de lengua alemana del siglo XX, sobre todo es conocido por su crítica ingeniosa de la prensa, la cultura y la política alemana y austriaca. Karl Kraus estaba convencido de que cualquier pequeño error, aunque su importancia estuviera aparentemente limitada en el tiempo y el espacio, muestra los grandes males del mundo y de una época. Así, podía ver en el fallo de una coma un síntoma de aquel estado del mundo que permitiría una guerra mundial. Uno de los puntos principales de sus escritos era mostrar los grandes males inherentes a lo que aparentemente eran pequeños errores. La lengua era para él la más importante reveladora de los males del mundo. Vio en el tratamiento descuidado de sus contemporáneos hacia la lengua un signo de descuido del mundo en general.

Les Luthiers: es un grupo argentino de humor que utiliza la música como un elemento fundamental de sus actuaciones, con instrumentos informales creados a partir de materiales de la vida cotidiana. De esta característica proviene su nombre: luthier, que en francés significa *creador de instrumentos musicales.* El conjunto está compuesto por cinco miembros (originalmente, eran siete), todos ellos músicos profesionales, y comenzó su trayectoria en la segunda mitad de la años sesenta en la ciudad de Buenos Aires. Se le ha postulado al Premio Príncipe de Asturias de las Artes 2011, el máximo galardón internacional que se concede a las actividades culturales, científicas y humanitarias en todo el ámbito hispano. El galardón de las Artes se concede a la persona, grupo de personas o institución cuya labor en la arquitectura, cinematografía, danza, escultura, música, pintura y demás expresiones artísticas constituya una aportación relevante al patrimonio cultural de la humanidad.

Lord Byron: George Gordon Byron, sexto Barón de Byron (Londres, 22 de enero de 1788 – Messolonghi, Grecia, 19 de abril de 1824), fue un poeta inglés considerado uno de los escritores más versátiles e importantes del Romanticismo. Se involucró en revoluciones en Italia y en Grecia, en donde murió de malaria en la ciudad de Missolonghi. Su hija Ada Lovelace contribuyó en la invención de la máquina analítica junto con Charles Babbage. Byron fue un escritor prolífico. En 1833 su editor John Murray publicó 17 volúmenes sobre toda su obra, incluyendo la biografía de Thomas Moore. Su gran obra, *Don Juan*, un poema de 17 cantos, fue uno de los más importantes poemas largos publicados en Inglaterra, desde *El paraíso perdido* de John Milton. *Don Juan* influyó a nivel social, político, literario e ideológico. Sirvió de inspiración para los autores victorianos.

Luxemburgo, Rosa: Rosa Luxemburg o Róża Luksemburg, más conocida por su nombre castellanizado Rosa Luxemburgo (Zamoc, Imperio Ruso, 5 de marzo de 1871 – Berlín, Alemania, 15 de enero de 1919) fue una teórica marxista de origen judío. Militó activamente en el Partido Socialdemócrata de Alemania (SPD), hasta que en 1914 se opuso radicalmente a la participación de los socialdemócratas en la I Guerra Mundial, por considerarla un "enfrentamiento entre imperialistas". Integró entonces el grupo internacional que en 1916 se convirtió en *Liga Espartaquista*, grupo marxista que sería el origen del Partido Comunista de Alemania (KPD). Al terminar la guerra fundó el periódico *La Bandera Roja*, junto con el alemán Karl Liebknecht. Sus libros más conocidos, publicados en castellano, son *Reforma o Revolución* (1900), *Huelga de* *masas, partido y sindicato* (1906), *La Acumulación del Capital* (1913) y *La revolución rusa (1918)*, en el cual critica constructivamente a la misma y sostiene que la forma soviética de hacer la revolución no puede ser universalizada para todas las latitudes.

Mamey: Fruto amarillo de Cartagena de Indias, de Guacayarima o mamey de Santo Domingo (*Mammea americana*), dulce y comestible. Fue probablemente originario de las Antillas. Es bien conocido en Centroamérica y el norte de Suramérica y actualmente se cultiva también en otras áreas tropicales y húmedas del mundo. / Dominicanismo del color naranja, a medio camino entre el amarillo y el rojo. / Se presume (a mí no me creas) procreadora de Songoro Consongo en el *Cuchiplanchagedón* de la mitología misifuyera. Le gusta el cango y le gusta estar bien con Dios y con los comunistas.

Mhen Dion Pahlo: Filósofo Chino que vivió entre los años 788 – 679 A.C. Se dice que fue el autor de las principales ideas que orientaron los movimientos Contra-Revolucionarios de la dinastía *Loja Lojita*. Fue ejecutado personalmente por el dictador Lojo Bluto, después de haberlo sometido a escuchar sus cuentos de 7.345 horas continuas en cadena de Radio y TV. Fue el primer ser humano que murió de ladilla y arrechera.

Metastasio, Pietro: Pietro Antonio Doménico Bonaventura Trapassi, más conocido como Metastasio (Roma, 3 de enero de 1698 – Viena, 12 de abril de 1782) fue un escritor y poeta italiano y uno de los más importantes libretistas de ópera del siglo XVIII. En sus libretos de ópera se encuentra la mejor expresión de la corriente arcádica, que predominó en la lírica neoclásica italiana. Estos libretos fueron musicados por compositores como Vivaldi, Haendel, Gluck, Meyerbeer, Traetta o Mozart. Al comienzo del verano de 1730 se instaló en Viena en la residencia de un español de Nápoles, Nicolás Martínez, con el que continuó hasta su muerte. Entre 1730 y 1740 escribió sus más bellos dramas líricos: *Adriano, Demetrio, Issipile, Demofoonte, Olimpiade, Clemenza Di Tito, Achille in Sciro, Temistocle* y *Attilio Regolo*. Algunas de ellas se escribieron en intervalos increíblemente cortos: *Achille* en dieciocho días, *Ipermestra* en nueve solamente. Todo el mundo, poetas, compositores, copistas, cantantes, escenógrafos, trabajaban de forma frenética, y Metastasio dirigía todo hasta en los menores detalles. Durante los cuarenta años que duró su carrera original y creativa, su renombre no paró de crecer de una forma verdaderamente formidable, casi increíble. En su biblioteca se contaban no menos de cuarenta ediciones distintas de sus *Obras completas*. Fueron traducidas a numerosas lenguas: francés, inglés, alemán, español e incluso griego moderno. Fueron musicadas y remusicadas continuamente por todos los compositores de alguna notoriedad, y cada ópera reponía sus obras continuamente.

Moreno, Mario (Cantinflas): Mario Fortino Alfonso Moreno Reyes (Ciudad de México, México, 12 de agosto de 1911 – Ciudad de México, México, 20 de abril de 1993), mejor conocido como *Cantinflas*, fue un actor y comediante mexicano, ganador del Globo de Oro en 1957. Ganó una enorme popularidad con la interpretación de su personaje *Cantinflas*, un hombre salido de los barrios pobres que se originó del típico *pelado*. El personaje se asoció con parte de la identidad nacional de México y le permitió a Moreno establecer una larga y exitosa carrera cinematográfica que incluyó una participación en Hollywood. Se dice que el estilo de salir a hacer comedia, disfrazado de "peladito", lo tomó del comediante Manuel Medel. Mario Moreno ha sido referido como el "Charlie Chaplin de México". Mientras que algunas de sus películas fueron dobladas al inglés para las audiencias angloparlantes y su trabajo fue bien recibido entre la gente de Francia, el juego de palabras que usaba en español no se traducía bien a otras lenguas, por lo que tuvo un estruendoso éxito en Latinoamérica, en España y en Guinea Ecuatorial, donde todavía tiene muchos admiradores. Como pionero del cine mexicano, Mario Moreno ayudó a su crecimiento en la Época de oro. Además de ser un líder en los negocios, también llegó a involucrarse en la política de México. Aunque fue conservador, su reputación como portavoz de los desprotegidos le dio a sus acciones autenticidad y se convirtió en alguien importante en la lucha contra el charrismo sindical, que es la práctica del gobierno de un solo partido, para manejar y controlar los sindicatos. Su personaje, cuya identidad se mezcló con la de sí mismo, ha sido analizado desde la década de los cincuenta por numerosos críticos de los medios de comunicación, filósofos, antropólogos y lingüistas.

Martin Luther King: Martin Luther King, Jr. (Atlanta, 15 de enero de 1929 – Memphis, 4 de abril de 1968) fue un pastor estadounidense de la iglesia bautista[2] que desarrolló una labor crucial en Estados Unidos al frente del Movimiento por los derechos civiles para los afroamericanos y que, además, participó como activista en numerosas protestas contra la Guerra de Vietnam y la pobreza en general. Por esa actividad encaminada a terminar con el apartheid estadounidense y la discriminación racial a través de medios no violentos, fue condecorado con el Premio Nobel de la Paz en 1964. Cuatro años después, en una época en que su labor se había orientado especialmente hacia la oposición a la guerra y la lucha contra la pobreza, fue asesinado en Memphis, cuando se preparaba para liderar una manifestación. Luther King, activista de los derechos civiles desde muy joven, organizó y llevó a cabo diversas actividades pacíficas reclamando el derecho al voto, la no discriminación y otros derechos civiles básicos para la gente negra de los Estados Unidos. Entre sus acciones más recordadas están el boicot de autobuses en Montgomery, en 1955; su apoyo a la fundación de la Southern Christian Leadership Conference, en 1957 (de la que sería su primer presidente); y el liderazgo de la Marcha sobre Washington por el Trabajo y la Libertad, en 1963, al final de la cual pronunciaría su famoso discurso *I have a dream* (yo tengo un sueño), gracias al cual se extendería por todo el país la conciencia pública sobre el movimiento de los derechos civiles y se consolidaría como uno de los más grandes oradores de la historia estadounidense. La mayor parte de los derechos reclamados por el movimiento serían aprobados legalmente con la promulgación de la Ley de los derechos civiles y la Ley del derecho al voto. King es recordado como uno de los mayores líderes y héroes de la historia de Estados Unidos, y en la moderna historia de la no violencia. Se le concedió a título póstumo la Medalla Presidencial de la Libertad por Jimmy Carter en 1977 y la Medalla de oro del congreso de los Estados Unidos en 2004. Desde 1986, el Martin Luther King Day es día festivo en los Estados Unidos.

Muchilanga: Muchilanga al final fue el que salió perdiendo, porque además del mamonazo de Bernabé, también le echó Burundanga y se le hincharon los pies. En la crónicas de Chacumflaneras, fue Rey de Nicagaagua, otro de los que sufrió del síndrome de la *Chuletosis Adquirida-* ; chuletero pertinaz de Borondongo con apetito de parvulitas.

Omar Khayyam: (c.18 de mayo de 1048 – 4 de diciembre de 1131). Matemático, astrónomo y poeta persa, nacido en Nihapur, la entonces capital selyúcida de Jorasán (actual Irán). Omar Jayam realizó relevantes investigaciones en astronomía, principalmente la corrección del antiguo calendario zaratustrano. Desde entonces se adoptó una nueva era, conocida como jalaliana o el Seliuk. En 1092 realizó su peregrinación a La Meca, según la costumbre musulmana y a su regreso a Nishapur trabajó como historiador y maestro en matemáticas, astronomía, medicina y filosofía entre otras disciplinas. En 1094 después de la muerte de su padre, escribió un trabajo literario en su lengua materna, el persa (lengua hablada en Irán, Tayikistán, Afganistán, Georgia, parte de la India y parte de Pakistán, también conocida como dari o tayico). En sus poesías se destacan la delicadeza y sutileza en su lenguaje. Como filósofo, Omar Jayam fue materialista, pesimista y escéptico. La obra poética más destacada de Omar Jayam es el *Rubaiyat*, que posee 1000 estrofas epigramáticas de cuatro versos que hablan de la naturaleza y el ser humano. La lectura del *Rubaiyat* significa un acercamiento a la literatura oriental. Contiene un profundo sentido humano que canta los deleites del amor y los goces de la vida que con las transposiciones de amargura y optimismo, conforman el carácter del individuo acentuado en su realidad. La vida exige al hombre duros sacrificios porque es esclavo de sus propios prejuicios. Entre tantos absurdos no disfruta de su efímera existencia. Jayam quiere convencer al hombre de que está equivocado y lo invita a que se desnude de dogmas y doctrinas para que aproveche de los valores tangibles de la naturaleza.

Pasarela, Iris: Funcionaria de Chacumbele, productora del documental *"Diablo este cuerpo es mío"* y su segunda parte *"O te sales o te meto preso"*, así como también la serie para televisión encadenada: *"Misterios Carcelarios", episodio I: "Tráfico de armas en los recintos penitenciarios ¿Son seres extraterrestres?"* Ha realizado un sin número de conferencias y simposios, entre los que se encuentra *"Sardinas enlatadas; nuevos enfoques en sistemas penitenciarios".*

Pedro Darío Vergara Álvarez. 1945. Phd. Pudritology, Cagard Foods University. PDVAL fue un eminente científico bajo las órdenes de Chacumbele que desarrolló sistemas gastronómicos de última generación como el *MASDURA – Sistema Avanzado Socialista de Descomposición Ultra Rápida de Alimentos-*, y el *STONTV –SI TE OLÍ, NO TE VI-* un artilugio óptico electrónico de invisibilidad instantánea cuando se pudren alimentos con alevosía.

Petkoff, Teodoro: Teodoro Petkoff Maleç (o Malek) (Sofía, Bulgaria, 1932) es un político, periodista y economista venezolano, famoso dirigente y guerrillero comunista en la década de los 60, miembro fundador del partido Movimiento al Socialismo, MAS, diputado al Congreso Nacional de Venezuela en varias legislaturas, ministro en el segundo gobierno de Rafael Caldera y candidato presidencial en dos ocasiones. En 1998 se separó del MAS por estar en desacuerdo con la línea de ese partido de apoyar la candidatura de Hugo Chávez, y dejó la militancia partidista para involucrarse en el periodismo, trabajando primero como director del periódico El Mundo, para después fundar su propio periódico, *Tal Cual*, cuya política editorial ha sido de crítica al presidente Chávez. Petkoff ha escrito varios libros de política, entre los que destacan: "Checoslovaquia: El Socialismo como problema" (primera edición: Editorial Domingo Fuentes, 1969), "Socialismo para Venezuela", "Proceso a la Izquierda" (Editorial Planeta, 1976), "Por qué hago lo que hago" (Alfadil Ediciones, 1997), "Chávez: Una segunda opinión" (Grijalbo, 2000), y su más reciente publicación, "Dos Izquierdas" (Alfa Grupo Editorial,

2005), en el que analiza el resurgimiento de los gobiernos de izquierda en América Latina.

Piccollina Tello Destrozzo. Periodista Italiana. 1985. Fundadora de la ONG *"Non Clittori Gellatto"*, organización sin fines de lucro para el apoyo al *Cerocuco* abandonado.

Quevedo, Francisco: Francisco Gómez de Quevedo Villegas y Santibáñez Cevallos, conocido como Francisco de Quevedo (Madrid, 14 de septiembre de 1580 – Villanueva de los Infantes, 8 de septiembre de 1645), fue un escritor español del Siglo de Oro. Se trata de uno de los autores más destacados de la historia de la literatura española y es especialmente conocido por su obra poética, aunque también escribió obras narrativas y obras dramáticas. Ostentó los títulos de señor de La Torre de Juan Abad y caballero de la Orden de Santiago. Estudió Teología en Alcalá, sin llegar a ordenarse, y lenguas antiguas y modernas. Durante la estancia de la Corte en Valladolid parece ser que circularon los primeros poemas de Quevedo, que imitaban o parodiaban los de Luis de Góngora bajo seudónimo (Miguel de Musa) o no, y el poeta cordobés detectó con rapidez al joven que minaba su reputación y ganaba fama a su costa, de forma que decidió atacarlo con una serie de poemas; Quevedo le contestó y ese fue el comienzo de una enemistad que no terminó hasta la muerte del cisne cordobés, quien dejó en estos versos constancia de la deuda que Quevedo le tenía contraída: La obra de Quevedo aborda un inventario extenso en el que el 40% aproximadamente, es satírico. Figuran la poesía, con 875 poemas; la prosa, con obras satírico morales y festivas; el teatro, obras no literarias como políticas, ascéticas, filosóficas, crítica literaria, epistolario, traducciones así como algunas obras perdidas.

Rogers, Will: William Penn Adair "Will" Rogers (4 de noviembre de 1879 – 15 de agosto de 1935) fue un cawboy, humorista, comentarista y actor estadounidense. Conocido como el hijo favorito de Oklahoma, Rogers nació en el seno de una importante familia de Territorio Indio. Dio la vuelta al mundo tres veces, rodó 71 películas (50 mudas y 21 sonoras), escribió más de 4,000 columnas periodísticas, y se convirtió en una celebridad mundial.

A mediados de la década de 1930 Rogers era adorado por los estadounidenses, y fue la estrella mejor pagada de Hollywood.

Sóngoro Consongo: es un libro de poesía del escritor cubano Nicolás Guillén. Publicado tras *Los motivos del son*, le consagró como gran poeta. Se publicó en 1931. Pertenece a la poesía mulata en la que Guillén reelabora ritmos, léxico y formas expresivas del habla y la canción afrocubanas. Sus poesías unen el poema con el ritmo del son cubano. En el caso que nos ocupa en este manual, Sóngoro Consongo en el bastardo primigenio de la revolución vergopoliana; *el consentido de la casa*. Sandunguero genético, dada su ascendencia lasciva, se anima a presentarse cada vez que hay reparto de algo. Su papi siempre le obsequiaba un suvenir de cada salida: carreteritas, dolaritos, etc.

Stefan Zweig: (Viena, Austria, 28 de noviembre de 1881 - Petrópolis, Brasil, 22 de febrero de 1942) fue un escritor austríaco de la primera mitad del siglo XX. Sus obras fueron de las primeras en protestar contra la intervención alemana en la segunda guerra mundial. Fue muy popular durante las décadas de 1921 y 1930. Escribió novelas, relatos y biografías, entre las más conocidas están María Estuardo y la de Fouché, obra mitad biográfica y mitas novela histórica muy interesante, sobre un personaje que nadie ha enriquecido ni antes ni después de Zweig. Otra de sus biografías, la dedicada a María Antonieta, fue adaptada al cine en Hollywood. Tras su suicidio en 1942, su obra fue perdiendo fama progresivamente. No tiene parentesco ni con el escritor Arnold Zweig ni la escritora alemana Stefanie Zweig (nacida en 1932).

Steinbeck, John: John Ernst Steinbeck, Jr. (Salinas California 27 de febrero de 1902 – Nueva York, 20 de diciembre de 1968). Fue un escritor estadounidense ganador del Premio Nobel de Literatura y autor de conocidas novelas como *De ratones y hombres*, *Las uvas de la ira* y *Al este del paraíso*. A lo largo de su vida, John Steinbeck usó el símbolo *Pigasus* (de pig, cerdo en inglés y Pegasus), un cerdo volador atado a la tierra pero aspirando a volar.

Stoppard, Tom: (Tomáš Straussler, Zlín, Checoslovaquia, 3 de julio de 1937) es un dramaturgo británico de origen checo, famoso por obras de teatro como *La costa de Utopía* (*The Coast of Utopia*), *Realidad* (*The Real Thing*), *Rosencrantz y Guildenstern han muerto* (*Rosencrantz and Guildenstern are Dead*), *Rock 'n' Roll*, y por el guion de la película *Shakespeare in Love*.

Twain, Mark: Samuel Langhorne Clemens, conocido por el seudónimo de Mark Twain (Florida, Misuri 30 de noviembre de 1835 – Redding, Connecticut, 21 de abril de 1910). Fue un popular escritor, orador y humorista estadounidense. Escribió obras de gran éxito como *El príncipe y el mendigo* o *Un yanqui en la corte del Rey Arturo*, pero es conocido sobre todo por su novela *Las aventuras de Tom Sawyer* y su secuela *Las aventuras de Huckleberry Finn*. Twain creció en Hannibal (Misuri), lugar que utilizaría como escenario para las aventuras Tom Sawyer y Huckleberry Finn. Trabajó como aprendiz de un impresor y como cajista, y participó en la redacción de artículos para el periódico de su hermano mayor Orion. Después de trabajar como impresor en varias ciudades, se hizo piloto navegante en el río Mississippi, trabajó con poco éxito en la minería del oro, y retornó al periodismo. Como reportero, escribió una historia humorística, *La célebre rana saltarina del condado de Calaveras* (1865), que se hizo muy popular y atrajo la atención hacia su persona a escala nacional, y sus libros de viajes también fueron bien acogidos. Twain había encontrado su vocación. Consiguió un gran éxito como escritor y orador. Su ingenio y sátira recibieron alabanzas de críticos y colegas, y se hizo amigo de presidentes estadounidenses, artistas, industriales y realeza europea. Carecía de visión financiera y, aunque ganó mucho dinero con sus escritos y conferencias, lo malgastó en varias empresas, y se vio obligado a declararse en bancarrota. Con la ayuda del empresario y filántropo Henry Huttleston Rogers finalmente resolvió sus problemas financieros. Twain nació durante una de las visitas a la Tierra del cometa Halley, y predijo que también *se iría con él*; murió al siguiente regreso a la Tierra del cometa, 74 años después. William Faulkner calificó a Twain como *el padre de la literatura norteamericana*.

Glosario de Términos

Adquerir: Ir de compras con Chacumbele.

Ahuevoniado: Estado del pueblo posterior a la cadena nacional.

Aporrear: Chavear, pero con una patada en el trasero.

Arrechera: Rabia exacerbada y pertinaz cuando se va la luz o el agua, caes en un hueco, no te pagan la misión o Chacumbele encadena la radio y la televisión.

Asocago: Sindicato chacumbelero que se denominaba como la Asociación de Carajos Armados y Gente Ociosa.

Bodrio: Ministro de Chacumbele.

Bolsa: Igual que *Zoquete*, pero se queda callado.

Burusa: Propina insignificante. / Beneficios sociales de Chacumbele.

Caligüeva: Flojera, modorra extrema y crónica con que los ministros de Chacumbele ejecutaban las obras.

Cerocuco: Mano dependiente.

Cerveza: Bebida a base de lúpulo. / Tonificador existencial del macho. Cuando es alcohólica es el Enemigo No.1 de las *Cuaimas*, causándoles el mismo efecto que tiene el agua bendita en Drácula.

Catalina: Ponquecito folklórico con papelón.

Coscorrón: Hostigación física de *Misifú* a sus compañeritos de guardería.

Cuaima: Víbora o entidad a veces humana que controla, refunfuña y fastidia; que relincha e impide el libre desenvolvimiento y realización pacífica del honorable sexo masculino de la especie humana, llegando a mutase a veces con panteras, tigres y cocodrilos.

Cuca: Vegetal primario para la producción de Cucaína. / Sanguche.

Cucaína: Alcaloide de propiedades narcóticas. / Mercancía de Walkid. / Sustento de los *Flackos*... y como que de la revolución también.

Cuchiplanchar: Cuchipanda. / Acción de procrear *Micifuces*.

Cuentos Chinos: Pintar pajaritos. / Mentiras. / Promesas vanas, irrealizables. / Vicio inmutable de Chacumbele.

Culei: Kool Aid vergopliano. Ancestral bebida que venía en un sobrecito en polvo, de varios sabores, que al mezclarse con agua alcanzaba para doscientas personas. / Coloquial de *Culo*.

Chalequeo: Atroz burla de niveles estratosféricos infundida a Chacumbele cuando perdió las elecciones.

Chamo: Chaval. / Cuate. / Compinche. / Pana.

Chancletas: Zapatillas sin talón que lamen los *chulos*. Senos sumamente agraviados por el paso de los años.

Chavear: Verbo que se asemeja a joder, pero con más ganas y a propósito.

Yo chaveo, tú chaveas, él chavea, ellos chavean, nosotros chaveamos, vosotros chaveais.

Hay que advertir, que ciertos dialectos asiáticos denotan una similitud fónica al pronunciarse, pero que poseen diferentes significados; por ejemplo, el verbo "saber":

Tú chaves, él chave o él chí chave, ellos chaven, nojotros chavemos, vosotros chaven máis, ustedes quicheran chaver, aquellos chaven también.

Chavlura: Cuando el Diablo delega funciones en Chacumbele.

Cholas: Exquisitez de los *chulos*, parecidas a las Chancletas pero adobadas, sin lavarse los pies. Senos cuyo volumen no supera la suela de un zapato.

Chulo: Máquina de succión. Aprovechador. Gerente de prostitutas. Dícese de aquel pide y chupa con persistencia y tenacidad. Compinche de Chacumbele.

Chupapito: Chulo compinche de *Esteban*.

Chupón: Enorme pedimento, solicitud o exigencia de Huevito de Chulivia a Chacumbele.

Desparramar: Rutina carnestolenda de Chacumbele con el dinero, usualmente con el partido, con los chulos o en época de elecciones.

Echar Paja: Delatar. / Azote desbocado de Aponte Aponte y Alcaray. / Disuasión de Jean Mantel Cantos. / Punta de lengua de Pámparo Putibe.

Emparamado: Estado de hidratación crónica de calzoncillos sufrido por Chacumbele en las elecciones primarias.

Erial: Tierra sin labrar ni cultivar que no era del agrado de Chacumbele para expropiar.

Escoria: Protectores de Chacumbele. / Algunos ministros y otros funcionarios.

Escuálido: Insulto y opuesto existencial de Chacumbele. Si saltó la talanquera se denomina *Traidor a la Patria* que generalmente *echa paja.*

Hercúleo: Se debe tener cuidado donde se acentúa; con el acento en la "u" significa Fuerte, Macizo. Con el acento tácito en la segunda "e", puede referirse al acto sexual de un margariteño.

Huevón (güevón): Dícese de aquel que votó por Chacumbele y después se arrepintió cuando éste salió del closet. / Complicación del *Bolsa.* / Macho desahuciado que le apagan el televisor y lo mandan a dormir.

Huevonada (Güevonada): Discusión en la Asamblea Nacional. / Verborragia de *Esteban* en cadena nacional de radio y TV. / Error que comete el macho cuando llega a su casa antes de las 7:00 pm los viernes.

Insulto: Verborrea chacunícola. /Despliegue palabréico insulso, generalmente inútil e ilimitado que *Misifú* eyaculaba por la jeta de manera cotidiana.

Jalea Negra: líquido viscoso extraído de la tierra / Petróleo.

Jeta: Boca de labios prominentes. / Bocota. / Hocico de Chacumbele.

Ladilla: Insecto que causa piquiña generalmente en los genitales, por lo cual se cree son ascendientes ancestrales de los humoristas. / Adormecimiento crónico intelectual y desvanecimiento de las extremidades cuando se ve una alocución presidencial por televisión. / Daño físico y mental que producen las torturas mediáticas.

Los Chimi Chimitos: Chacumbele, Fideo, Hebilla, Daniel, Huevo, Pimpina y Raúl.

Lupanar: Cooperativa sexual en tiempos de Chacumbele. / Burdel para la creación de leyes. / Ministerio. / Consejo de Estado.

Macho: Sub especie humana que se daba a respetar hasta mediados del siglo XX; después de allí, comenzó a ser la etapa previa del zoquete.

Majunche: Flaquito que se mete en las casas, hace promesas y la gente se le pega cuando camina. / Insulto al candidato opositor de Chacumbele cuando éste tenía diarrea nerviosa electoral.

Manganzón: Dícese de aquel que consigue un cargo de ministro o canciller sin haber estudiado.

Mala Leche: Suerte vergopoliana de ser gobernado por Chacumbele. / Desgracia, catástrofe, armagedón.

Mancebía: Nido de cuaimas mansas.

Mariosilvar: insultar, descalificar, vituperar, desalabar, censurar, motejar, difamar, infamar, denigrar, desprestigiar, fustigar, enfrentar, vejar, vilipendiar, desacreditar, denostar, maldecir, zaherir, agraviar, ofender, injuriar, calumniar, reprender, regañar, reñir, reconvenir, reprochar, amonestar y sermonear.
Yo mariosilvo, tú mariosilvas, él mariosilvea, ellos mariosilvean, nosotros mariosilveamos, vosotros mariosilveais.

Mariosilvero (a): El que mariosilva. Insulto que denota el más bajo nivel de decencia humana. *Ejem.* Para decir que alguien es muy vulgar, se dice: *Eres un mariosilvero (...)* / Rastracueril de la revolución.

Mariosilvón: Mariosilvero güevón.

Medio Palo: Vencer. / Tubazo pertinaz propinado por la oposición a Chacumbele.

Merequetengue: Desbarajuste. / Cuchipanda desordenada. / Orgía política.

Misia: Señora, doña.

Monocotidelóneo: Dícese del que tiene un solo cotiledón, monobólico, solobólico, tuerto genital, afeminado, marico.

Monocuco: Extraña especie de macho que transgrede la pluralidad y es alérgico a la diversidad. Falta una ñinguita pa` que no sea macho.

Morrocoy: Equipo de trabajo de las cuaimas mansas.

Ñema: Sustancia viscosa segregada después de un tubazo electoral.

Parlamentario: Jodedor con licencia que le pagan por hablar.

Parlamentarismo: Ventosidad vergopoliana.

Parlamentarismo de Acera: Ventosidad vergopoliana a la intemperie.

Pava: Suerte consistente de resultados negativos. / Poder de empeorar lo que se toca. / *Mala leche* pero muchas veces.

Pelar Gajo: Muerte. / Negación del logro. / Extinción de la revolución.

Pediluvio: Congregación masiva de *chulos* en casa de Chacumbele.

Pedigüeño: Etapa previa del chulo presidencial. A veces son ambas: Chulo y pedigüeño.

Percusio (a): Dícese de aquel que vive sin respeto a las buenas costumbres. / Desparramador. / Aquel que malbarata o malgasta la fortuna.

Pichache: Caudal de limosnas de *Misifú.*

Pichachero (a): Dícese de aquel que obra con miseria y escases; con mediocridad y bajeza.

Pintar Pajaritos: Cuentos chinos. / Mentiras. / Promesas vanas, irrealizables. / Manía empedernida de Chacumbele.

Piquiña: Efecto afrodisíaco de la rochela.

Plasta: Excremento de consistencia casi líquida, parecida a una emulsión facial suave, cremosa y olorosa. / Insulto de Chacumbele a la oposición.

Prosperidad: Bienestar en todos los ordenes. / Término que Chacumbele borró del diccionario de la *RALS - Real Academia de la Lengua Socialista.*

Prostituta: Cuaima muy mansa, permisiva, cariñosa y capitalista, a la cual se le ha extirpado el gen de la odiosidad y por lo tanto, no posee ni garras ni colmillos.

Retrovolución: Término creado por el prominente científico autor de este libro para referirse al proceso inverso de la evolución progresista, en forma escalonada, sucesiva, creciente y gradual.

Riqueza: Abundancia. Otro término que Chacumbele borró del diccionario de la *RALS - Real Academia de la Lengua Socialista*.

Rolitranco: Grandote.

Ruinopelambre: Arruinado, pelando y con hambre

Sancocho: Gran sopa reconstituyente. / Excusa del macho. / Enemigo No.2 de las *cuaimas*.

Sanguche: Vergopolización del *Sándwich*.

Sanguchito: Merienda vergopoliana.

Siemprelacago: Sindicato de Empobrecidos Rudos que a la Larga la Cagan pero Gozan.

Simbolicidio: Exterminación y / o sustitución de los símbolos patrios proferida por *Misifú*.

Socarrón (ona): Cierto tipo de vestimenta de la revolución chacunícola que al usarse más de tres veces, no podía ser quitada jamás.

Sopetón: Repentino, violento, de una vez. / Forma en la que se aprobaban las Leyes Habilitantes, las Leyes Orgánicas y cualquier otra que quisiera el *Tacamahaca*.

Tarajallo: Manganzón de altura. / Canciller de Chacumbele. / Platanote.

Tetero: Biberón. Dispositivo de alimentación líquida que Chacumbele expropiaba a sus compañeritos de guardería cuando a él se le podría. / PDVAL primigenio. / Regalito consistente y repetido de Walkid Macklaud a ministros y magistrados.

Totona: Aperitivo celestial.

Valoricidio: Degradación social. / Erradicación de valores, principios y buenas costumbres ciudadanas en la revolución Chacumbelera.

Víbora: Cuaima. / Existencia satánica que no habla sino muerde. / Reptil, dragón o felino que se opone terroríficamente a las carreras de Fórmula Uno, al futbol, al pool y a las cervezas.

Zagaletón: Mariosilvero pagado por la revolución para sabotear y estropear manifestaciones opositoras.

Zoquete: Dícese de aquel que cree en cuentos chinos. / Etapa crónica del güevón cuando lo ponen a barrer el piso. / Algunos *Monocucos*.

Él mismito se mató.

Fin

www.ingramcontent.com/pod-product-compliance
Lightning Source LLC
Chambersburg PA
CBHW022002090426
42741CB00007B/852